전도 하는 제자

조재진 지음

머리말

왜 전도하는 제자 학교입니까?

(이 교재를 사용하여 전도하는 제자 학교를 진행하는 방법)

로버트 콜만 교수는 그가 쓴 『주님의 전도 계획』이라는 책에서 '주님의 방법은 사람이었다.'고 말했습니다. 이것은 예수님의 세계 복음화 전략을 꿰뚫어 본 그의 통찰력을 잘 드러내고 있습니다. 사실 우리가 복음서를 통해서 알 수 있는 것은 예수님의 공생애 3년는 그 어떤 것보다 제자들을 세우는 일에 온 힘을 쏟았다는 것입니다.

예수님은 당신을 따르던 수많은 무리들 중에서 12명의 제자를 선택하여 세우셨고, 그 중에서도 세 사람에게 집중하셨습니다. 우리가 알고 있듯이 베드로와 야고보와 요한이었습니다. 그리고 그 세 사람 중에서도 주님은 베드로 한 사람에게 집중하셨습니다. 이것을 우리는 "소수 집중의 원리"라고 말합니다. 소수의 사람을 통해 많은 무리를 움직일 수 있다고 보셨기 때문입니다.

기독교 역사를 통해 전해지고 있는 한 전설에 의하면, 예수께서 승천하신 다음, 천사장 가브리엘이 예수님을 만나 여쭈어 보았다고 합니다. "아무래도 예수님께서 하신 일이 너무 제한된 지역에서 일어난 일이라 만백성을 구원하기에는 미흡한 것 같습니다. 그런데도 예수님께서 돌아가실 때에 '다 이루었다' 하셨으니, 정말 다 이루어진 것입니까?" 이때 예수님은 여전히 "그럼 다 이루었지"라고 대답하셨습니다.

그래도 가브리엘은 걱정스러워 다시 물었습니다. "주님, 혹시 천사들을 보내어서 만방에 복음을 전하라고 명령하면 어떨까요?" 주님은 "그럴 필요가 없다 제자들에게 다 부탁해 놓았다"고 하셨습니다. 그래도 가브리엘은 베드로, 야고보, 요한 등 예수님의 제자들이 신

통치 않아 보여서 "주님, 정말 그들로 가능하겠습니까?"라고 다시 묻자, 이 때 예수님은 단호하게 "나는 그들을 믿고 있으니 다른 계획은 없다"고 잘라서 말씀하셨다고 합니다. 그렇습니다. 예수님은 당신이 세운 12명의 제자로도 당시 로마 세계를 복음화 하고 전 세계 사람들을 능히 구원할 수 있다고 보았습니다. 제자를 세우는 것이 이토록 소중합니다.

그런데 여기서 알아야 할 것은 예수님의 제자훈련의 목표가 "예수님의 증인"이 되게 하는 것이라는 사실입니다. 물론 여기에 많은 이견이 있을 수 있습니다. 어떤 분은 제자훈련의 목표가 '성숙'이라고 주장하기도 하고, 또 어떤 이는 '성령의 충만'이라고 하기도 하지만 전도하는 목사인 저의 입장에서 본다면, 저는 '예수님의 제자 훈련의 목표는 땅 끝까지 이르러 예수님의 증인이 되는 것'이라고 말하고 싶습니다. 그래서 저는 다른 제자훈련도 있지만 '전도하는 제자'를 세우는 일에 관심을 갖게 되었고, 실제로 교회에서 '전도하는 제자 학교'를 열어 전도자들을 길러내고 있습니다. 이 일이 얼마나 성공적이냐 하는 것은 시간이 지나봐야 알겠지만, 제 생각에는 변함이 없습니다. 모든 성도로 하여금, 자신의 삶의 현장에서 전도자가 되게 하는 것, 자기 주변의 사람들에게 자신만만하게 자기가 만난 예수 그리스도를 전할 수 있도록 하는 것이 중요하다고 생각합니다.

서로 다른 방식으로 전도한 두 목사가 있습니다. 첫 번째 목사는 설교에 능하고, 카리스마가 넘치는 사람으로, 그가 교회를 시작하자 많은 사람들이 몰려들었습니다. 또한 교회에서는 전도 프로그램을 통해 열심히 전도를 했고, 그 프로그램을 통해 실제로 사람들이 많이 모여 들었습니다. 그런데 시간이 지남에 따라 전도의 열기는 식어지고, 목사님 설교와 성경공부가 좋아서 찾아오는 사람들도 점점 줄어들었습니다. 교회성장이 점점 느리게 진행되었습니다.

두 번째 목사는 설교와 교육으로는 대대적인 전도운동을 일으키지 못했지만, 성도 한 사람을 데리고 전도 현장에 다니면서, 사람들이 예수님을 영접하고 주님께 돌아오는 것을 전도현장에서 실제로 보여주었습니다. 그러자 그 성도는 어떻게 전도해야할지를 알게 되었고, 스스로 전도하기 시작했습니다. 시간이 지난 후에 그 목사는 또 다른 성도를 데리고 다니며 전도 현장에서 일어나는 것을 보여주었고, 그 성도 역시 전도에 대해 깨닫고, 자기

자신도 다른 사람에게 전도를 하기 시작했습니다. 이미 훈련받은 성도가 개인적으로 데려와서 함께 훈련한 사람을 합치면 전도하는 사람이 4명이 된 것입니다. 결국 처음 한 명을 데리고 전도를 시작했는데, 3-4명이 되었고, 나중에는 점점 사람들이 많아져서 6-8명이 되었고, 15-16명으로 늘어나기 시작했습니다. 후에는 대략 500명 정도가 전도훈련을 받게 되었고, 그 교회는 전도하는 교회로, 아주 영향력있는 교회로 성장하게 되었습니다.

물론 한 영혼을 전도하는 것은 중요합니다. 그러나 전도하는 것으로 끝난다면 그 사람이 구원받았다는 것, 그것만으로 기뻐해야 합니다. 그러나 만약 한 사람을 전도자로 훈련하면, 그 사람 때문에 다른 사람이 구원을 받게 될 것이고, 그런 전도자를 많이 훈련시키면 점점 더 많은 사람들이 주님께 돌아올 것입니다.

그렇다면 전도하는 제자를 세우기 위해 어떤 훈련이 필요할까요? 이 책에서 말하는 '전도하는 제자' 훈련은 기본적으로 12주 과정으로 되어 있습니다. 전도의 이론을 배우는 일과 실제로 전도하는 일, 그리고 한 주간 과제로는 담임목사의 주일설교를 노트에 요약하는 것과 전도보고서를 제출하는 일입니다. 훈련받는 기간 중에 필독서로 제임스 패커가 쓴 『복음 전도란 무엇인가?』(생명의 말씀사)라는 책을 읽도록 할 수 있습니다.

이 과정을 위해 기본적으로 알아야 할 것

- 교재 : "전도하는 제자"
- 훈련진행 방식 : 전도의 이론을 배우기
  　　　　　　　조별 모임
  　　　　　　　전도실천하기
- 과제물 : 담임목사의 주일 설교 요약
  　　　　개인 전도보고서
- 필독서 : 제임스 패커, "복음 전도란 무엇인가"(생명의 말씀사)

 **필요한 인원**

- 지도자 : 목회자 혹은 훈련받은 사람
- 조장 : 학생 중에서
- 스테프 : 행정팀, 찬양팀, 간식팀, 시설팀 등등

자, 이렇게 시작해 보십시오.

- 모집 : 우선 전도하는 제자 학교를 개설하겠다는 광고를 하고 훈련받을 분들을 모집합니다. 이 때 훈련 신청서를 받는 것이 좋습니다. 훈련받을 사람의 숫자는 교회의 사정에 따라 자유롭게 할 수 있지만, 12-15명 정도가 좋고, 좀 더 큰 규모로 모집해도 좋을 것입니다. 훈련 신청서 양식도 개체 교회에 맞게 만들 수 있습니다.
- 회비 : 회비는 개 교회의 사정에 따라 자유롭게 정하는 것이 좋습니다. 교재비와 진행비를 생각해서 회비를 정하면 됩니다.
- 모임의 날짜와 장소 : 날짜와 장소를 정하고, 일주일에 한 번씩 모임을 갖습니다. 모임의 시간은 대체로 2시간 정도로 하는 것이 좋습니다. 이 때 모임의 순서를 이렇게 해 보십시오

1. 교재를 미리 예습합니다. 각 단원의 요절을 외우고, 또 각 단원에 나오는 질문들은 반드시 미리 해 와야 합니다.
2. 단원에 들어가기 전에, 과제물, 담임목사의 주일 설교를 요약한 노트와 한 주간 동안 전도한 '전도 보고서'를 미리 제출합니다. 전도 보고서 양식은 교재 뒤쪽에 수록되어 있습니다. 그리고 교재 학습에 들어가기 전에 전도보고서 내용을 확인합니다.(이때 전도 간증을 나누는 것이 좋습니다)
3. 찬송, 혹은 기도로 모임을 시작합니다.
4. 각 단원을 공부합니다. 주로 저자의 개인적인 간증이 많이 나오는데, 필요하면 지도

　　자의 개인 간증을 적절하게 사용하십시오.
5. 각 단원은 세 개의 과로 나누어져 있습니다. 한 과를 마칠 때마다 질문을 받거나 나눔의 시간을 가져도 좋습니다.
6. 단원을 마칠 때에는 훈련받는 훈련생 중에서 한 사람이 기도하고, 이어서 조별모임을 가집니다.
7. 조별 모임은 훈련생들을 적절하게 각 조로 나누고, 조장을 세워서 진행하면 됩니다. 이때 각 조장은 조별모임을 가지고 난 다음, 보고서를 제출해야 합니다. 보고서 양식도 교재 뒷면에 수록이 되어 있습니다.
8. 조별 모임 후에, 공동식사나, 시간에 따라 간식을 나눈 후, 전도현장으로 나갑니다. 이 때 조별로 나가는 것이 좋고, 늘 정해진 장소로 나가는 것이 좋습니다. 중요한 것은 가르치는 목회자나 지도자는 반드시 훈련생과 함께 나가야 한다는 것입니다.
9. 전도를 마치고 난 다음, 다시 모여서 조별보고를 받고 모든 모임을 마칩니다.(8번과 9번은 실천하기 어려운 상황이라면 생략할 수 있습니다. 그러나 모든 과정을 마치고 난 이후에는 반드시 전도대나 전도 팀에 합류하도록 하는 것이 좋습니다)

• 전도실천하기 : 모임을 처음 시작할 때부터 전도현장으로 훈련생들을 내보낼 수도 있지만, 가능한 전도 메시지를 훈련하고 난 다음부터 나가게 하면 좋습니다.

• 매주실천하기 : 훈련과정 중에 훈련생들은 반드시 주일예배에 참석하여 담임목사의 설교를 요약하고, 한 주간동안 개인적으로 전도를 하고, 전도보고서를 제출하도록 해야 합니다.

• 영성훈련 : 이 과정이 진행되는 동안 전도 간증을 듣는 시간을 따로 가져도 좋습니다. 그리고 함께 기도원에 가서 기도회 프로그램을 병행하면 더 좋을 것입니다.

- 전도여행 : 전도여행은 7단원을 마치고 난 다음부터 구체적으로 준비해야 합니다. 전도여행할 지역과 교회를 정하고, 현지 교회와 미리 약속을 해 두어야 합니다. 그리고 8단원을 배울 때부터 SUM을 연습하고 준비기도회를 해야 합니다. 훈련생들이 많을 경우, 두세 곳으로 팀을 나누어 갈 수도 있지만, 그렇지 않을 경우 한 지역으로 함께 가는 것을 기본원칙으로 합니다.

- 기록 : 이 단원이 진행되는 동안 제출하는 과제나 기타 보고서는 잘 정리해두는 것이 좋습니다. 다음 기수를 위해 많은 도움이 될 것입니다.

추천사 1

이론과 실제가 조화된 질 좋은 교재

조재진 목사는 신학교 동기요 친구이면서 가장 존경하는 목회자입니다. 감리교 신학대학교에 입학하던 해, 수업이 시작되기 전 30분씩 일찍 나와 학교 옥탑방에서 기도 모임을 가졌던 일이 아직도 기억납니다. 그때 이 기도 모임을 주도했던 이가 조재진목사였습니다. 신학생 때부터 동기들 사이에서 영적리더였습니다.

조 목사는 모두의 기대대로 훌륭한 목회자가 되었는데, 어느 날 복음의 사도가 되어 있었습니다. 그의 가슴에 불을 붙여주었던 십자가 복음, 십자가에서 만난 예수 그리스도, 그 복음을 절절히 부르짖는 복음의 증인이 되었습니다.

그런데 어느 순간 조재진 목사는 예수님의 심장을 가진 전도자가 되어 있었습니다. 십자가의 복음, 생명의 예수 그리스도를 증거하다 보니, 복음을 전하는 데 삶 전체를 바친 목사가 되었습니다. 그를 통해서 감리교회 전도운동이 얼마나 놀랍게 일어났는지 모릅니다. 전도하기가 정말 어려워졌다는 지금, 오히려 전도는 될 수밖에 없는 것임을 보여주고 있습니다.

조재진 목사가 평생 증거했던 복음 메시지와 전도운동의 경험이 함께 어우러져 이번에 『전도하는 제자』 교재로 출판되었으니, 더할 나위 없이 기쁩니다. 교회에서 전도운동을 일으키고 교인들에게 전도훈련을 하고 싶어도 이론과 실제가 함께 조화된 마땅한 교재를 찾기가 어려웠습니다.

이 교재의 특징은 전도훈련 자체가 곧 제자훈련이 되는 교재라는 것입니다. 전도자 자신이 먼저 십자가 복음에 분명하게 세워지는 것입니다. 그리고 전도현장에서 적용하기에 너무나 질 좋은 교재라는 것입니다. 곧 복음에 대한 정확한 이해와 실제 전도 실습이 가능한 훈련교재입니다.

진심으로 이 교재를 교인들의 전도훈련에 활용해 보기를 추천합니다.

선한목자교회 유기성 목사

추천사2

보배와 같은 책

감리교회는 전도하는 교회입니다. 전도로 시작되었고 전도로 부흥을 이루었습니다. 지난 오랜 세월 한국교회에는 정체와 침체의 시기가 있었습니다. 감리교회는 전체적인 정체의 기간 중에 행정적인 어려움마저 있었습니다.

그런 가운데서도 감리교회는 2012년을 제외하고 지난 10년 동안 지속적인 성장을 이루어 왔습니다. 그 배경에는 많은 교회들의 중단없는 전도가 있었기 때문입니다. 감리교회가 위기라고 하는 순간에도 개교회들은 주님이 명하신 전도의 명령에 순종하였습니다.

이러한 어려운 환경 중에도 주변의 상황과 관계없이 전도운동을 힘차게 진행시켜 온 선교국 웨슬리 전도학교의 수고와 헌신이 있었음을 부인할 수 없습니다. 웨슬리 전도학교에서는 새롭게 향상된 전도이론을 제시하며 실질적인 전도훈련을 통해 연회와 지방회와 교회에 전도의 동기를 불러일으켰습니다.

특히 웨슬리 전도학교 교장으로 감리교회 전도운동의 선봉에서 길을 헤치고 달려왔던 조재진목사의 수고는 어떤 칭찬으로도 부족합니다. 이 책은 조 목사의 주님과 영혼을 사랑하는 열정과 오랜 기간 현장전도의 경험으로 만들어졌습니다. 보배와 같은 책이 아닐 수 없습니다. 이 책이 우리 감리교회만이 아니라 한국교회의 전도운동에 큰 도움이 될 줄로 믿습니다.

부광교회 김상현 목사

차례

머리말 왜 전도하는 제자 학교입니까? … 2
추천사 이론과 실제가 조화된 질 좋은 교재_ 선한목자교회 유기성 목사 … 8
　　　　보배와 같은 책_ 부광교회 김상현목사 … 9

01단원_ 전도는 하나님의 소원입니다. … 12

제1과 복음전도는 하나님의 소원입니다.
제2과 전도는 모든 그리스도인의 사명입니다.
제3과 지금도 사람들을 구원하시는 하나님의 방법은 전도입니다.

02단원_ 전도자를 세우는 것이 핵심입니다. … 33

제1과 성령이 임하시면 누구나 전도자가 될 수 있습니다.
제2과 전도자들의 가슴에는 구원의 감격이 살아있어야 합니다.
제3과 전도자들은 믿음의 발판위에 굳게 서야 합니다.

03단원_ 전도자의 가슴에 복음이 새겨져야 합니다. … 53

제1과 복음이란 무엇입니까?
제2과 왜 예수님이 영원하고, 근본적이고, 절대적인 복음일까요?
제3과 복음의 주제들

04단원_ 전도메시지 훈련 … 71

제1과 복음의 내용에 대해 더 깊이 알아야 합니다.
제2과 전도 메시지 훈련⑴ | 제3과 전도 메시지 훈련⑵

05단원_ 예비된 영혼 … 89

제1과 예비된 영혼이란 누구를 가리키는 것입니까?
제2과 "예비된 영혼"이 누구인지 어떻게 알 수 있습니까?
제3과 전도란 예비된 영혼을 찾는 일입니다.

06단원_ 전도와 영적 전쟁 ··· 107

제1과 영적전쟁을 잘 이해해야 좋은 전도자가 될 수 있습니다.
제2과 복음의 능력을 알아야 합니다.
제3과 하나님의 전신갑주를 입으라!

07단원 관계전도 배우기 ··· 126

제1과 여러 가지 전도방법들 | 제2과 관계전도란 어떤 것입니까?
제3과 어떻게 관계전도를 잘 할 수 있을까요?

08단원 전도의 원리 ··· 143

제1과 전도의 기초 원리 | 제2과 전도의 영적 원리 | 제3과 전도의 현장

09단원 좋은 전도자의 자세 ··· 159

제1과 다른 사람의 발을 씻기는 전도자
제2과 섬기는 전도 | 제3과 세상을 바꾸는 힘: 사랑

010단원 반대질문 처리법 ··· 175

제1과 일반적인 반대질문 처리 방법
제2과 반대 질문에 대한 구체적인 대응방법
제3과 질문과 대답을 통해 전도의 문이 열립니다.

011단원 전도자의 바른 신앙고백 ··· 192

제1과 베드로의 신앙 고백은 성경의 핵심 메시지입니다.
제2과 전통적으로 교회는 하나의 신앙 고백을 가지고 있습니다.
제3과 미혹하는 이단들을 주의해야 합니다.

012단원 전도여행(현장실습) ··· 212

제1과 왜 전도여행입니까? | 제2과 전도 여행에 필요한 것들
제3과 전도여행을 위한 생활과 사역 안내

01 단원

전도는 하나님의 소원입니다.

📖 **이 단원의 요절**

"하나님은 모든 사람이 구원을 받으며 진리를 아는 데에 이르기를 원하시느니라"(딤전 2:4)

대부분의 그리스도인들은 전도를 해야 하는 줄을 알고는 있지만 실제로 전도하지 않고 있습니다. "왜 전도를 하지 않습니까?"라고 물으면 자신은 아직 전도할 수준이 아니라고 말하는가 하면, 또 어떤 사람은 다른 사람에게 피해를 줄까봐서 전도를 주저하기도 합니다. 그리고 "전도하면 사람들이 싫어하고, 거절하고, 심지어 욕까지 할 수 있는데… 그것이 너무 부담이 됩니다"라고 말합니다. 특히 믿지 않으려는 사람을 억지로 설득해서 예수 믿게 하는 것은 너무나 어렵다고 생각합니다.

물론 그럴 것입니다. 사실 역사적으로 보면, 복음을 전하기 쉬운 때는 한 번도 없었습니다. 얼마 전 우리교회에서 말씀을 전하셨던 어느 선교사님에 따르면, 어떤 분이 복음을 전하지 못하는 이유를 조사해 보았더니 101가지나 되었고, 흥미 있는 것은, 그중에 하나가 전도폭발훈련을 받지 않았기 때문이라고 했다는 것입니다. 사실 전도를 하지 않으려고 하니까 이유가 많은 것입니다. 그러나 전도하려는 마음만 있으면 그런 것들은 전혀 상관이 없습니다.

오래전 《크리스처니티 투데이(Christianity Today)》지가 그리스도인 독자를 대상으로 실시한 설문조사에서 89%가 '예수 그리스도를 믿는 믿음만이 구원의 유일한 길'이라는데 동의했습니다. 87%는 '모든 그리스도인은 복음 전도의 책임이 있다'라고 생각했고, 68%만이 '그리스도인에게 있어서 가장 중요한 과업은 비신자들을 전도하여 예수님을 믿게 하는 것'이라는데 동의했습니다. 그런데 응답자 중 겨우 52%만이 '나는 다른 사람에게 예수님에 대해 말하고 있다'라고 응답했습니다.

이 조사 결과는 오늘날 우리 그리스도인들의 현주소를 잘 대변해주고 있는 것 같습니다. 대부분의 그리스도인들은 예수 그리스도만이 하나님께로 가는 유일한 길임을 잘 알고 있습니다. 그리고 복음전도가 그리스도인의 소명이라는 것을 깨닫고 있습니다. 그럼에도 불구하고 실제로 전도하는 것에는 소극적입니다. 대부분 이렇게 말합니다. "네, 그렇지요, 우리는 모든 민족에게 가서 복음을 전해야 합니다. 그런데, 나는 내가 드린 헌금의 일부가 나 대신 선교 단체 중 하나에 가 있다고 확신합니다."

왜 대부분의 그리스도인들이 전도에 대해 소극적일까요? 《크리스처니티 투데이》지에서는 그 이유를 이렇게 분석했습니다.

- 나는 전문가처럼 전도를 잘하지 못합니다.
- 나는 너무 소심합니다.
- 나는 다른 사람들이 어떻게 반응할지 두렵습니다.

그러나 사실 그리스도인들이 복음을 전하지 않는 가장 중요한 이유는 관심 부족이라고 할 수 있습니다. 다른 사람의 영혼을 구하는 일에는 별로 관심이 없습니다. 18세기 영국에서 감리교 운동을 시작했던 존 웨슬리는 영혼을 구원하는 일이야말로 하나님이 자신에게 맡겨주신 사명이라고 생각했습니다. 그는 1772년 4월 26일자 동생 찰스에게 보낸 편지에서 이것을 분명하게 천명하였습니다. "자네나 나의 사업은 영혼을 구원하는 것이다. 우리가 성직자의 임명을 받았을 때, 이것을 우리의 '유일한 사업'으로 삼기로 한 것이다. 이 사실에 헌신하지 않은 날은 잃어버린 날이라고 생각한다. *Sum totus in illo*(나는 전적으로 이것에 헌신한다.)"[1]

사도 바울도 이 절박성을 이해했습니다. 그래서 그는 이렇게 말했습니다. "하나님 앞과 살아 있는 자와 죽은 자를 심판하실 그리스도 예수 앞에서 그가 나타나실 것과 그의 나라를 두고 엄히 명하노니 너는 말씀을 전파하라 때를 얻든지 못 얻든지 항상 힘쓰라 범사에 오래 참음과 가르침으로 경책하며 경계하며 권하라"(딤후 4:1-2)

---

[1] Jackson, Thomas ed, *The Works of John Wesley vol XII* (Grand Rapids, Michigan: Baker Book House, 1979). p.139. "To Charles Wesley" April 26, 1772.

제1과

복음전도는 하나님의 소원입니다.

:

　우리가 전도해야 하는 첫 번째 이유는 전도가 하나님의 소원이기 때문입니다. 저는 처음 전도에 대해 배울 때, '전도는 하나님의 소원이다'라는 말에 충격을 받았습니다. 전도를 통해 영혼을 구원하는 것이 하나님께서 강력하게 원하시는 것이라는 사실입니다.

　그런데 '하나님의 소원'이라는 말을 들어보면, '하나님'이라는 단어와 '소원'이라는 단어는 잘 어울리지 않는다는 것을 알 수 있습니다. 전능하사 천지를 지으신 하나님은 자신이 원하신다면 그냥 하시면 됩니다. 소원을 가질 필요가 없습니다. 그러나 전능하신 하나님이 마음대로 하실 수 없는 것이 있습니다. 좀 더 정확한 표현은 하나님이 자신의 마음대로 하기 원하지 않는 것이 있다는 것입니다. 그것은 바로 인간의 마음입니다. 하나님은 우리 인간을 창조하시면서 두 가지 고귀한 선물을 주셨습니다. 하나는 하나님의 형상이요, 다른 하나는 자유의지입니다. 하나님은 인간을 로봇처럼 만들지 않으셨습니다. 뒤에서 마음대로 조종할 수 있는 존재가 아니라, 교제의 대상으로 창조하셨습니다.

　하나님은 나무나 짐승과는 교제하지 않습니다. 오직 사람들과 교제하기 원하십니다. 창세기에 보면, 하나님은 사람과 교제하기 위해 일부러 에덴동산을 찾아왔습니다. 그리고 아담과 여자가 선악을 알게 하는 나무의 열매를 따먹고 나무 뒤로 숨었을 때, 이 교제가 끊어진 것을 안타까워하셨습니다. 하나님은 이 교제를 회복하기 원하십니다. 그래서 하나님은 사람이 죄에서 돌이켜 하나님을 찾게 되면, 매우 기뻐하십니다. 어떤 사람들은 선행이나 업적이 하나님을 기쁘시게 할 것이라고 오해하지만, 그렇지 않습니다. 성경은 하나님을 기쁘시게 하는 것이 믿음이라고 말합니다.(히 11:6) 한 사람이 하나님의 부르심에 반응하여 자신의 인생을 하나님께로 돌이킬 때, 하나님은 너무나 기뻐하시고, 그를 용납해주십니다.

 누가복음 15장은 "상실과 회복"이라는 주제를 가진 세 비유가 나옵니다. 7절, 10절, 32절을 읽고 다음 질문에 답하십시오.

1. 이 비유들에 나오는 목자, 어떤 여자, 그리고 아버지는 결국 누구를 가리킬까요?

2. 세 구절에서 공통적으로 나오는 단어는 무엇입니까?

3. 이 비유들은 하나님이 가장 기뻐하는 것이 무엇이라고 말하고 있습니까?

성경의 핵심은 구원사건입니다. 하나님의 최대 관심은 사람들을 죄에서 구원해 내는 것입니다. 성경은 하나님께서 죄에 빠진 인간을 죄와 죽음에서 구원해 내시려고 모세를 통해 율법을 주셨고, 또 수많은 선지자들을 보내셨으며, 마지막으로 당신의 아들을 이 세상에 보냈다고 증언합니다. 이러한 하나님의 구원역사를 '구속사'라고 말합니다.

먼저 하나님의 구원역사의 한 예를 구약성경에서 찾아보겠습니다. 그 대표적인 이야기는 창세기 19장에 나옵니다.

창세기 19장을 읽고 다음 질문에 답하십시오.

1. 하나님이 왜 두 천사를 소돔성에 보내셨습니까?(13절)

2. 천사들은 소돔성이 멸망할 때 누구를 성 밖으로 이끌어 내라고 하셨습니까?(12절)

3. 롯이 소돔성에서 나오기를 지체하자 천사들은 재촉하면서 어떤 방법으로 그들을 소돔성 밖으로 인도하셨습니까?(16절)

창세기 19장에 따르면 하나님은 소돔성의 죄악을 보시고 그 성을 멸하시기로 했습니다. 천사들을 통해 롯과 그의 가족들에게 이 사실을 알렸습니다. 천사들은 이렇게 말씀하셨습니다. "여호와께서 이곳을 멸하시려고 우리를 보내셨나니 우리가 멸하리라… 일어나 여기 있는 네 아내와 두 딸을 이끌어 내라 이 성의 죄악 중에서 함께 멸망할까 하노라"(창 19:13-15) 그런데 롯은 천사들의 경고를 듣고도 지체하게 됩니다. 성경에 보면 천사들은 '재촉'을 하는데, 롯과 그의 가족들은 '지체'합니다. 하나님의 심판의 시간은 다가오자 천사들이 다급해졌습니다. 그래서 천사들이 롯과 그 아내의 손을, 그리고 두 딸들의 손을 잡고 성 밖으로 끌어내었습니다.

이 장면을 한번 상상해보시기 바랍니다. 동이 틀 때, 천사들이 롯의 가족의 손을 잡고 소돔성에서 끌어내는 장면, 그것은 정말 우리마음을 뭉클하게 합니다. 그런데 더 흥미 있는 것은 성 밖으로 나온 롯이 천사와 흥정을 합니다. 천사는 산으로 도망하라고 하는데 롯은 이렇게 말합니다. "내 주여 그리 마옵소서… 내가 도망하여 산에까지 갈 수 없나이다.… 저 성읍은 도망하기에 가깝고 작기도 하오니 나를 그곳으로 도망하게 하소서"(창 19: 18-20)라고 말합니다. 그러자 천사가 이렇게 말합니다. "내가 이 일에도 네 소원을 들었은즉 네가 말하는 그 성읍을 멸하지 아니하리니 그리로 속히 도망하라 네가 거기 이르기 까지는 내가 아무 일도 행할 수 없노라"(창 19:21-22) 이 말은 롯이 그 소알에 안전하게 들어갈 때까지 천사가 아무 것도 할 수 없다는 말입니다. 롯의 가족들을 구원하는 일이 소돔 성을 멸망시키는 것보다 더 중요하다는 의미입니다. 참 놀랍습니다. 여기서 우리는 롯을 구원하는 일이 하나님의 소원이라는 것을 확인할 수 있습니다.

그런데 여기서 매우 중요한 사실이 하나있습니다. 그것은 하나님께서 소돔 성을 멸하실 때에 기어이 롯의 가족을 구원하신 이유는 아브라함의 중보기도 때문이었다는 것입니다.

 창 19:27-29을 읽고 다음 질문에 답하십시오.

1. 아브라함이 아침에 일어나 여호와 앞에 서 있는 곳에 이르러 무엇을 보았습니까?

2. 성경본문(창 19:29)을 적어보십시오.

   _____

   _____

   _____

3. 하나님이 소돔 성을 심판하실 때 누구를 생각하셨습니까?

　하나님께서 소돔 성을 엎으실 때, 아브라함을 생각하셨습니다. 창세기 18장에 보면, 하나님이 아브라함을 찾아와서 소돔성의 멸망을 미리 알려주자 아브라함은 그 성을 위해, 특히 그 성에 있는 조카 롯을 위해 중보 했습니다. 아브라함은 마치 하나님과 협상하듯이 "만일 소돔 성읍 가운데서 의인 오십 명을 찾으시면…" "오십 명중에 오명이 부족하다면 그 오명이 부족함으로 말미암아 온 성읍을 멸하시리이까…" "사십 명을 찾으시면…" 결국 "거기서 십 명을 찾으시면…"이라고 하면서 하나님의 긍휼을 구했습니다. 하나님은 아브라함의 기도를 기억하셨습니다. 조카 롯을 위한 그의 간절한 기도를 들으시고, 소돔 성을 엎으실 때, '아브라함을 생각하사' 롯을 구원해 냈습니다. 그러므로 우리가 하나님의 마음을 알고, 한 사람 한 사람의 구원을 위해 기도하는 것은 매우 중요합니다.

　신약성경에도 이러한 하나님의 마음이 잘 나타나 있습니다. 그 대표적인 이야기가 예수님이 들려주신 '잃은 양의 비유'입니다.

📝 **누가복음 15:3-7을 읽고 다음 질문에 답하십시오.**

1. 양 백 마리 중에서 하나를 잃은 목자는 어떻게 했습니까?

2. 이 비유에서 잃은 양을 찾아야겠다는 목자의 의지를 잘 나타내는 구절은 어떤 것입니까? 찾아서 적어보십시오.

2. 잃은 양을 찾은 기쁨에 목자는 그 벗과 이웃을 불러 무엇을 했습니까?

여기에 보면, 양 백 마리를 치는 한 목자가 어느 날 양 한 마리를 잃었습니다. 이때 목자는 어떻게 했습니까? "아직 아흔아홉 마리가 있는데 뭘…"이라고 하면서 그냥 집으로 갔을까요? 아닙니다. 성경은 이렇게 말합니다. "그 중에 하나를 잃으면… 그 잃은 것을 찾아내기까지 찾아다니지 아니하겠느냐"(눅 15:4) 여기서 우리가 주목할 구절이 바로 "찾아내기까지 찾아다니지 아니하겠느냐"라는 것입니다. 이 구절은 일단 한번 찾아보다가 보이지 않으면 그냥 돌아오겠다는 것이 아니라 기어이 잃어버린 양을 찾아내겠다는 목자의 결심, 목자의 강력한 의지를 드러내는 말입니다.

잃은 양을 찾아내고야 말겠다는 목자의 강력한 의지는 하나님 아버지의 마음을 잘 나타내고 있습니다. 하나님은 기어이 우리 인간을 죄와 죽음에서 건져내고야 말겠다고 결심하셨습니다. 이러한 하나님의 강력한 의지가 역사 속에 구체적으로 나타난 것이 바로 예수 그리스도의 십자가 사건입니다. 하나님은 인간을 구원하시기 위해 자신의 아들을 십자가에 못 박혀 죽도록 하셨습니다.

한번 생각해 보십시오. 왜 예수님이 이 땅에 오셔야 했을까요? 그리고 왜 예수님이 십자가에서 죽어야 했습니까? 혹시 예수님이 심심해서 이 땅에 인간의 몸을 입고 오셨고, 어쩌다보니까 십자가에서 죽으셨을까요? 결코 그렇지 아니합니다. 또 생각해 보십시오 왜 이 땅에 교회가 존재해야 하고, 왜 성경이 쓰여 졌을까요? 그 이유 역시 매우 명확합니다. 인간을 구원하시기 위해서입니다.

사도 바울은 이런 하나님의 구원사역을 에베소서 1장에서 '삼위일체 하나님의 선교사역'으로 설명하고 있습니다. 인간의 구원을 위해 삼위의 하나님께서 함께 일하셨습니다.

 에베소서 1:4-14까지를 읽고 다음 질문에 답해보십시오.

1. 인간을 구원하시기 위해 성부하나님이 하신 일이 무엇입니까?(4-5절)

2. 성자 하나님이 하신 가장 중요한 일은 무엇입니까?(7절)

3. 성령 하나님이 하신 두 가지 일은 무엇입니까?(13-14절)

여기에 보면 성부 하나님은 인간을 구원하시려는 완전한 계획(master plan)를 세우셨습니다. 창세전에 그리스도 안에서 우리를 구원하시려고 예정하셨습니다.(엡 1:4-5) 또한 성자 하나님, 예수 그리스도는 성부 하나님의 완벽한 계획에 따라 몸을 입고 이 땅에 오셨습니다. 그리고 인간의 죄를 담당하고 십자가에서 피 흘려 죽으셨습니다. 그래서 우리는 그의 피로 말미암아 속량 곧 죄 사함을 받게 되었습니다. 또한 성령 하나님은 예수 그리스도를 구원자로 믿는 사람들을 인치시고 보증해 주십니다. 에베소서 1장 13절에서는 "약속의 성령으로 인치심을 받았으니"라고 하셨고, 14절에서는 "우리 기업의 보증이 되사"라고 하셨습니다. 인간을 구원하시는 일에 삼위일체 하나님이 함께 일하신 것은 인간을 구원하시는 일이 하나님의 소원이기 때문입니다.

한번은 제 친구목사가 자기 아들을 잃어버린 경험을 이야기했습니다. 친구목사는 부산 광안리 해수욕장 길 건너편에 있는 작은 교회에서 목회를 하고 있었는데, 광안리 해수욕장에 수많은 인파가 모인 어느 한여름 주일 아침에, 6살짜리 아들을 그만 잃어버렸습니다. 다급한 친구목사는 주일예배를 마치고 집으로 돌아가려는 교인들에게 잃어버린 아들을 찾는 일에 함께 해 달라고 부탁을 드렸습니다. 교인을 두 팀으로 나누어서, 한 팀은 해수욕장으로, 다른 팀은 수영로 지역 일대로 보냈습니다. 자신도 광안리 해수욕장을 뒤지고 다니면서 잃어버린 아들을 찾고 찾았습니다.

해수욕장에서 아들을 찾지 못한 친구목사는 남자 집사 두 사람이 맡은 어느 골목으로 갔습니다. 혹시 소식을 들었는지 알아보기 위해서였습니다. 그런데 두 남자 집사들이 보이지 않았습니다. 찾다가 보니까 두 사람이 포장마차에 앉아서 음식을 먹고 있었습니다. 친구목사는 그것을 보는 순간, 화가 치밀어 올랐습니다. '아니, 자기 아들이 아니라고 이 상황에서 음식이 목에 넘어가!…' 아버지의 마음을 몰라주는 두 사람에게 매우 섭섭한 마음이 들었습니다. 그래서 두 사람에게 "그만 먹고, 아들 좀 찾아봐요!"라고 소리쳤습니다. 그리고 마음에 굳게 결심했습니다. '아들을 잃어버려본 경험이 없는 사람과는 인생을 논하지 말자'

어느 집사부부가 맡은 또 다른 지역에 갔는데, 그 부부 역시 보이지 않았습니다. 그래서 집으로 전화를 했더니 그 부부의 딸이 전화를 받았습니다. "엄마 아빠 계시냐?"라고 묻자, 아이는 "엄마, 아빠는 낮잠 주무시는데요"라고 대답했습니다. 그 순간 또 화가 치밀어 올랐습니다. '자기 아들이 아니라고 그럴 수가 있나?'라는 생각이 들었기 때문이었습니다.

그렇게 하루 종일 찾았지만 아들을 찾을 수가 없었습니다. 시간을 보니까 저녁예배 시간이 다 되었습니다. 점심도 굶고, 저녁까지 굶고… 그래도 예배시간에 맞추어서 예배를 시작했지만, 예배가 제대로 될 리가 없었습니다. 마음이 잃어버린 아들에게 가 있었기 때문입니다. 저녁예배를 마칠 즈음, 아내가 예배실로 들어오는데 표정이 밝아져 있었습니다. 예배 후에 물어보았더니 반여동에 사는 어느 집사님이 전화를 했는데, 목사님 아들이 자기 집에 왔다고 했다는 것입니다. 알고 보니, 그 집사가 1부 예배를 마치고 집으로 가려고 할 때, 목사님 아들이 "오늘 집사님댁에 놀러갈께요!"라고 하자 그 교인은 귀찮으니까 "얘, 나중에 와!"하고는 갔습니다. 분명히 '오지 말라'는 말이었지만 6살짜리 꼬마는 '나중에 와라!'는 말로 들었습니다. 그리고 엄마에게 아무 말도 없이 혼자서 그 집사 집을 찾아간 것입니다.

어쨌든 아들을 찾았으니까 함께 걱정하고, 함께 잃은 아들을 찾느라 고생했던 교인들에게 '아들을 찾았다고 수고 해주셔서 감사하다'고 인사를 하고 아들을 데리러 가려는 그 순간에, 갑자기 교회 문이 활짝 열리더니, 온 몸이 땀으로 뒤범벅이 된 어느 집사님이 뛰어 들어왔습니다. 그리고 이렇게 소리쳤습니다. "목사님, 목사님, 못 찾았어요!" 친구목사는 온 몸이 땀으로 젖은 그 집사님을 보는 순간, 가슴이 뭉클했고, 눈물이 핑돌았습니다. '자기 아들도 아닌데… 마치 자기 아들을 잃어버린 것처럼 이 늦은 시간까지 찾아다녔다니…' 얼마나 고마운지 그냥 안아주었답니다.

저는 친구목사의 이야기를 들으면서 '전도가 바로 이런 것이다'는 생각을 했습니다. '아들을 잃어버리고 안타까워하는 아버지의 마음을 품고, 잃어버린 하나님의 아들을 찾아 나서는 것이 바로 전도구나' 라는 생각이 들었습니다. 그렇습니다. 전도는 잃어버린 하나님의 아들을 찾는 일입니다. 잃어버린 아들을 찾아 나선 아버지의 마음을 품는 것이 바로 전도자의 마음입니다. 그러므로 '몇 사람을 데리고 오느냐'도 중요하지만, 보다 더 중요한 것은 하나님 아버지의 마음을 아는 것입니다. 전도가 하나님 아버지의 소원이라는 것을 아는 것이야말로 전도자가 가져야 할 가장 중요한 마음입니다.

제2과

전도는 모든 그리스도인의 사명입니다.

지상의 사역을 마치시고 승천하시기 전에, 예수님께서 제자들에게 맡기신 가장 마지막 중요한 임무는 '가서 복음 전하라'는 것이었습니다. 십자가를 지시기 전까지 주님은 제자들에게 하나님 나라와 삶의 교훈들을 가르치셨지만, 부활하신 후 40일 동안 지상에 머물러 계실 때에는 오직 한 가지 메시지만 제자들에게 가르치셨습니다. 그것은 바로 하나님 나라의 일, 즉 복음전도였습니다.(행 1:3)

이 사명은 매우 중요하기 때문에 주님은 부활하신 뒤, 제자들에게 다섯 번이나 반복해서, 다섯 가지 방법으로, 다섯 권의 책에서 동일하게 말씀하셨습니다. 우리는 이 주님의 명령이 목회자들이나 선교사들에게만 주어졌다고 오해해서는 안 됩니다. 또한 이 명령은 제안이 아니었습니다. '한번 해보지 않겠느냐?'는 권유도 아니었습니다. 주님이 제자들에게 직접 명령하신 것이었습니다. 따라서 복음전도는 그리스도인들의 선택사항이 아닙니다. 해도 되고 안 해도 그만인 것이 아니라, 주님의 보내심을 받은 사람이라면 누구든지 반드시 해야 하는 사명입니다. 그래서 이것을 지상 명령, 혹은 대 사명(the great commitment)이라고 말합니다.

다음 성경구절을 찾아서 적어보십시오.

마태복음 28:18-20/

마가복음 16:15/

누가복음 24:48/

요한복음 20:21/

사도행전 1:8/

　예수님은 어려서부터 자신에게 주어진 사명을 명확하게 이해하셨던 것 같습니다. 누가복음 2장에 보면 예수님의 부모는 어린 예수님을 데리고 예루살렘 성전에 왔다가 돌아가는 길에 그만 예수님을 잃어버린 일이 있었습니다. 찾아 헤매다가 예수님을 성전에서 다시 만나게 되었을 때, 마리아는 "아이야 어찌하여 우리에게 이렇게 하였느냐 보라 네 아버지와 내가 근심하여 너를 찾았노라"(눅 2:48)라고 했습니다. 이때 예수님은 이렇게 말했습니다. "나는 아버지의 일을 해야 합니다."(눅 2:49)[2] 그리고 21년 뒤, 예수님은 그분의 생애 마지막, 십자가에 달려 돌아가시면서 "다 이루었다"(요 19:30)라고 말씀하셨습니다. 마치 책의 앞뒤 부분처럼 이 두 가지 사건은 예수님이 사명을 따라 사셨다는 것을 보여주고 있습니다.

　중요한 것은 예수님께서 이 땅에서 가지고 계셨던 사명이 이제 우리의 것이 되었다는 것입니다. 왜냐하면 교회는 예수 그리스도의 몸이기 때문입니다. 예수님이 육체를 입고 이 땅에 오셔서 하셨던 일을 이제 그 분의 영적인 몸인 교회가 계속 이어가야 합니다. 따라서 교회의 사명은 사람들에게 '구원의 길'을 알리는 것입니다. 창조주 하나님이 살아 계시며, 그 하나님이 우리를 이처럼 사랑하고 있다는 것을, 죄인인 인간을 구원하기 위해 아들을 세상에 보냈고, 그의 아들 예수님은 인간을 대신하여 십자가에서 죽었다는 사

---

2) 개역개정성경은 이 부분을 "내가 내 아버지 집에 있어야 할 줄을 알지 못하셨나이까"로 번역했습니다.

실을, 그리고 무엇보다 그 예수님을 구원자로 믿어야 구원 얻는다는 사실을 알려야 합니다.

일제 강점기 시절, 최봉석 목사, 일명 '최권능 목사'로 불렸던 목사가 있었습니다. "예수 천당 불신지옥"이라고 외치면서 전도하신 목사로 유명하신 분입니다. 한 번은 채필근 목사가 기차를 타고 어디를 가고 있었는데, 누군가 앞 칸부터 "예수 천당, 예수 믿으시오. 예수 천당, 예수 믿으시오"라고 소리치면서 전도하고 있기에 자세히 보니 신학교 동기인 최봉석 목사였습니다. 그런데 최목사가 채필근 목사 앞으로 뚜벅뚜벅 걸어오더니 귀에 대고 "예수 천당, 예수 믿으시오"라고 말했습니다. 채필근 목사가 "여보게, 봉석이 날세. 나 채 목사야"라고 했더니, 들은 척도 하지 않고 한 번 더 "예수 천당, 예수 믿으시오" 소리 질렀습니다. "나, 채목사라니까!"라고 다시 말하자 최봉석 목사는 친구인 채필근 목사를 향해 이렇게 말했습니다. "이 녀석, 벙어리 아냐? 목사가 어떻게 입 다물고 앉아 있어? 예수 믿는다는 사람이 옆에 수많은 영혼들이 지옥으로 가고 있는데, 그렇게 멍청히 앉아있을 수 있어. 혹시 말도 못하는 자폐증 환자 아니야!" 그리고 다음 칸으로 가면서 다시 "예수 천당, 예수 믿으시오"라고 외쳤습니다. 친구 목사의 이 한마디가 채필근 목사에게는 망치로 머리를 맞은 것처럼 큰 충격이었습니다. '말도 못하는 자폐증 환자가 아니야!' 기차를 타고 가는 내내 최권능 목사의 이 한 마디가 뇌리에서 떠나지 않았고, 계속 울면서 회개했습니다. 그리고 나중에 그날 복음전도의 사명을 새롭게 깨닫게 되었다고 채필근 목사는 고백했습니다. 그렇습니다. 전도는 우리 그리스도인들이 반드시 해야 할 일입니다.

사도 바울은 복음전도를 주님이 자신에게 주신 사명이라고 가장 명확하게 받아들인 사람 중에 하나입니다. 바울이 고린도 교회에 준 말씀을 보면 이런 사실들이 잘 나타나 있습니다.

다음 성경 구절을 읽고 질문에 답해 보십시오.

1. 고린도전서 9:14-19을 읽고 답하십시오.

   1) 복음을 전하는 것은 바울에게는 사명이었습니다.(17절) 그래서 자랑할 것이 아니라 '마땅히 내가 해야 할 일'이라고 말했습니다. 그런데 만약 복음을 전하지 않으면 어떻게 된다고 말했습니까?

2) 바울은 복음을 전하는 자신에게 있어서 진정한 상은 무엇이라고 말했습니까?

2. 에스겔 3:17-21를 읽고 답하십시오.

1) 파수꾼의 가장 큰 사명은 무엇입니까?(17절)

2) 파수꾼이 악인을 깨우치지 않았을 때 주어지는 벌은 무엇이며, 악인을 깨우쳤을 때 주어지는 복은 어떤 것입니까?

3) 공의에서 돌이켜 악을 행하는 의인에 대해 파수꾼은 무엇을 해야 할까요?

고린도전서 9장 16절에서 사도 바울은 '내게 화가 있을 것이로다'라고 했는데, 여기서 '화(ουαι: 유아이)'라는 단어는 '손해'라는 의미라기보다는 '저주'라는 말에 더 가깝습니다. 예를 들어 교사에게 있어서 가장 힘 있고 자랑스러운 것은 교단에서 아이들을 가르치는 일입니다. 만약 교사가 교단을 잃어버린다면, 그것은 아마 저주일 것입니다. 피아니스트가 손가락을 다치는 것도 같은 의미입니다. 그리스도인들이 전도하지 못하는 것도 마찬가지입니다. 우리에게 가장 영광스러운 순간은 주 예수 그리스도를 자랑하고 그분을 전하는 것입니다. 반면 가장 초라한 순간은 복음 전하기를 두려워하고 주저하는 것입니다.

파수꾼에게 있어서 가장 중요한 것은 파수꾼의 사명입니다. 만약 사명을 감당하지 못하는 파수꾼이 있다면, 그는 마땅히 벌을 받을 것입니다. 파수꾼은 그 자리 자체가 사명의 자리입니다. 복음전도가 그리스도인에게 그렇다는 것입니다. 따라서 우리는 무슨 일이 있어도 복음전도의 사명을 감당해야 합니다.

제 견해로는, 중세 가톨릭교회가 부패한 것은 바로 이 복음전도의 사명을 잃었기 때문입니다. 당시 가톨릭교회는 무엇을 위해 부름을 받았는지가 희미했습니다. 다시 말한다면 복음전도의 사명을 잃어버리자 교회의 목적이 희미해졌고, 교회는 세상에 대해 무엇을 말하고 실천해야 할지 그 방향을 잃어버렸습니다. 대신 가톨릭교회는 돈을 거두어서 큰 성당을 짓고 예술품으로 교회를 치장하기 시작했습니다. 성경을 금으로 도금했고, 교회의 기구들을 화려하게 만들었습니다. 당시 가톨릭교회는 그렇게 할 정도로 돈도 있었고 권력도 있었습니다. 그러나 불행하게도 십자가 복음을 잃어버렸고, 구령의 열정, 곧 죽어 가는 많은 영혼을 향해 아파하는 예수님의 눈물을 잃어버렸습니다. 한마디로 사명을 잃은 것입니다. 그러자 이때 이슬람교가 일어났고, 십자군 전쟁으로 세상은 황폐해졌습니다. 그러므로 사명을 잃어버리는 것은 위험합니다. 복음전도의 사명을 잃어버린 교회는 병든 교회입니다. 누가 뭐라고 해도 교회는 구령에 대한 열정, 잃어버린 영혼에 대한 눈물을 회복해야 합니다.

복음전도가 중요하기 때문에, 예수님은 전도자에게 놀라운 축복을 주시겠다고 약속하셨습니다. 전도자에게 약속하신 주님의 축복을 성경 세 군데에서 찾아 볼 수 있습니다.

첫 번째 구절은 마태복음 6장 33절입니다. "그런즉 너희는 먼저 그의 나라와 그의 의를 구하라 그리하면 이 모든 것을 너희에게 더하시리라." 우리가 먼저 하나님의 나라를 위해, 하나님의 의를 위해 일하면, "이 모든 것"을 우리에게 더하실 것이라고 주님은 말씀하셨습니다. 여기서 말하는 '이 모든 것(ταυτα παντα: 타우타 판다)'은 앞에서 나오는, '먹는 것', '입는 것'을 다 포함하는 말입니다. 즉 우리가 이 땅을 살아갈 때 필요한 물질적인 모든 것이라고 할 수 있습니다. 주님은 전도자의 삶을 책임져주십니다.

두 번째 구절은 사도행전 1장 8절입니다. "오직 성령이 너희에게 임하시면 너희가 권능을 받고 예루살렘과 온 유대와 사마리아와 땅 끝까지 이르러 내 증인이 되리라 하시니라" 이 말씀은 유명하기 때문에 다 외우고 있을 것입니다. 그런데 주님은 '성령이 임하시면⋯ 내 증인이 되리라'고 하셨습니다. 이 말씀을 거꾸로 읽는다면, 예수님의 증인이 되려고 하는 사람들에게 하나님은 성령을 부어주신다는 것입니다. 성령이 임하지 않으면 아무도 예수의 증인이 될 수 없습니다.

주님께서 사도행전 1장 4~5절에서 약속하신 것도 바로 이것입니다. 주님은 제자들에게 "예루살렘을 떠나지 말고 아버지께서 약속하신 것을 기다리라 요한은 물로 세례를 베풀었으나 너희는 몇 날이 못 되어 성령으로 세례를 받으리라"(행 1:4-5)고 하셨습니다. 주님은 제자들이 예수의 증인이 되도록 성령을 부어주실 것을 약속하셨습니다. 전도자에게 주님은 성령을 부어주신다는 것입니다. 따라서 성령충만은 전도자에게 주신 놀라운 약속입니다.

세 번째 구절은 누가복음 9장 1~2절 말씀입니다. "예수께서 열두제자를 불러 모으사 모든 귀신을 제어하며 병을 고치는 능력과 권위를 주시고 하나님의 나라를 전파하며 앓는 자를 고치게 하려고 내보내시며" 주님은 제자들을 전도 현장으로 내보내시면서 귀신을 내쫓는 권세와 병 고치는 능력을 주셨습니다. 전도는 마귀의 손에서 영혼을 구원하는 영적 전쟁이기 때문에 권세와 능력이 필요하다는 것을 주님이 아셨기 때문입니다. 그렇습니다.

지금도 주님은 전도자에게 그때와 동일하게 권세와 능력을 주십니다. 따라서 전도는 하나님의 능력을 생생하게 경험할 수 있는 중요한 통로입니다.

📝 전도자에게 주시는 하나님의 축복 세 가지를 적어보십시오.

1. _____

2. _____

3. _____

전도하여 영혼을 구원하는 일은 하나님의 소원입니다. 이 하나님의 소원을 우리의 소원으로 삼는 자가 진정한 전도자입니다. 새들백교회 릭 워렌 목사는 『목적이 이끄는 삶』에서 아버지의 임종의 순간에 대해 이렇게 말했습니다. "2년 전 아버지는 암 선고를 받으셨다. 이 땅에서의 마지막 1주일 동안은 거의 24시간을 의식이 반밖에 없는 상태로 깨어계셨다. 아버지는 꿈을 꾸시면서 그 꿈에 대해 크게 말씀하시곤 했다. 침대 곁에서 그 꿈에 대해 듣는 것만으로도 나는 아버지에 대해 많은 것을 알게 되었다. 아버지가 숨을 거두실 무렵, 나와 아내와 조카는 아버지 곁에 있었다. 아버지는 갑자기 생기가 돌아오셨고, 침대에서 일어나려고 하셨다. 물론 아버지는 너무 약하셨기 때문에 아내는 아버지를 다시 눕혀 드렸다. 하지만 아버지는 계속 침대에서 일어나려고 애쓰셨고, 그래서 아내는 이렇게 여쭤보았다. '아버지 뭘 하고 싶으세요?' 아버지는 이렇게 대답하셨다 '예수님을 위해 한명을 더 구해야 돼! 예수님을 위해 한 명을 더 구해야 돼' 아버지는 이 말을 계속 반복하셨다. 그 후 한 시간 동안이나 아버지는 그 말을 백 번 정도 하셨다. 나는 눈물을 흘리며 아버지의 믿음에 대해 하나님께 감사했다. 바로 그 순간 아버지는 명령을 하시듯, 약한 손을 뻗어 내 머리에 얹고 말씀하셨다 '예수님을 위해 한 명을 더 구해라! 예수님을 위해 한 명을 더 구해라!"³⁾ 그 이후 릭 워렌 목사는 자신의 남은 삶의 주제를 '예수님을 위해 한 명을 더 구하는 것'으로 정하게 되었다고 고백했습니다.

---

3) 릭 워렌, 고성삼옮김, 『목적이 이끄는 삶』(서울: 도서출판 디모데, 2003), p.379.

제3과

지금도 사람들을 구원하시는 하나님의 방법은 전도입니다.

　사도 바울은 고린도교회에 보낸 편지에서 "하나님의 지혜에 있어서는 이 세상이 자기 지혜로 하나님을 알지 못하므로 하나님께서 전도의 미련한 것으로 믿는 자들을 구원하시기를 기뻐하셨도다"(고전 1:21)라고 말했습니다. 바울은 이 세상이 자기 지혜로는 하나님을 알 수 없다고 말했습니다. 말하자면 불신자들은 스스로 알아서 구원받을 수 없다는 것입니다. 그래서 하나님은 세상 사람들이 볼 때는 미련한 것이지만 '전도'라는 방법으로 지금도 사람들을 구원하여 내신다고 말합니다. 따라서 전도는 불신자들을 구원하는 하나님의 방법입니다.

　어떤 사람은 과거에는 전도를 통해 사람들이 구원받았지만, 시대가 달라진 지금이나 미래에는 전도가 아닌 다른 방법이 혹시 있지 않을까라고 생각합니다. 그렇지 않습니다. 과거에도 사람들을 구원하는 하나님의 방법은 전도였고, 앞으로도 여전히 하나님께서는 전도를 통해 사람들을 구원하십니다. 물론 전도의 방법은 시대에 따라, 또는 나라와 지역에 따라 변할 수 있고, 전도의 전략도 달라질 수 있습니다. 그럼에도 불구하고 분명한 것은 그런 다양한 전도의 방법이나 전략들을 통해 하나님은 지금도 많은 영혼들을 구원하신다는 것입니다.

　전도만이 사람을 구원하는 유일한 방법이라면, 시간이 갈수록 전도는 더 중요한 가치를 가지게 될 것이고, 또한 내 주위의 어떤 사람에게는 내가 복음을 전할 수 있는 유일한 사람이 될 수 있습니다. 다시 말한다면 내가 복음을 전하지 않으면 지옥갈 수밖에 없는 사람이 내 주위에 있다는 것입니다. 왜냐하면 사람이 스스로, 혹은 자기 힘으로 구원받을 수 없고, 전도가 유일한 구원의 길이기 때문입니다. 따라서 전도는 '내가 아니면 안 되는, 다른 사람이 결코 대신 해 줄 수 없는 일'입니다.

주님은 이렇게 말씀하셨습니다. "오직 성령이 너희에게 임하시면… 예루살렘과 온 유대와 사마리아와 땅 끝까지 이르러 내 증인이 되리라"(행 1:8) 여기서 우리는 주님께서 '예루살렘, 유대, 사마리아, 땅 끝'이라고 말씀하신 것을 주목해야 합니다. 나를 중심으로 관계를 맺고 있는 사람들을 나타내는 것입니다. 여기서 '예루살렘'은 나와 가장 가까이 있는 사람을 의미한다고 할 수 있습니다. 내 가족일 수 있고 가까운 친구일 수 있습니다. '유대'는 내가 아는 주위의 사람들, 같은 아파트에 사는 사람이나 주위를 둘러보면 언제든지 만날 수 있는 이웃들입니다. '사마리아'는 일부러 거부하는 사람이거나 아니면 관계가 깨어진 사람일 수 있습니다. 그리고 '땅 끝'은, 멀리 있는 사람, 외국인, 혹은 일부러 찾아가야 만날 수 있는 사람일 수 있습니다. 어쨌든 우리 주위에는 반드시 내가 꼭 복음을 전해야만 하는 사람들이 있다는 것을 알아야 합니다. 그러니 전도가 얼마나 긴박하고 중요한 일입니까?

📝 *나를 중심으로 해서 4개의 원을 그리고, 거기에 누가 해당할지 그 명단을 적어보십시오.*

1. 예루살렘에 해당하는 사람은?

2. 유대에 해당하는 사람은?

3. 사마리아에 해당하는 사람은?

4. 땅 끝에 해당하는 사람은?

우리 주변에 구원받을 사람들이 있는지 찾아내고, 그 사람에게 복음을 전하기 위해 기도를 시작하는 것은 그리스도인이라면 당연히 해야 할 일입니다. 혹시 당신은 전도를 미루고 있지 않습니까? 전도의 긴급성은 아무리 강조해도 지나치지 않습니다. 이런 질문을 해 볼까요? 당신이 길을 가다가 물에 빠져 죽어가고 있는 사람을 보았다고 해보십시다. 물에 빠진 사람은 '살려 달라'고 외치고 있습니다. 그런데 당신은 저 사람을 구하려면 강에 들어가야 하고, 혹시 경찰이 와서 조사하게 되면 골치 아플 것 같아서 그냥 못 본 채 하고 지나갔습니다. '다른 사람이 구해주겠지 뭐…' 그리고는 그냥 간 것입니다. 그런데 그 사람이 진짜 물에 빠져 죽었습니다. 나중에 당신이 그 시간에 그곳을 지나간 것이 밝혀져서 경찰서에 가서 조사를 받게 된다면, 당신은 유죄일까요? 아니면 무죄일까요? 법적으로 보면, 그 것은 유죄입니다. 세상 법에서도 '당신이 충분히 구해줄 수 있었는데 그냥 지나가서 그 사람이 죽었기 때문에 당신은 유죄입니다'라고 말할 것입니다. 그렇다면 하나님의 나라에서는 어떤 판결을 내리겠습니까?

『셀 교회 지침서』라는 책을 써서 오늘날 세계 교회에 큰 영향을 끼치고 있는 랄프 네이버가 한국에 왔을 때 이런 간증을 했습니다. 그는 간호사인 자신의 아내를 통해 어느 의사를 소개받았고, 그와 가까운 친구가 되었습니다. 그 의사는 종교에 대해 별로 관심이 없었지만, 랄프는 '어떻게 이 사람을 전도할까'를 늘 생각했습니다. 그에게 생일선물로 주려고 성경책을 미리 사두었습니다. 한번은 그 의사와 오랜 시간 이야기를 할 기회가 있었는데, 그때 성령께서 그의 마음에 이 사람에게 영생에 대하여 이야기하라고 촉구하시는 것을 느꼈습니다. 그러나 야구에 대한 이야기를 하느라고 예수님 이야기를 꺼내지 못했습니다.

그 다음날 랄프는 빌리 그래함 전도 집회를 위해 영국에 갔다가 3주 후에 돌아왔는데, 집에서 아내가 울고 있었습니다. '왜 우느냐'고 물었더니 그 의사가 죽었다고 대답했습니다. 수상스키를 타다가 사고로 죽었다는 것입니다. 장례를 마치고 그 의사의 집을 다시 방문하게 되었을 때, 그 집 가정부가 이런 말을 했습니다. "랄프 목사님, 그 의사 선생님은 당신을 존경했어요. 그는 당신과 성경공부를 꼭 하고 싶다고 말했어요"

하나님은 랄프 목사가 그 의사와 만나서 야구 이야기를 하던 바로 그날 밤, 이미 그 사람의 마음을 준비시켜 놓으셨던 것이었습니다. 그런데 그만 복음을 전할 기회를 놓친 것입니다. 랄프 네이버 목사는 이 사건을 회상하면서 자신의 생애에서 가장 후회스러운 일이라고 말했습니다. 그렇습니다. 복음을 전하는 것은 우리가 이 땅에 사는 동안 수행해야 할 가장 중요한 사명이고 가장 긴급한 것입니다.

《쉰들러 리스트》라는 영화가 있습니다. 유명한 스티븐 스필버그 감독이 제작한 이 영화는 1993년 아카데미 영화제에서 그 해 최고의 영화로 뽑혔고 다섯 개 부분에서 오스카상을 획득했습니다. 이 영화는 지금으로부터 60년 전 폴란드에서 있었던 실화를 영화화한 것입니다. 주인공은 폴란드 태생의 쉰들러라는 사람입니다. 그의 꿈은 세계에서 가장 큰 부자가 되는 것이었습니다. 때마침 2차 세계대전이 발발했습니다. 이 전쟁을 이용하여 그는 순식간에 큰 부자가 되었습니다. 독일 나치 정권이 일으킨 전쟁에 군수품을 조달하는 공장을 경영했습니다. 그는 나치 장교들을 돈과 술로 매수해서 수용소에 갇혀 있는 유대인들을 노동자로 고용했습니다. 헐값으로 우수한 노동력을 얻은 셈입니다. 대신에 그는 유대인들의 안전과 생계유지를 책임집니다. 유대인들을 위해서 그렇게 한 것이 아니라 자기 사업의 성공을 위해서 그리 했습니다. 그러던 중에 그는 나치에 의해 자행되고 있는 유대인 학살의 잔인한 광경을 목격합니다. 거기서 그는 충격을 받습니다. 자기의 생애 목표에 대한 회의가 일기 시작합니다. 유대인들에 대한 연민의 정이 생기기 시작했습니다. 번민 끝에 최후의 결단을 내립니다. 자기의 돈을 다 털어 유대인들을 나치로부터 사서 자기 고향으로 데리고 갈 계획을 세웁니다. 그렇게 해서 그는 1200명의 유대인들을 돈으로 삽니다. 그들을 자기 고향에 데리고 가서 새로 차린 공장에서 일하게 하고 보호해 줍니다. 1943년의 일이었습니다. 그 후 2년이 지난 후 독일군이 항복할 때 쉰들러의 공장도 망하게 됩니다. 그러나 그 공장에서 일했던 모든 유대인들은 살아서 자유를 얻게 되었습니다. 쉰들러는 자기가 세운 세계 최고의 부자가 되는 꿈을 버렸습니다. 그러나 그는 훨씬 더 가치 있는 일을 하게 된 것입니다. 재물로 사람들을 살려 내었습니다.

이 영화에서 가장 감동적인 장면은 전쟁이 끝난 직후 쉰들러가 1,200여명의 유대인들과 헤어지는 장면입니다. 유대인들은 쉰들러에게 두 가지를 선물합니다. 하나는 쉰들러 때문에 살아난 1200명의 이름이 적혀진 명부입니다. 그래서 이 영화의 제목이 《쉰들러 리스트》입니다. 두 번째 선물은 하나의 금반지였습니다. 그것은 생명을 구원받은 그들이 쉰들러의 큰 사랑을 보답하기 위해 즐겁게 자기들의 금니를 뽑아 만든 것이었습니다. 그 반지에는 탈무드에 나오는 한 구절이 적혀 있었습니다. "한 사람을 살리는 것은 온 세상을 살리는 것이다"

이 두 가지 선물을 받아들고서 쉰들러는 눈물을 흘립니다. 그 눈물은 기쁨의 눈물이 아니었습니다. 참회의 눈물이었습니다. 자기가 이런 선물을 받을 자격이 전혀 없는 사람이라고 고백합니다. 자기가 타고 다니는 고급 승용차를 가리키면서 "내가 왜 저것을 그 때 버리지 않았는지. 그랬다면 열 명은 더 구했을 텐데!" 자기 양복에 달려있는 금배지를 가리키면서 "이것을 팔았다면 두 명은 더 살려낼 수 있었을 텐데! 아니 한명을 더 살릴 수 있었는데…"라고 말하면서 흐느껴 울었습니다. 쉰들러의 눈물은 생명의 소중함을 잃어가고 있는 현대인들에 큰 충격을 주기에 충분합니다. 생명을 구원하는 것은 그 무엇보다 소중합니다.

 당신 주위에 꼭 전도해야 할 사람이 있다면, 그 이름을 적어보십시오.

왜 우리가 전도해야 합니까? 이 단원을 공부하는 중에 당신의 마음에 생각나는 사람이 있습니까? 혹시 그 사람이 하나님께서 나에게 맡겨주신 영혼, 나를 통해 구원하시려는 사람이 아닐까요? 지금 바로 그 사람을 위해 기도하십시오. 그리고 그 사람을 찾아가서 복음을 전하기로 결단하십시오.

 조별 모임

1. 첫 번째 조별모임이기 때문에 먼저 자신을 소개하는 시간을 가집니다. 자기 이름과 직분, 그리고 사역하고 있는 부서에 대해 간단하게 소개하고, 전도하는 제자학교에 들어오게 된 내적인 동기와 전도하는 제자 학교에 대해 기대하는 것이 무엇인지를 나눕니다.
   - 이름과 직분, 사역하는 부서 :
   - 전도하는 제자학교에 들어오게 된 동기 :
   - 전도하는 제자학교에 대해 기대하는 것 :

2. 오늘 단원을 배우면서 전도해야 할 이유에 대해서 깨달은 것이 있다면 서로 나누어 보십시오.

02단원
전도자를 세우는 것이 핵심입니다.

📖 **이 단원의 요절**

"내가 복음을 전할지라도 자랑할 것이 없음은 내가 부득불 할 일임이라 만일 복음을 전하지 아니하면 내게 화가 있을 것이로다"(고전 9:16)

● <u>하나님께서 사람을 구원하실 때,</u> 하나님이 사용하시는 복음전도의 매개체는 무엇일까요? 전도의 매개체는 여러 가지일 수 있습니다. 교회 건물이나 전도 프로그램, 혹은 봉사활동도 전도의 매개체가 될 수 있습니다. 그러나 전도의 가장 중요한 매개체는 바로 "전도자"입니다. 전도자들을 세우는 일은 복음전도에 있어서 무엇보다 중요한 부분입니다. 그래서 예수님께서는 따로 70인을 세워 전도하도록 내보실 때 이렇게 기도하라고 하셨습니다. "추수할 것은 많되 일꾼이 적으니 그러므로 추수하는 주인에게 청하여 추수할 일꾼들을 보내어 주소서 하라"(눅 10:2)

저는 1991년 7월, 서울에 있는 한 교회에서 부담임목사로 사역하다가 면목동에서 교회를 개척하였습니다. 설립예배를 드린 후에 전도를 하려 했지만, 사실 어떻게 전도를 해야 할지 잘 몰랐습니다. 전도에 대해 배운 적이 없기 때문입니다. 당시 대부분의 교회가 노방전도를 했습니다. 그래서 우리도 노방전도를 시작했습니다. 주일오후에 전도지를 들고 길거리로 나갔는데, 사람들이 저만 쳐다보는 것 같아서 너무나 창피했습니다. 그래서 이렇게 기도했습니다. "하나님 제가 전도지를 나눠줄 때, 사람들이 전도지만 받고 저를 쳐다보지 않도록 해 주십시오" 참 바보 같은 기도였습니다. 그리고 지나가는 사람들에게 전도지를 나누어 주고는 얼른 뛰어서 교회로 돌아왔습니다. 너무 창피해서 다시는 길거리 전도를 못할 것 같았습니다.

노방전도가 너무 부담이 되어서 '그러면 사람을 만나지 않고 전도하는 방법이 없나?'를 찾다가 축호전도를 하기로 했습니다. 골목길을 다니면서 대문에 전도지를 넣기만 하면 되는 축호전도가 훨씬 쉬워보였습니다. 그런데 전도하러 막 출발하려고 할 때, 어느 집사가 이렇게 말했습니다. "목사님, 축호전도는 그렇게 하는 것이 아니예요!. 집집마다 방문해서 벨을 누르고 사람이 나오면 '어느 교회에서 왔다, 예수 믿으라.'고 말을 해야지요!" 그래서 "그렇게 하시지요"라고 대답을 하고 짝을 지어 나가는데, 하필 그 집사가 저와 짝이 되었습니다. 얼마나 마음에 부담이 되던지 저는 또 기도했습니다. "하나님, 제가 벨을 누를 때 아무도 나오지 않게 해주세요!' 이것이 저의 부끄러운 모습이었습니다.

그렇게 개척교회를 시작하고 전도를 해보았지만, 교회가 전혀 성장하지 않았습니다. 한 달이 지나고, 두 달, 석 달이 지나도 아무도 오지 않았습니다. 저는 많은 스트레스를 받았습니다. 새로운 교인은 오지 않았고, 교회는 성장하지 못했기 때문입니다. 애를 썼지만, 머리만 빠졌습니다.

그러던 중에 제 목회가 바뀌는 결정적인 사건이 일어나게 되었습니다. 첫 번째 사건은 1992년 12월 첫 주간, 도고온천에서 열린 중랑지방 신년목회세미나에 참석하기 위해 가던 차 안에서 일어났습니다. 당시 저는 운전하면서 여러 목사님의 설교 테이프를 들었는데, 그때 들은 어느 목사님 설교가 저에게 충격으로 다가왔습니다. 그 목사님은 마태복음 16장 16절 말씀을 본문으로 해서 '예수님이 그리스도이시라'는 주제의 설교를 했습니다. 그는 이렇게 설교했습니다. "예수님이 그리스도인 것은 첫째, 그가 우리의 모든 죄를 대신하여 십자가에서 죽었기 때문입니다. 예수님의 십자가는 우리 인간들의 모든 죄와 인생의 모든 문제를 해결하는 죽음이었습니다. 예수님은 인생 모든 문제의 해결자이십니다. 둘째, 예수님이 그리스도이신 이유는 그가 부활했기 때문입니다. 예수님이 부활했다는 것은 단지 죽었다가 살아났다는 이야기가 아니라 그가 지금도 살아계신다는 말입니다. 예수님은 부활하여 지금도 살아계십니다. 온 세상의 구주이시고, 지금도 세상과 교회를 통치하고 계십니다." 그런데 그 순간 "예수님은 지금도 살아계신다!"라는 말씀이 제 영을 '툭'하고 터치했습니다. 다르게 표현한다면, 제 영이 이 말씀에 '꿈틀' 하듯이 반응을 한 것입니다. 존재 밑바닥이 흔들렸습니다. 그 순간 저도 모르게 눈물이 쏟아졌습니다. 그렇지요! 예수님은 죽었다가 다시 살아나셨지요. 그리고 지금도 살아계시지요. 그런데 저는 왜 절망할까요? 운전을 제대로 할 수 없어서 차를 길옆에 세우고 계속 울었습니다.

설교 테이프는 계속 돌아갔습니다. "셋째, 예수님이 그리스도이신 것은 부활하신 주님이 성령으로 지금 우리 안에 계시기 때문입니다. 그 분이 영으로 우리 안에 오셔서 우리와 함께 계시기 때문에 우리가 예수이름으로 기도하면, 응답되고, 병자가 낫고, 귀신이 떠나갑니다. 그래서 우리는 예수님을 그리스도라고 말합니다." 계속되는 말씀을 듣고 또 들었습니다. 그날 부활하신 주님이 저를 찾아와 주셨습니다. 물론 그날 예수님을 처음 만난 것은 아니지만, 저는 그날 성령의 임재를 강력하게 체험했습니다.

그런데 어느 순간, 눈물이 그치고, 성령이 제 안에 기쁨을 부어주기 시작했습니다. 마치 샘이 솟아나듯이 말로 형용할 수 없는 기쁨이 솟아났습니다. 그 기쁨 또한 너무나 놀라운 것이었습니다. 예수님 때문에 행복했습니다. 교회의 크기와 관계없이 목사인 것이 감사했습니다. 정말 예수님 때문에 행복한 목사가 되었습니다.

그리고 한두 달이 지났을 때, 제 목회의 방향을 바꾼 두 번째 사건이 일어났습니다. 그날, 저는 몇 명의 교우들과 함께, 어느 집사님 댁을 심방했습니다. 가서 보니까 그 집사님의 시어머니가 계셨습니다. 그래서 함께 예배를 드리고 난 다음, '혹시 교회 다니십니까?'라고 물었더니 그 할머니는 평생 한 번도 교회를 다닌 적이 없고, 예배는 오늘 처음 참석한 것이라고 대답했습니다. 그런데 그 순간 '이 할머니에게 전도해야 되겠다.'라는 생각이 들었습니다. 그래서 "할머니, 하나님은 살아계시는데, 사람들이 하나님을 만나지 못하니까 '하나님이 없다'고 말해요. 그런데 하나님은 분명히 살아계시고, 하나님을 만나는 길이 있어요. 하나님을 만나는 길을 알려드릴까요?"라고 하자 순순히 알려 달라고 했습니다. 그래서 간단하게 복음을 전하고 "예수님을 영접하겠느냐?"고 물었습니다. 그때 할머니가 예수님을 영접하겠다고 하셨고, 그래서 할머니 손을 붙잡고 예수님을 영접하는 기도를 시작했습니다. 기도를 하고 있는데, 갑자기 옆에 있던 그 며느리 집사가 훌쩍 훌쩍 울기 시작했습니다. 시어머니가 목사님 손을 잡고 영접기도를 하는 것이 너무나 감동이 된 것입니다. 그러자 기도를 하던 할머니도 감동을 받고는 같이 울기 시작했고, 같이 심방갔던 교우들도 함께 울기 시작했습니다. 온 방이 울음바다가 되었습니다.

그날 성령님이 다시 한 번 제 영혼을 흔들어 놓았습니다. 성령님은 이렇게 말씀하셨습니다. "내가 너를 목사로 부른 이유가 바로 이것이다. 어둠에 있는 사람을 빛으로, 죽음에 있는 사람을 생명으로 인도하기 위해, 내가 너를 목사로 불렀다' 정말 저에게는 충격이었습니다. 그때부터 저는 전도에 미치기 시작했습니다. '전도에 미쳤다'는 말이 맞을 것입니다. 그때부터 거의 3년 가까이 오직 전도만 하게 되었습니다. 여러 대학 캠퍼스와 병원, 학교, 공장을 다니면서 복음을 전했습니다. 그리고 교회에서 전도학교를 열고, 전도훈련을 시작했고, 훈련받은 성도들과 함께 청량리역 광장에서 노방찬양전도를 하게 되었습니다.

몇 명의 청년들에게 찬양하게 하고, 율동을 같이 했습니다. 마임을 준비해서 연극도 하고, 5분 설교도 했습니다. 그 후에 훈련받은 전도자들이 흩어져 개인 전도를 했는데, 그때 많은 사람들이 주님께로 돌아왔습니다. 심지어 아스팔트 바닥에 무릎을 꿇고 울면서 예수님을 영접하는 일도 일어났습니다. 그렇게 교회는 성장하기 시작했습니다. 어느 새 교인이 100명이 되었고, 200명이 되었습니다. 교회학교 아이들까지 합치면 출석인원 350명 정도가 되었습니다. 하나님이 부흥을 부어주신 것입니다.

제1과

성령이 임하시면 누구나 전도자가 될 수 있습니다.

어떤 분은 "요즘 같은 시대에도 전도가 됩니까?"라고 질문합니다. 요즘 시대가 전도하기 힘든 시대라는 것은 맞지만, 하나님은 지금도 전도를 통해 사람들을 구원하고 계십니다. 좋은 전도자가 되려면 무엇보다 먼저 전도에 대한 잘못된 생각들을 버려야 할 것입니다. 전도에 대한 이런 오해들이 있습니다.

첫째, 불신자를 억지로라도 교회로 데려오는 것을 전도라고 오해하고 있습니다. 오지 않으려는 사람을 억지로 교회에 데려 오려고 하니까 얼마나 힘들겠습니까? 그래서 전도는 어려운 것이라고 말합니다. 그러나 사실 전도는 불신자를 교회로 데려오는 것이 아닙니다. 오히려 불신자를 찾아가서 복음을 전하는 것이 전도입니다. 어떤 사람은 복음을 전하는 것이 아니라 교회를 전하기도 합니다. 교회를 자랑할 수는 있지만, 교회에 대해 아무런 관심도 없는 불신자들에게 교회로 오라고 하는 것은 오히려 그들의 마음을 닫게 하고, 방어막을 치는 핑계를 줄 수 있습니다.

둘째, 전도를 교회성장의 수단으로 생각하는 것입니다. 이것은 잘못된 생각입니다. 전도는 교회성장의 수단이 아니라, 그리스도인의 본질입니다. 모든 그리스도인은 전도자, 곧 예수의 증인입니다. 물론 전도를 하면 교회가 성장할 수 있지만, 그렇다고 교회성장을 위해 전도하자고 하는 것은 성경적인 생각이 아닙니다.

셋째, 전도는 오래 교회 다닌 사람들, 성경지식도 많고, 어떤 특별한 은사를 가진 사람들이 할 수 있는 것이라고 생각하는 것입니다. 어떤 사람은 '나는 신앙생활을 시작한지 얼마 되지 않았기 때문에 전도를 못한다.'고 말합니다. 결코 그렇지 않습니다. 교회를 오래 다녔다고, 신학공부를 했다고, 또한 도덕적으로 완벽하다고 전도를 잘하는 것은 아닙니다. 전도를 잘하기 위해 특별한 방법을 배워야 하는 것이 아니라 예수님을 개인적으로, 그리고 인격적으로 만난 사람이라면 누구나 할 수 있습니다.

전도에 대한 새로운 눈이 열려야 합니다. 전도는 어려운 것이고, 요즘 같은 시대는 안 되는 것이라는 부정적인 생각을 버려야 합니다. 오히려 전도는 그리스도인이면 누구나 해야 하고, 또 할 수 있다는 생각을 해야 합니다. 왜냐하면 우리 주님은 우리가 전도자가 되기를 원하시고, 그것을 위해 성령을 부어주셨기 때문입니다.(행 1:8)

📝 **누가복음 10:1-16을 읽고 다음 질문에 답하십시오.**

1. 예수님은 12제자들을 전도현장에 보내시는 것에 만족하지 않고, 따로 몇 명의 사람들을 전도자로 세우셨습니까?(1절)

2. 예수님은 70인의 전도자로도 만족하지 않고, 추수하는 주인에게 어떤 요청을 하라고 하셨습니까?

예수님의 제자훈련의 중요한 과목이 '전도'였습니다. 주님은 12제자들을 전도현장에 내보내셨습니다. 전도훈련을 받은 12제자는 후에 "사도"(아포스톨로스; 보냄을 받은 자)라고 불리게 되었습니다. 그런데 주님은 세계 복음화를 위해 12제자만이 아니라 '따로' 70명의 사람들을 더 세우셨습니다. 친히 가시려는 각 동네와 지역으로 둘씩 앞서 보내셨습니다. 그런데 놀라운 것은 여기에도 만족하지 않고, "추수하는 주인에게 청하여 추수할 일꾼을 보내 주소서 하라"고 하셨습니다. 여기서 추수하는 주인은 하나님을 의미하고, 추수하는 일꾼들은 전도자를 의미합니다. 왜 예수님은 전도자들을 보내달라고 하나님 아버지께 기도하라고 하셨을까요? 왜 전도자들을 계속 세워야 할까요? 그것은 온 세상 사람들이 다 구원받아야 하기 때문입니다.(딤전 2:4) 주님은 전도자들을 귀하게 여깁니다. 따라서 우리는 주님의 명령에 따라 계속 전도자들을 세우고, 훈련해야 합니다.

그런데 사실 전도는 말처럼 쉽지 않습니다. 사람의 본성과 반대되는 것이 전도이기 때문입니다. 우리는 다른 사람에게 무시당하거나 거부당할 때, 자존심이 상합니다. 또한 전도현장에서는 복음을 전하면 대부분은 복음에 반응하지 않습니다. 오히려 복음 전하는 사람을 조롱하거나 욕설을 퍼붓습니다. 더군다나 사람들이 듣고 싶어 하지 않는 말을 해야 합니다. 예를 들면 "당신은 죄인입니다. 회개하고 예수님을 믿으세요.", "예수를 믿으면 구원을 받지만 믿지 않으면 하나님의 심판을 받습니다" 등 현대인들이 듣기 싫어하는 말씀을 전해야 합니다. 그러니 전도가 얼마나 어렵겠습니까? 전도는 불편한 것입니다.

그러나 어떤 대가를 치르더라도 전도는 계속되어야 합니다. 왜냐하면 전도는 하나님의 소원이며, 주님이 우리에게 주신 명령이기 때문입니다. 전도자는 약할 수 있습니다. 때로는 두려운 마음, 불편한 마음으로 전도현장에 나갑니다. 그러나 우리가 전하는 복음은 결코 약하지 않습니다. 혹시 전도자가 두려운 마음으로 주저하면서 복음을 전할지라도, 그가 전하는 예수의 복음은 세상을 뒤흔들 수 있는 능력이라는 것을 알아야 합니다. 사도 바울은 이렇게 고백했습니다. "복음으로 말미암아 내가 죄인과 같이 매이는 데까지 고난을 받았으나 하나님의 말씀은 매이지 아니하니라"(딤후 2:9) 그렇습니다. 복음은 결코 매이지 않습니다. 그러므로 전도자들에게는 성령과 능력과 큰 확신이 필요합니다.

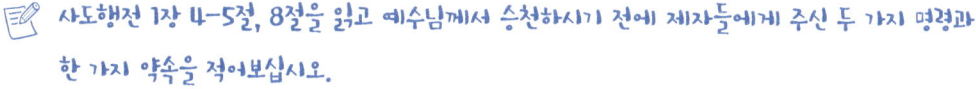
사도행전 1장 4-5절, 8절을 읽고 예수님께서 승천하시기 전에 제자들에게 주신 두 가지 명령과 한 가지 약속을 적어보십시오.

1. 두 가지 명령은?
  1)
  2)

2. 한 가지 약속은?

3. 8절에서는 성령이 임하시면 제자들은 어떻게 될 것이라고 하셨습니까?

예수님은 제자들에게 두 가지를 명령하셨고, 한 가지를 약속하셨습니다. 주님께서 명령하신 두 가지는 '예루살렘을 떠나지 말라'는 것과 '아버지께서 약속하신 것을 기다리라'는 것이었고, 한 가지 약속은 '성령세례'였습니다. 또한 주님은 이렇게 말씀하셨습니다. "오직 성령이 너희에게 임하시면 너희가 권능을 받고… 내 증인이 되리라"(행 1:8) 여기서 '내 증인이 되리라'라는 말씀은 명령이나 마땅히 해야 할 의무를 말하는 것이라기보다는 오히려 약속의 형태로 기록되어 있다는 것을 주목해야 합니다. '그렇게 될 것이다.' '그렇게 되도록 하겠다'는 말씀입니다. 영어성경(NIV)은 이 부분을 "you will be my witnesses"라고 번역했습니다. 그러므로 전도는 신학을 공부한 사람, 오래 교회 다닌 사람이 아니라 성령의 임재를 경험한 사람이 잘 할 수 있습니다. 성령이 한 사람에게 임하시면, 그 사람은 반드시 '예수의 증인', 곧 전도자가 될 수 있습니다.

복음서에 나오는 제자들과 사도행전에 나오는 제자들은 다 동일한 사람들입니다. 그런데 복음서에 나오는 베드로와 사도행전에 나오는 베드로는 사실 동일하지 않습니다. 마치 다른 사람을 보는 것 같습니다. 복음서에 나오는 베드로는 실패한 사람입니다. 3년 동안 예수님을 따라다녔지만 마지막 순간에 예수님을 부인했고, 도망했습니다. 계집종 앞에서조차 두려워하며 예수님을 부인했습니다. 그런데 사도행전에 나오는 베드로는 다릅니다. 그는 더 이상 두려워하는 자가 아닙니다. 예루살렘 거리에서 담대하게 '당신들이 십자가에 못 박은 이 예수를 하나님이 주와 그리스도가 되게 하셨다'라고 그는 외쳤습니다. 사람들 앞에서 당당하게 예수님을 증언한 것입니다.

성전 미문의 앉은뱅이를 치료하고 난 다음, 성전소란 죄로 잡혀가서 공회 앞에 섰을 때에도 베드로는 조금도 주눅 들지 않고 담대하게 말했습니다. "너희와 모든 이스라엘 백성들은 알라 너희가 십자가에 못 박고 하나님이 죽은 자 가운데서 살리신 나사렛 예수 그리스도의 이름으로 이 사람이 건강하게 되어 너희 앞에 섰느니라"(행 4:10) "다른 이로서는 구원을 받을 수 없나니 천하사람 중에 구원을 받을 만한 다른 이름을 우리에게 주신 일이 없음이라"(행 4:12) "하나님 앞에서 너희의 말을 듣는 것이 하나님의 말씀을 듣는 것보다 옳은가 판단하라"(행 4:19) 어떻게 베드로가 이렇게까지 변할 수 있었습니까? 그것은 성령이 그에게 임했기 때문입니다. 성령이 임하자 연약했던 베드로는 담대한 전도자가 될 수 있었습니다. 이것은 다른 제자들도 마찬가지였습니다.

그러므로 성령 받은 사람들이 전도자가 될 수 있습니다. 성령 받은 사람의 마음에 하나님의 소원이 새겨지고, 성령님이 전도할 수 있는 힘을 부어주십니다. 전도지를 들고 교회 밖으로 나가는 것보다 먼저 성령 충만을 받도록 기도해야 합니다.

제2과

전도자들의 가슴에는
구원의 감격이 살아있어야 합니다.

한번은 어느 모임에서 전도세미나를 마치고 났는데, 한 사람이 이런 질문을 했습니다. "목사님, 개인 전도를 그렇게 많이 하셨는데, 혹시 전도할 때 그 사람의 마음을 확 사로잡을 수 있는 특별한 비법이 있습니까?" "기가 막힌 말이나 대화의 기술이 있습니까?"

대부분의 사람들은 전도를 잘한다고 하면 이런 것을 상상합니다. '전도자가 어떤 기가 막힌 말을 하자 그 말에 감동해서 그 자리에서 눈물을 흘리며 예수님을 영접하고 교회에 나오게 되었더라…' 과연 그럴까요? 그런 일이 일어날 수도 있겠지만 사실 전도를 잘하는 데에는 무슨 특별한 방법이나 비법이 있는 것이 아닙니다. 성령님이 역사해야 합니다. 성령님이 전도의 가장 중요한 방법이요 해답입니다.

📝 데살로니가전서 1:5을 찾아서 읽고 다음 질문에 답하십시오.

1. 데살로니가 교회에 복음이 이른 두 가지 방법은 무엇입니까?

2. 말로만 이른 것과 능력과 성령과 큰 확신으로 된 것의 차이에 대해 당신 자신의 말로 설명해 보십시오.

사도 바울은 데살로니가 교회에 편지할 때, '복음이 너희에게 말로만 이른 것이 아니라 또한 능력과 성령과 큰 확신으로 된 것임이라'(살전 1:5)라고 말했습니다. 복음이 말로만 전해질 수 있고, 성령과 능력과 큰 확신으로 전해질 수 있다는 것입니다. 만약 복음이 말로만 전해진다면, 그 복음을 들은 사람은 명목상의 신자가 되고 말 것입니다. 그러나 능력과 성령과 큰 확신으로 복음이 전해지면, 복음이 사람을 변화시키고 말 것입니다.

실제로 사도행전 17장에 보면, 바울이 데살로니가에서 세 안식일 동안 복음을 전했을 때, 경건한 헬라인의 큰 무리와 적지 않은 귀부인들이 예수를 믿게 되었습니다. 유대인들이 시기하여 저자의 어떤 불량한 사람들을 동원하여 바울의 복음전도를 방해하면서 "천하를 어지럽게 하던 이 사람이 여기에도 왔도다"(행 17:6)라고 소리쳤습니다. 이 말은 바울에 대해 좋게 말한 것이 아니었지만, 이 말에는 바울이 전하는 복음이 얼마나 능력이 있는지, 세상을 흔들어 놓고 있다는 의미입니다. 그래서 영어성경 KJV에서는 이 부분을 "have turned the world upside down"이라고 번역했습니다. 오늘날 복음을 듣고 변화되었다는 구원의 이야기가 점점 사라지고 있는 것은 복음이 말로만 전해지고 있기 때문일 것입니다. 복음이 능력과 성령과 큰 확신으로 전해져야 회심전도가 될 것이고, 교회마다 구원의 이야기가 풍성해질 것입니다.

그러므로 누가 전도를 잘 할 수 있겠습니까? 성령으로 충만하여 복음이 자신의 능력이 되고 큰 확신이 된 사람들이 힘 있는 전도자가 될 수 있습니다. 한국교회를 보면, 대체로 목회자들이나, 장로님들은 오히려 전도를 잘하지 못합니다. 성경지식이야 목사님들을 누가 따라가겠습니까? 또 교회를 사랑하고 교회에 대해서 아는 것이야 장로님들보다 누가 더 뛰어나겠습니까? 그런데 이런 분들은 대체로 전도만큼은 잘하지 못합니다. 교회를 오래 다닌 사람보다 오히려 예수 믿은 지 얼마 되지 않은 새 가족들, 그리고 막 예수님을 영접하고 구원의 감격으로 가슴이 뜨거워진 사람들이 전도를 잘하는 것을 볼 수 있습니다. 왜 그럴까요? 예수님을 만나고, 구원받은 감격이 그들의 가슴속에 생생하게 살아있기 때문입니다.

그러나 오래 신앙생활한 사람들 중에는 구원의 감격을 잃어버리고, 메마른 신앙생활을 하는 경우가 많습니다. 전도를 하려면, '예수 믿으면 참 좋습니다. 행복합니다.'라고 말을 해야 하는데, 그 말이 잘 나오지 않습니다. 왜냐하면 자신도 예수 믿고 행복해지지 않았기 때문입니다. 여기서 우리는 전도를 잘하는 사람이란 전도의 내적 동기가 분명한 사람, 구원의 감격이 생생하게 살아있는 사람이라는 것을 알 수 있습니다. 혹시 당신은 전도의 내적 동기가 분명합니까? 그렇다면 전도를 잘하기 위해 무엇이 필요한지를 살펴보겠습니다.

첫 번째, 전도를 잘하기 위해서 예수님을 개인적으로 그리고 인격적으로 만나는 분명한 체험이 필요합니다.

위대한 전도자 바울은 다메섹으로 가는 도중에 충격적으로 예수님을 만났습니다. 태양보다 더 밝은 빛이 그에게 비치고, 부활하신 예수님이 나타나서 "사울아 사울아 네가 어찌하여 나를 핍박하느냐?"(행 9:4) 라고 물었습니다.(여기서 '사울'은 바울의 옛 이름입니다.) 깜짝 놀란 그가 "주여 누구십니까?"라고 물었을 때, 주님은 "나는 네가 핍박하는 예수라"(행 9:5)고 말했습니다. 바울은 굉장한 충격을 받았습니다. '아니, 예수라니? 그럼 나는 어떻게 되는건가?' 얼마나 충격을 받았는지, 그는 눈을 떴지만 아무 것도 볼 수 없었고, 사흘 동안 먹지도 마시지도 못했습니다. 나중에 눈에서 비늘 같은 것이 벗어지고, 아나니아에게 세례를 받고, 그 즉시로 전도자가 되었습니다.

그렇습니다. 우리가 진정한 예수님의 증인, 곧 전도자가 되려면, 바울처럼 예수님을 개인적이고, 인격적으로 만나는 경험이 먼저 있어야 합니다. 예수님을 충격적으로 만났기 때문에 바울은 예수 믿는 사람들을 잡으러 왔다가 오히려 예수를 전하는 전도자가 될 수 있었습니다. 원래 증인이 되려면 보고 들은 것이 있어야 합니다. 예수님을 만나고, 두 눈으로 보고, 그분으로부터 듣는 개인적인 경험이 있는 사람이 좋은 전도자가 될 수 있습니다.

어느 날 친구 목사가 이런 이야기를 했습니다. 그해 북경 코스타에 참석했는데, 어느 강사가 강의 중에 이런 유머를 했다고 합니다. "요즘 한국의 그리스도인들은 죽어서 천국에 가면 주님을 만나서 인사를 하는데, '말씀은 많이 들었습니다.'라고 인사를 합니다" 그렇지요! 말씀은 많이 들었습니다. 그런데 예수님을 만나기는 처음이라는 것입니다. 말씀만 많이 듣고, 처음 주님을 만나는 이런 믿음으로는 전도하기 힘듭니다.

📝 *당신에겐 사도 바울과 같은 '주님을 만난 분명한 경험'이 있습니까? 예수님을 개인적으로, 그리고 인격적으로 만난 경험을 서로 나누어 보십시오.*

두 번째, 전도를 잘하기 위해서는 구원의 확신과 감격을 소유해야 합니다.

대체로 어릴 때부터 교회를 다녔거나, 모태신앙인 사람들이 전도를 잘 하지 못하는 이유는 구원의 확신과 감격이 희미하기 때문입니다. '예수 믿으면 참 좋습니다. 예수 믿으면 행복해 집니다.'라는 말을 자신있게 할 수 없습니다. 따라서 전도는 '하나님의 은혜로 나 같은 사람이 구원받았다'는 감사와 구원의 감격이 그 가슴에 살아 있어야 잘 할 수 있습니다.

구원이 무엇입니까? 나중에 죽어서 천국 가는 것이 구원일까요? 물론 우리는 죽어서 천국에 가겠지만, 그것은 구원에 대한 충분한 설명이 아닙니다. 구원이란 예수의 피로 죄 사함 받은 것이요, 하나님의 자녀로 거듭난 것입니다. 다시 말한다면 어둠에서 빛으로, 죽음에서 생명으로 옮긴 것입니다(요 5:24) 이렇게 감격적으로 구원을 경험해 본 사람은 주님을 몰랐을 때에 자신이 얼마나 비참한 삶을 살았는지, 그리고 구원받고 난 다음에 예수 그리스도 안에서 자신이 얼마나 존귀한 자가 되었는지 분명하게 인식하게 됩니다. 그렇습니다. 구원과 심판에 대한 분명한 인식, 그래서 천국의 아름다움과 지옥의 비참함으로 명확하게 인식하는 사람이 불신자에게 "예수 믿어야 합니다."라고 전도할 수 있습니다. 그렇다면 우리가 구원받았다는 사실을 어떻게 확인할 수 있을까요?

📝 **요한복음 5:24과 요한일서 5:11-13을 읽고 다음 질문에 답하십시오.**

1. 구원이란 어디에서 어디로 옮겨진 것입니까?

2. 구원받은 자 안에는 무엇이 있습니까? 그리고 그것을 어떻게 알 수 있습니까?

3. 구원받았다는 것을 당신이 이해한 말로 설명해 보십시오.

18세기 감리교운동을 시작한 존 웨슬리 목사는 역사적으로 그 맥이 끊어졌던 전도운동을 다시 회복시킨 사람입니다. 그는 영국 국교회 목사였지만 처음에는 복음전도에 대한 열정이 없었습니다. 그가 불타는 전도자로 변화된 계기는 두 가지입니다. 첫째는 그의 회심입니다. 그는 1738년 5월 24일 저녁에 자신의 내면에서 일어났던 변화, 곧 하나님의 역사에 대해서 이렇게 기록하였습니다. "저녁에 나는 별로 내키지 않는 걸음으로 올더스게이트 거리에 있는 한 집회에 참석하였는데, 거기에서 한 사람이 루터가 쓴 로마서 서문을 읽고 있었다. 8시 45분경에 그가 그리스도 안에 있는 믿음을 통하여 하나님께서 마음에 변화를 일으키시는 일을 설명하고 있었을 때 나는 이상하게 내 마음이 뜨거워짐을 느꼈다. 나는 내가 그리스도를 신뢰하고 있다고 느꼈고, 구원을 위해, 다만 그리스도만 믿고 있다는 것과 주께서 내 죄를, 아니 내 죄까지도 다 거두어 가시고 나를 죄와 사망의 법에서 구원해주셨다는 것을 확신하게 되었다."[4] 그날 웨슬리는 예수님께서 자신의 구원자이신 것이 믿어졌고, 예수님께서 자신의 죄를 사하셨다는 '죄 사함의 확신', 곧 '구원의 확신'을 얻게 되었습니다. 이 사실이 그의 가슴을 뜨겁게 했습니다.

그런데 이때 웨슬리 목사님의 가슴은 얼마나 뜨거웠을까요? 흥미 있는 질문입니다. 왜냐하면 그 이후, 웨슬리 목사님을 따르는 감리교인들은 '가슴이 뜨거운 사람들'이라고 불리게 되었기 때문입니다. 영어 'warmed'라는 표현은 '마음에 깨달음을 얻었을 때', 혹은 '깊은 감동을 받았을 때' 사용했던 단어이고, 한국적인 정서로는 '뭉클해졌다'라는 번역이 더 좋을 수 있을 것입니다. 어쨌든 웨슬리는 이렇게 '마음이 뜨거워진 회심의 경험'을 하게 되자, 이 구원의 복음을 전하고 싶은 열망이 그의 가슴 깊은 곳에서부터 일어나게 되었습니다. 그래서 구원의 확신을 가지지 못하고 열심히 종교적인 노력을 하고 있는 사람들, 목적도 없이 방황하는 사람들에게 "구원받는 믿음"에 대해 말하기 시작했습니다.

둘째는 페터레인 신도회에서 성령임재를 경험한 사건입니다. 그는 자신의 『일기』에서 1739년 1월 1일에 일어난 일에 대해 이렇게 기록하였습니다. "홀, 킨친, 임햄, 휫필드, 허친스 그리고 나의 동생 찰스는 다른 60여명의 우리 형제들과 함께 페터레인에서 사랑의 애찬에 참예하였다. 새벽 3시경 우리가 즉석기도를 계속하고 있었을 때 하나님의 능력이 우리위에 강하게 임하였으며, 많은 사람들은 넘치는 기쁨으로 울음을 터뜨렸고, 땅에 엎드렸다. 그분의 현존하시는 위엄의 경이로움에서 깨어나자마자 곧 우리는 한 목소리로 '우리는 하나님을 찬양하나이다. 우리는 당신이 주가 되심을 아나이다'라고 고백하였다."[5] 이때부터 웨슬리가 설교하는 곳에서는 강력한 성령의 역사가 나타나기 시작했습니다. 귀신이 떠나갔고, 죄인들이 땅바닥에 엎드려서 회개하였고, 병자들이 나음을 받았으며, 사람들이 변화되었습니다. 어느 날 런던의 부유한 상인이 정신병에 걸려서 폐인이 되어버린 아들을

---

4) *Works I*, p.96. May.24, 1738
5) Ibid., p.170. Jan.1, 1739.

데리고 와서 웨슬리에게 기도를 요청했습니다. 그 아들은 5년 전부터 심한 정신질환에 걸려 자신의 몸을 때리고 물어뜯고 흉기로 아무데나 찌르고 불속에 들어가거나 잠을 자지 않고 비명을 질러댔습니다. 깊은 동정심을 느낀 웨슬리가 그를 위해 기도하자 기적같이 이 아들의 정신병이 고침을 받게 되었습니다.

그렇습니다. 전도자에겐 죄 사함의 확신과 구원의 확신이 분명해야 합니다. 만약 구원에 대한 내적인 확신이 불분명하다면 어떻게 불신자들에게 "당신은 꼭 예수 믿어야 합니다."라고 말하며, 천국의 아름다움과 지옥의 비참함에 대해 강력하게 전할 수 있겠습니까? 혹시 당신은 구원의 내적인 확신이 분명합니까?

세 번째, 전도를 잘하기 위해 '잃은 영혼'에 대한 주님의 마음을 배워야 합니다.

구원의 감격이 희미할 때에는 불신자들이 가지고 있는 세상의 부와 세속적인 재미가 오히려 부러울 수 있지만, 구원의 확신과 구원의 감격이 가슴에 분명하게 새겨진 그리스도인들은 그동안 보지 못했던 불신자들의 내적인 고통, 그들의 갈급함이 보이기 시작합니다. 돈은 많이 가졌고, 큰 집에 살면서도 두려움과 염려에 붙잡힌 모습이 보이고, 많이 배웠지만 마음의 평안이 없이 방황하는 모습이 보이기 시작합니다. 그들이 바로 '잃어버린 영혼'이라는 것을 알게 됩니다. 이렇게 구원받아야 할 불신자들이 불쌍하게 보이기 시작하고, 그들을 향한 주님의 아픈 마음을 가지게 될 때 전도가 시작될 수 있습니다.

예수님은 당시 수많은 무리들을 보면서 그들을 불쌍히 여기셨습니다. 그들을 "수고하고 무거운 짐 진 자들"(마 11:28)이라고 하셨고, 때로는 그들을 향해 "목자 없는 양과 같이 고생하며 기진함이라"(마 9:36)고 말씀하셨습니다. 한번은 바리새인들이 예수님께서 세리들과 함께 잡수시는 것을 보고 어찌하여 세리 및 죄인들과 함께 먹느냐고 말했을 때 주님은 이렇게 말씀하셨습니다. "건강한 자에게는 의사가 쓸 데 없고 병든 자에게라야 쓸 데가 있느니라 나는 의인을 부르러 온 것이 아니요 죄인을 부르러 왔노라"(막 2:17)

특히 요한복음에서 주님이 만난 사람들은 대부분 잃은 영혼들, 갈급한 영혼들이었습니다. 3장에 보면, 주님은 성경지식은 있지만 거듭남이 무엇인지 몰랐던 니고데모를 만나셨고, 4장에서는 영적인 갈급함을 가진 한 여인을 구원하시기 위해 일부러 사마리아를 통과해야만 하셨습니다. 또 5장에 보면, 주님은 예루살렘에 올라가셨을 때 양문 곁에 있는 베데스다 연못을 찾아가셨고, 그곳에서 38년 된 병자를 고쳐주셨습니다. 6장에서는 굶주린 수많은 사람들을 먹이시기 위해 오병이어의 기적을 행하셨고, 8장에서는 간음하다 현장에서 잡힌 한 여인을 구해주시면서 "나도 너를 정죄하지 아니하노니 가서 다시는 죄를 범하지 말라"(요 8:11)고 하셨습니다. 9장에서는 날 때부터 맹인 된 사람을 치료해 주셨습니다. 제자들은 "누구의 죄로 인함이니이까?"(2절)라고 물었지만 주님은 죄 때문이 아니라 "하나님이 하시는 일을 나타내고자 하심이라"(3절)고 말씀하시며 그의 눈을 치료해 주셨습니다. 요한복음에 나타난 예수님의 사역은 한 마디로 잃은 영혼을 찾는 것이었습니다.

특히 누가복음 15장에 보면, 예수님은 우리에게 '탕자의 비유'로 알려진 말씀을 들려주셨습니다. 아버지의 재산을 가지고 집나가 허랑방탕하여 그 재산을 다 써버린 둘째아들이 돌아왔을 때 아버지는 그 아들을 받아주면서, 제일 좋은 옷을 내어다 입히고 손에 가락지를 끼우고 발에 신을 신겼습니다. 그리고 송아지를 잡아 잔치를 벌였고, 너무 기뻐서 풍악을 울리고 춤을 추었습니다. 그날 그 잔치에서 누가 가장 기쁘게 춤을 추었을까요? 아마 아버지였을 것입니다. 하늘 아버지는 죄인 하나가 회개하고 돌아올 때 이렇게 춤을 추며 기뻐하십니다.

예수님은 잃은 영혼에 대해 관심을 가진 사람들이 일어나기를 원하십니다. 잃은 영혼을 긍휼히 여기는 마음이 전도자의 마음이기 때문입니다. 그러므로 좋은 전도자는 죄 사함의 은혜에 대한 감격, 예수 그리스도를 개인적으로 만난 기쁨과 구원의 감격이 가슴에 충만해야 하고, 무엇보다 주님이 가졌던 잃은 영혼에 대한 안타까움을 그 내면에 품어야 합니다.

📝 *당신 주변에 있는 '잃어버린 영혼'은 누구입니까? 혹시 당신이 긍휼히 여겨야 할 사람이 있다면 그 이름을 적어보십시오.*

📝 *전도를 잘하기 위해 우리가 갖추어야 할 세 가지는 무엇일까요?*

1) _____

2) _____

3) _____

제3과
전도자들은 믿음의 발판위에 굳게 서야 합니다.

전도자에겐 견고한 믿음이 필요합니다. 왜냐하면 전도현장에서는 실제로 영적전쟁이 일어나기 때문입니다. 악한 마귀는 전도자들을 공격하여 마음을 흔들어 놓고, 여러 가지 방법으로 전도를 방해합니다. 그러므로 좋은 전도자가 되려면 예수 그리스도에게 믿음의 뿌리를 든든히 내리고 오직 십자가에 달리신 예수님만을 바라보는 견고한 믿음이 필요합니다. 만약 전도자가 쉽게 삐치고 상처받고, 작은 일에도 흔들린다면 어떻게 잃어버린 영혼을 구원해낼 수 있겠습니까?

사도 바울은 에베소교회에 보낸 편지에서 성령께서 에베소교회 성도들의 속사람을 능력으로 강건하게 하시기를 기도했습니다. "또한 나는 여러분이 사랑 위에 두 발로 굳게 서서 그리스도께서 아낌없이 베푸시는 사랑의 크기를 예수를 따르는 모든 이들과 함께 이해할 수 있게 해주시기를 간구합니다 손을 뻗어 그 사랑의 넓이를 경험해 보십시오 그 사랑의 길이를 재어 보십시오 그 사랑의 깊이를 측량해 보십시오 그 사랑의 높이까지 올라가 보십시오 하나님의 충만하심 안에서 충만해져 충만한 삶을 사십시오."(엡 3:17~19, 메시지성경) 여기에 보면, 전도자가 서 있어야 할 믿음의 발판은 바로 그리스도의 사랑인 것을 알 수 있습니다. 전도자가 그 넓은 사랑을 경험하고, 측량할 수 없는 그 길이와 깊이와 높이를 경험한다면, 어떤 핍박과 방해에도 흔들리지 않을 것입니다.

그렇다면 전도자가 견고하게 뿌리내려야 할 '믿음의 자리'는 어떤 곳일까요? 성경적인 믿음의 발판은 다음과 같은 것들입니다.

1. 성경에 최고의 권위를 두어야 합니다. 성경은 구원의 언약을 기록한 책입니다. 특히 사도 요한은 "이것을 기록함은 예수님이 하나님의 아들 그리스도이심을 믿게 하고 또 그분을 믿어 그 이름으로 생명을 얻게 하려 함이라"(요 20:31)고 했고, 바울은 "능히 너로 하여금 믿음으로 말미암아 구원에 이르는 지혜가 있게 하느니라"(딤후 3:15)라고 했습니다. 구약성경이 하나님의 구원 계획을 약속하고 예언한 책이라면, 신약성경은 그 언약이 그리스도 안에서 성취되었음을 기록하고 있습니다.

2. 살아계신 하나님을 전적으로 의지해야 합니다. 하나님은 창조주시고 전능하신 분이시며 우리의 아버지이십니다. 특히 창세전부터 인간들을 구원할 완벽한 계획을 세우셨고, 온 세계 역사를 주관하고 섭리하시며, 항상 우리 주위에서 일하고 계십니다.

3. 예수님을 주와 그리스도로 믿어야 합니다. 예수님은 이 땅에 몸을 입고 오신 하나님이시며, 유일한 구원자(그리스도)이십니다. 예수님은 성경대로 온 인류의 구원을 위해 십자가에 죽으셨고, 성경대로 사흘 만에 죽은 자 가운데서 살아나셨습니다. 그리고 승천하셔서, 하나님 보좌 우편에서 우리를 위해 중보하시다가 온 세상의 심판주로 다시 오실 분이십니다. 이 예수님을 전하는 것이 바로 전도입니다.

4. 성령 하나님의 내주와 교통(교제)을 믿어야 합니다. 성령님은 언제나 사람들을 예수 그리스도에게로 이끄십니다. 사람들로 하여금 예수를 주로 믿어 구원받게 하시며, 구원받은 성도 안에 거하여 구원의 내적인 확신을 갖게 하시고, 거룩한 삶을 살도록 도와주십니다. 무엇보다 성령님이 임하셔야 우리는 예수의 증인이 될 수 있습니다.

5. 교회가 얼마나 소중한지를 알아야 합니다. 교회는 그리스도의 살아있는 몸이며, 이 세상에서 하나님의 구속의 목적을 이루어 나가는 사역을 성령님과 함께 담당하고 있습니다. 특히 교회는 "너희는 온 천하에 다니며 만민에게 복음을 전파하라"(막 16:15)는 주님의 명령을 받았기 때문에 복음 전파를 최우선 사명으로 삼은 증인공동체입니다. 그렇기 때문에 교회는 하나되어야 하고, 순결해야 하며, 서로 사랑해야 합니다.

6. 성도들은 하나님 나라 시민이며, 이 세상에서 하나님의 구속의 사역에 동참하도록 부르심

을 받은 사람들임을 알아야 합니다. 모든 성도는 예수님의 증인이며 전도자입니다. 이 전도의 사명이 없는 그리스도인은 단 한 명도 없습니다. 그렇기 때문에 성도들이 살아가는 삶의 현장인 가정, 직장, 학교는 성도들의 전도 현장이요, 사역지라고 할 수 있습니다.

7. 복음이 만민에게 전파되면, 예수 그리스도께서 다시 이 땅에 오실 것입니다. 그날이 되면, 우리의 복음전파가 얼마나 영광스러운 일이었는지 분명히 드러날 것입니다. 그러므로 모든 주님의 제자들은 영생과 몸의 부활, 즉 내세에 대한 분명한 소망을 가지고 주님 오실 때가지 복음전파에 힘써야 할 것입니다.

📝 전도자가 굳게 서야 할 일곱 가지 성경적인 믿음의 발판들에서 핵심적인 단어들을 적어보십시오.

1. _____

2. _____

3. _____

4. _____

5. _____

6. _____

7. _____

전도자에겐 올바른 믿음의 발판과 함께 꼭 필요한 것이 한 가지 더 있습니다. 그것은 바로 믿음의 확신입니다. 그렇다면 전도자들이 가져야 할 확신들은 어떤 것들일까요?

1. '구원의 확신'입니다. 우리는 이미 구원받았고, 하나님의 자녀로 거듭났습니다. 아무도 우리의 구원을 취소할 수 없습니다. 그래서 사도 요한은 이렇게 우리의 구원을 확증했습니다. "또 증거는 이것이니 하나님이 우리에게 영생을 주신 것과 이 생명이 그의 아들 안에 있는 그것이니라 아들이 있는 자에게는 생명이 있고 하나님의 아들이 없는 자에게는 생명이 없느니라 내가 하나님의 아들의 이름을 믿는 너희에게 이것을 쓰는 것은 너희로 하여금 너희에게 영생이 있음을 알게 하려 함이라."(요일 5:11~13)

2. '죄 사함의 확신'입니다. 우리의 죄는 이미 예수 그리스도 안에서 해결되었습니다. 정죄는 끝났습니다. 우리는 아예 죄에 대해 죽은 자요, 의에 대해 산 자가 되었습니다. 사도 바울은 이렇게 증언했습니다. "그러므로 이제 그리스도 예수 안에 있는 자에게는 결코 정죄함이 없나니 이는 그리스도 예수 안에 있는 생명의 성령의 법이 죄와 사망의 법에서 너를 해방하였음이라."(롬 8:1~2)

3. '기도 응답의 확신'입니다. 주님은 우리의 기도에 반드시 응답하시겠다고 약속하셨습니다. 전도자는 기도로 전능자이신 하나님으로부터 필요한 모든 것을 공급받을 수 있습니다. 아예 우리 주님은 이렇게 약속하셨습니다. "진실로 너희에게 이르노니 무엇이든지 너희가 땅에서 매면 하늘에서도 매일 것이요 무엇이든지 땅에서 풀면 하늘에서도 풀리리라."(마 18:18)

4. '동행의 확신'입니다. 주님은 전도자를 결코 홀로 내버려 두지 않으십니다. 전도자들이 가는 곳에 주님이 함께 역사하시고 그 따르는 표적으로 말씀을 확실하게 증언하십니다.(막 16:20)주님은 제자들에게 "너희는 가서 모든 민족을 제자로 삼아"라고 하셨고, 또한 "볼지어다 내가 세상 끝날까지 너희와 항상 함께 있으리라"(마 28:20)

5. '승리의 확신'입니다. 주님은 십자가에서 이미 승리하셨습니다. 모든 죄와 죽음, 악한 마귀를 이기셨고, 부활하심으로 그 승리를 만 천하에 드러내셨습니다. 사도행전에 보면 주님의 제자들 역시 승리했습니다. 승리하신 주님이 그들과 함께하시기 때문입니다. 그러므로 전도자들은 어떤 시험이 와도 반드시 이길 것입니다. 주님은 제자들에게 이렇게 격려했습니다. "이것을 너희에게 이르는 것은 너희로 내 안에서 평안을 누리게 하려 함이라 세상에서는 너희가 환난을 당하나 담대하라 내가 세상을 이기었노라."(요 16:33)

📝 전도자의 가슴에 있어야 할 다섯 가지 확신을 적어 보십시오.

1. _____

2. _____

3. _____

4. _____

5. _____

조별 모임

다음의 질문들을 진지하게 자신에게 적용시켜 보고, 조원들과 서로 나누어 보십시오.

1. 전도에 대해 오해하고 있었던 것이 있습니까? 어떤 것이었습니까?

2. 전도자가 되기 위해 지금 나에게 가장 필요한 것은 무엇이라고 생각합니까?

03단원

전도자의 가슴에 복음이 새겨져야 합니다

📖 **이 단원의 요절**

"하나님이 세상을 이처럼 사랑하사 독생자를 주셨으니 이는 그를 믿는 자마다 멸망하지 않고 영생을 얻게 하려 하심이라 하나님이 그 아들을 세상에 보내신 것은 세상을 심판하려 하심이 아니요 그로 말미암아 세상이 구원을 받게 하려 하심이라"(요 3:16-17)

· **데이비드 플랫 목사가 인도네시아에서** 현지 불교 지도자와 무슬림공동체 지도자들과 함께 종교에 대한 이야기를 나눌 기회가 있었다고 합니다. 그들은 하나같이 모든 종교는 근본적으로 비슷하며, 단지 표면적인 차이가 있을 뿐이며, 종교란 산꼭대기에 계시는 하나님을 찾아가는데 길만 서로 다를 뿐이라고 말했답니다. 그 때 데이비드 목사님은 이런 말을 했다고 합니다. "그런데 한 가지 질문이 있습니다. 산꼭대기에 계시던 하나님이 지금 이곳까지 내려오셨다면 어떨 것 같습니까? 인간들이 저마다 길을 찾아 그분께 다가오기를 기다리고 계시지 않고 직접 한 사람, 한 사람을 찾아오셨다면 어떻게 될까요?"[6]

복음이란 이런 것입니다. 사람이 스스로 진리를 찾아나서는 것은 종교지만, 복음은 하나님이 우리 인간들을 구원하시기 위해 찾아오신 것입니다. 성경은 죄인인 인간이 자기 스스로의 노력으로 구원받을 수 없다고 말합니다. 그래서 성경은 "모든 사람이 죄를 범하였으매 하나님의 영광에 이르지 못하더니"(롬 3:23)라고 말했습니다. 따라서 복음은 종교와 다릅니다. 만약 우리가 하나님과 우리 인간들의 죄의 실상과 그 진면목을 제대로 안다면 '모든 종교는 다 똑같다'라는 말은 절대로 할 수 없습니다. 하나님께서 이 땅에 보내신 예수 그리스도와 그가 죽으신 십자가를 생각한다면 어떻게 그렇게 말할 수 있겠습니까?

---

[6] 데이비드 플랫, 최종훈 옮김, 『래디칼』(서울: 두란노 출판, 2011), p.56.

우리는 복음과 종교의 차이를 잘 알아야 합니다. 다음 도표는 복음과 종교의 차이를 나타내는 것입니다.

	복음	종교
시작	하나님	인간들
핵심	하나님이 인간들을 찾아오심	인간들이 하나님을 찾아나섬
기준	믿음	행위(선행, 고행 등)
결과	구원(생명)	자기 의(자기공로)

종교는 사람이 시작한 것입니다. 모든 종교는 창시자가 있습니다. 또한 종교는 사람이 하나님을, 혹은 진리를 찾아가는 것이라고 가르칩니다. 그러므로 종교에서 중요한 것은 인간의 행위입니다. 얼마나 열심히 노력을 했는가? 애를 썼는가? 정성이 어떠한가를 묻습니다. 인간의 행위가 중요하기 때문입니다. 결국 모든 종교는 공로사상에 기반을 두고 있습니다.

그러나 복음은 그렇지 않습니다. 복음은 하나님이 시작하셨습니다. 하나님이 몸을 입고 이 땅에 오셨고, 인간을 대신하여 십자가에서 죽으셨습니다. 따라서 복음에는 인간의 행위가 아니라 믿음이 필요합니다. 하나님이 이루어 놓으신 구원의 길, 곧 십자가 복음을 믿음으로 받아들여야 합니다. 인간의 노력으로는 죄와 죽음, 그리고 심판을 해결할 수 없기 때문에 하나님은 구원자를 보내주셨습니다. 그러므로 믿음으로 구원 얻는 것이 바로 '복음'입니다.

제1과

복음이란 무엇입니까?

전도를 잘하기 위해서는 복음의 내용을 알고 확신해야 합니다. 많은 사람들이 전도를 주저하는 이유는 복음에 대한 확신이 없기 때문입니다. 예수 믿지 않는 사람을 만나서 무슨 말을 해야 할지, 그리고 어떻게 복음을 설명할지 모르기 때문에 전도를 부담스러워 합니다.

초대 교회는 당시 사람들에게 선포할 명확한 메시지를 가지고 있었습니다. 사도행전 2장에 보면, 베드로는 예루살렘 거리에서 이렇게 선포했습니다. "그런즉 이스라엘 온 집은 확실히 알지니 너희가 십자가에 못 박은 이 예수를 하나님이 주와 그리스도가 되게 하셨느니라"(행 2:36) 그들이 이 말을 듣고 마음에 찔려 "형제들아 우리가 어찌할꼬"(행 2:37)라고 했을 때 "너희가 회개하고 각각 예수 그리스도의 이름으로 세례를 받고 죄 사함을 받으라"(행 2:38)고 증언했습니다.

우리는 베드로가 선포한 이 메시지를 '케리그마(kerygma)'라고 말합니다. 사도들은 대부분 케리그마에 의하여 전도하였고, 신약의 모든 문헌들은 케리그마를 반영하고 있습니다. 따라서 초대교회 설교의 골자인 '케리그마'는 전도자가 가슴에 품고 있어야 할 살아있는 메시지입니다. 하나님을 모르고 죄와 죽음의 고통 아래 신음하는 사람들에게 '예수님이 당신의 구원자이시다' '예수님을 믿고 죄 사함을 받으라'고 명확하게 선포할 수 있어야 합니다.

어떤 사람은 '전도는 사람을 교회로 데려오는 것'이라고 오해합니다. 오지 않으려는 사람을 억지로 끌고, 아니면 달콤한 말로 꾀어서 교회로 데려오려고 하니까 전도가 얼마나 어려운지 모릅니다. 심지어 어떤 교회에서는 전도를 위해 마케팅 전략을 배우기도 합니다.

어떻게 하면 사람들을 교회로 끌어올 수 있을까?를 고민하는 것입니다. 물론 사람들을 교회에 데려와야 하겠지만, 사실 전도의 올바른 정의는 '복음을 전파하는 것'(복음증거)이지 사람을 교회로 데리고 오는 것은 아닙니다. 예수님께서도 사도행전 1장 8절에서 "오직 성령이 너희에게 임하시면…내 증인이 되리라"고 하셨습니다. 예수님의 증인, 다시 말한다면 '자신이 만난 예수 그리스도'를 다른 사람들에게 증언하는 것이 전도입니다.

📝 전도에 대한 잘못된 생각은 어떤 것이고, 전도에 대한 올바른 정의는 무엇입니까?

- 전도에 대한 잘못된 생각 :

- 전도의 올바른 정의 :

그러므로 전도자는 복음이신 예수님을 직접 만나고 경험해야 합니다. 즉 '내가 만난 예수님'이 분명해야 한다는 것입니다. 그리고 예수님을 전하기 위해 예수님이 누구시며 그가 왜 이 땅에 오셨는지, 왜 십자가에서 죽으시고 부활하셨는지, 그리고 그것이 인간의 구원과 어떤 연관이 있는지를 잘 알아야 합니다. 복음이 무엇인지 알지 못하고서는 전도자가 될 수 없습니다.

가만히 생각해보면, 제가 전도에 대해 주저하고, 전도가 어렵다고 생각하고, 전도를 하지 않으려고 피했을 때는, 내 안에 예수 그리스도에 대한 확신이 없었을 때였습니다. 예수님이 나의 구원자시라는 것을 알고는 있었지만, 구원의 감격이 식어지고, 복음에 대한 확신이 희미했을 때는 전도를 할 엄두가 나지 않았습니다. 그러다가 주님을 새롭게 만나고 주님께서 내 안에 살아계심을 확신하게 되자 전도가 전혀 어렵지 않았습니다.

복음이란?

그렇다면 복음이 무엇입니까? 복음이라는 말의 뜻은 '기쁜 소식'(good news)입니다. 헬라어로는 '유앙겔리온'(euangélion)이라고 하는데, 과거 신약시대에는 전쟁에서 이겼다는 소식이 바로 '유앙겔리온'이었습니다. 말하자면, 복음이란 그냥 듣기 좋은 소식이 아니라 한 사람의 인생에 지대한 영향을 미칠 수 있는 기쁜 소식, 즉 그 소식을 한번 들으면 슬픔

이 기쁨으로 바뀌고, 삶의 문제가 해결되고, 이전과는 전혀 다른 새로운 삶을 살게 하는 바로 그런 기쁜 소식을 '복음'이라고 정의할 수 있습니다.

예를 들어, 어떤 한 사람이 몸이 아파 병원에 가서 진료를 받았습니다. 그런데 그 의사는 심각한 표정으로 이런 저런 검사를 하게 했습니다. 피검사, 소변검사, 시티(CT)촬영, 심지어 엠알아이(MRI)촬영까지 했습니다. 며칠 후에 오라고 해서 갔더니 의사가 이렇게 말했습니다. "당신의 병은 불치병입니다. 병의 원인은 알수 없고, 치료할 약도 없습니다. 죄송하지만, 길어야 6개월이고 짧으면 3개월입니다 아무래도 준비하셔야겠습니다" 이제 이 사람은 시한부 인생이 된 것입니다.

질병이라는 문제로 죽음의 문턱에 서게 된 이분에게 필요한 복음, 기쁜 소식은 무엇일까요? 두말할 필요 없이 병이 낫는 것이라고 할 수 있습니다. 그런데 소문에, 제주도에 신비한 약초가 있는데, 그 약초로 불치병을 고친 의사가 있다는 것입니다. 자기와 똑같은 병으로 죽음을 기다리던 어떤 사람이 그 의사의 처방으로 나았다는 자기 경험담을 들려주었다면, 이 소문은 그야말로 병든 그 사람에게는 복음일 것입니다. 그러면 그 사람은 그 의사를 만나기 위해 제주도로 가겠습니까? 안가겠습니까? 아마 분명히 갈 것입니다. 그리고 실제로 그 사람 역시 제주도에 가서 그 의사를 만나서, 신비한 약초로 자기 병을 고쳤다면, 병 나은 그 사람이 자신의 병 나은 것을 다른 사람에게 말하는 것이 힘들까요? 아니면 쉬울까요? 혹시 자신이 병 나았다는 사실을 다른 사람에게 말하는 것이 부담이 되고, 떨리고, 도망가고 싶고… 그럴까요? 분명히 그렇지 않을 것입니다. 자신이 병 나은 이야기를 할 때 얼마나 신나겠습니까? 전도란 바로 이와 같은 것입니다. 자신이 경험한 복음을 전하는 것이 전도입니다. 그러므로 예수 그리스도가 나의 복음이 될 때 좋은 전도자가 될 수 있습니다.

 다음 두 가지 질문에 솔직하게 답해 보십시오.

1. 당신은 예수님을 나의 복음으로 만난 경험이 있습니까?

2. 당신에겐 전도가 쉽습니까? 아니면 여전히 어렵습니까?

세속적인 복음, 성경적인 복음

하나님을 모르는 세상 사람들이 말하는 세속적인 복음과 성경에서 말하는 복음은 다릅니다. 하나님을 모르는 사람들은 세속적인 것들, 예를 들면 돈을 많이 버는 것, 건강하게 사는 것, 자기 소원을 이루는 것, 자신의 삶의 문제를 해결하는 것 등을 복음이라고 생각합니다. 그리고 그런 것들을 찾아다닙니다. 말하자면, 그들은 진짜 복음이 아닌 것을 복음이라고 착각하고 있습니다.

순회선교단의 대표 김용의 선교사는 세속적인 복음을 두 가지로 정리할 수 있다고 했습니다. 하나는 '소원성취형 복음'이고, 다른 하나는 '문제 해결형 복음'입니다.

첫 번째, 소원성취형 복음이란 자기 소원을 이루는 것을 복음으로 생각하는 것입니다. 대부분의 사람들은 예뻐지고 싶은 소원, 좋은 대학과 좋은 직장에 들어가고 싶은 마음, 인생에서 성공하고 싶은 소망 등과 같은 자신의 소원을 성취해 주는 것을 복음이라고 생각하고 그것을 찾아다닙니다. 그리고 그 소원을 성취하기 위해 종교를 가집니다. 큰 나무나 바위 앞에서, 혹은 우상을 세워놓고 열심히 빌고, 아침에 떠오르는 태양과 밤에 하늘에 있는 달을 보고 빕니다. 매년 1월 1일이 되면, 동쪽 끝 정동진이라는 곳에 수만 명의 사람이 모입니다. 새해 첫날에 떠오르는 태양에게 자기 소원을 빌어보겠다는 것입니다. 그렇다고 태양이 소원을 이루어주겠습니까? 참 어리석습니다. 나무가 어떻게 사람의 소원을 성취해주며, 사람의 손으로 다듬어서 만들어 놓은 돌덩이가 무슨 힘이 있어서 소원을 들어주겠습니까?

두 번째, 문제해결형 복음이란 자기 삶의 문제를 해결 받는 것이 복음이라고 생각하는 것입니다. 실제로 사람은 많은 삶의 문제를 가지고 살아갑니다. 질병문제, 사업문제, 가정문제, 자녀문제, 인간관계문제 등 온갖 삶의 문제를 해결 받으려고 찾아다니는 사람들이 많습니다. 자신의 문제를 해결해준다면 어떤 종교든, 미신이든 뭐라도 상관없습니다. 문제를 해결할 수만 있다면 어떤 것도 상관없이 좋다고 여기저기 찾아다닙니다.

사실 소원성취와 문제 해결은 모든 종교가 추구하는 것입니다. 인간은 유한한 존재이기 때문입니다. 물론 성경도 이 두 가지에 대해서 말하고 있습니다. 하나님은 인생의 문제를 해결해 주시고, 사람들의 마음의 소원을 이루어주시는 분이십니다. 예수님께서도 "수고하고 무거운 짐 진 자들아 다 내게로 오라 내가 너희를 쉬게 하리라"(마 11:28)고 하셨습니다. 그러나 성경이 말하는 복음은 단순히 소원을 성취해주거나 문제를 해결해 주는 세속적인 복음과는 여러 가지 면에서 차이가 있습니다.

 세속적인 복음이란 어떤 것들이 있습니까? 당신 자신의 말로 설명해 보십시오.

1. _____

2. _____

    그렇다면 세속적인 복음과 성경에서 말하는 복음에는 어떤 차이가 있을까요? 어떤 것이 진짜복음이고, 어떤 것이 가짜복음인지 알 수 있는 기준은 무엇일까요? 그것을 구별하는 세 가지 기준이 있습니다.

    첫 번째 기준은 '일시적이냐 영속적이냐?' 하는 것입니다. 일시적인 것은 가짜복음입니다. 진짜 복음은 영속적이고, 영원한 것이어야 합니다. 일시적인 해결은 진정한 문제해결이 아니기 때문입니다. 진짜복음을 만나면 한 사람의 인생을 영속적으로, 그리고 영원히 해결해줍니다.

    두 번째 기준은 '부분적이냐 근본적이냐?' 하는 것입니다. 가짜복음은 부분적입니다. 삶의 한 부분을 어느 정도 해결해 주지만, 근본적으로 바꾸지 못한다면 그것은 가짜복음입니다. 진짜복음은 부분적이 아니라 근본적입니다. 그래서 진짜복음을 만나면 한 사람이 근본적으로 변화됩니다. 아예 그 사람의 존재 자체가 변화됩니다. 요한복음 5장 24절은 이렇게 말합니다. "내가 진실로 진실로 너희에게 이르노니 내 말을 듣고 또 나 보내신 이를 믿는 자는 영생을 얻었고 심판에 이르지 아니하나니 사망에서 생명으로 옮겼느니라" 예수 그리스도를 만나면 한 사람의 인생이 어둠에서 빛으로, 죽음에서 생명으로 옮겨지게 된다는 것입니다.

    세 번째 기준은 '상대적이냐 절대적이냐?' 하는 것입니다. 가짜복음은 상대적입니다. 예를 들어 한 사람이 10억 원을 소망하고 열심히 일해서 10억 원을 벌었더니, 다른 사람은 같은 기간에 100억을 벌었다면, 10억 원을 번 것은 더 이상 복음이 아닐 것입니다. 상대적이기 때문입니다. 그러나 진짜복음은 절대적입니다. 가난해도 기쁘고, 병 들어도 감사하고, 힘든 상황도 거뜬하게 이겨내는 사람은 진짜복음을 만난 것입니다. 그래서 진짜복음이신 예수님을 만나면 다른 어떤 것과 비교하지 않게 됩니다. "예수님 한분이면 충분합니다!"라고 고백하게 됩니다.

📝 **진정한 복음을 구분하는 세 가지 기준은 무엇입니까?**

1. _____

2. _____

3. _____

그렇다면, 어떤 것이 영원하고, 근본적이고, 절대적인 복음일까요?

이런 기준으로 이야기 하다보면, 진정한 복음, 영원하고, 근본적이고, 그리고 절대적인 복음은 오직 예수 그리스도뿐이라는 사실을 알게 됩니다. 그렇습니다. 하나님께서 이 세상에 주신 진짜 복음은 오직 예수님밖에 없습니다.

제2과

왜 예수님이 영원하고, 근본적이고, 절대적인 복음일까요?

　예수님이 진짜복음인 이유는 창조주 하나님이 이 땅에 보내신 유일한 분이시기 때문입니다. 우리가 하나님께로 갈 수 있는 길은, 하나님께서 우리에게 오신 길과 똑 같아야 합니다. 하나님께로부터 오신 분, 즉 하나님께서 보내어 몸을 입고 이 땅에 오신 분은 바로 예수 그리스도이십니다. 따라서 예수 그리스도를 믿고 따라야 하나님께로 갈 수 있습니다. 예수님은 매우 분명하고 간결하게 말씀하셨습니다. "내가 곧 길이요 진리요 생명이니 나로 말미암지 않고는 아버지께로 올 자가 없느니라"(요 14:6)

　누가복음 2장에 보면, 예수님이 이 땅에 탄생하셨을 때, 하늘의 천사들이 이 놀라운 소식을 들에서 양을 치던 목자들에게 전해주었습니다. "천사가 이르되 무서워 말라 보라 내가 온 백성에게 미칠 큰 기쁨의 좋은 소식을 너희에게 전하노라 오늘 다윗의 동네에 너희를 위하여 구주가 나셨으니 곧 그리스도 주시니라"(눅 2:10-11) 여기서 천사들은 예수님의 탄생을 '온 백성에게 미칠 큰 기쁨의 좋은 소식', 즉 복음이라고 선포했습니다. 특히 '너희를 위하여 구주가 나셨으니 곧 그리스도 주시니라'고 노래했고, 또 '구주가 탄생하셨다', '그분이 그리스도 주이시다'라고 증언했습니다.

　오래 전에 사역했던 교회에 한 사람이 등록을 했는데, 본래 아주 독실한 불교신자였습니다. 이 사람이 예수를 믿게 된 계기가 참 흥미롭습니다. 어느 날 아침, 잠에서 깨어났을 때 너무나 머리가 아팠습니다. 병원에 갔지만 의사는 '아무 이상이 없다'고 했습니다. 그래도 계속 아프다고 하니까 시티(CT)촬영도 하고, 나중에는 엠알아이(MRI)촬영까지 했지만,

아무 이상이 나타나지 않았습니다. 머리는 계속 아픈데, 병원에서는 원인을 찾아내지 못했습니다.

그러다가 절에 가서 잘 아는 승려에게 상담을 받았습니다. "너무 아픈데 어떻게 하면 좋겠습니까?"라고 물었더니 승려는 자기가 잘 아는 무당을 소개시켜 주었습니다. 소개받은 무당을 찾아갔더니 매우 간단하게 답을 주었습니다. '굿하면 낫는다!' 그래서 굿을 했습니다. 어떻게 되었을까요? 나았습니다.(실제로 굿하면 병이 낫는 경우가 많습니다) 이 사람은 기분이 좋아서 집으로 돌아왔고, 또 열심히 일했습니다. 그런데 몇 달이 지나자 다시 아프기 시작했습니다. 이번에는 병원에 가지 않고 바로 무당을 찾아가 굿을 했습니다. 또 나았습니다. 그런데 굿을 하는 데에는 한 가지 문제가 있습니다. 굿은 할수록 더 많은 돈을 지불해야 한다는 것입니다. 처음에는 30만원, 그 다음에는 50만원, 70만원, 100만원, 200만원, 나중에는 1000만원, 1억… 이 사람은 그때까지 800만원 어치의 굿을 했다고 합니다.

무당을 만나서 굿하는 것은 진짜복음이 아닙니다. 그것은 가짜복음입니다. 악한 마귀와 악령들은 절대로 우리를 행복하게 하지 않습니다. 악한 영들은 능력을 행하기는 하지만 우리 인생의 근본문제인 죄와 죽음에서 우리를 해방시키지는 못합니다. 처음에는 병을 고쳐주는 것처럼 하다가 나중에는 귀신들을 섬기게 만듭니다. 그러므로 굿을 하거나, 미신을 섬기는 것은 결국 망하는 길입니다.

그러다가 그 사람이 또 아팠습니다. 이제는 돈이 없어서 더 이상 굿을 할 수 없었습니다. 그래서 머리를 수건으로 싸매고 방에 눕고 말았습니다. 마침 그 앞집에 우리교회 집사님이 살았는데, 앞집 아저씨가 아프다니까 병문안을 갔습니다. 그러자 그는 지금까지의 이야기를 들려주면서 "돈 좀 빌려 달라."고 했습니다. 집사님은 돈을 빌려주는 대신 "아저씨, 저는 무당보다도 더 용한 목사님을 알고 있어요!"라고 말했습니다. 여기서 '용하다'는 말은 능력이 있다는 말입니다.

그 이튿날 두 사람이 저를 찾아왔습니다. 제가 졸지에 무당보다 더 용한 목사가 된 것입니다. 그는 들어오자마자 저에게 큰 소리로 이렇게 말했습니다. "목사님 저 돈 없습니다. 그런데 목사님이 저를 고쳐주시면 제가 그냥 있겠습니까? 보답하는 마음으로 오늘부터 일주일 동안 교회 앞에서 지나가는 사람들에게 '무당은 가짜다! 예수가 진짜다!' 이렇게 전도할 테니 제 병을 좀 고쳐주십시오"

제가 웃으면서 자리를 권했고, 그에게 성경을 펼쳐서 복음을 전하기 시작했습니다. 아저씨가 왜 이런 고통을 당하고 있는지, 굿으로 왜 해결할 수 없는지, 그리고 앞으로 죽어서 지옥가게 될 것에 대해서 설명했습니다. "그런데 아저씨, 걱정하지 마세요. 성경에 보면 아저씨가 구원받을 길이 다 나와 있습니다."라고 말하면서 요한복음 3장 16절을 찾아서 읽어주었습니다. "하나님이 세상을 이처럼 사랑하사 독생자를 주셨으니…" 계속해서 "하나님이 아저씨를 너무 사랑해서 구원하시려고 하나님의 아들을 구원자로 보내서 아저씨의 죄를 다 담당하고 대신 십자가에서 죽으셨습니다. 그래서 예수님이 구원자이십니다."라고 말했습니다. 그리고 "예수님을 구원자로 인정하고 마음속에 영접하겠습니까?"라고 물었더니, 그는 "글쎄요, 혹시 예수 믿는 것 말고 다른 방법이 없습니까?"라고 되물었습니다. 저는 단호하게 "다른 방법이 없습니다!"라고 말하자 그는 '생각 좀 더 해보고 결정하겠다'고 말했습니다. 그리고 그냥 집으로 돌아갔습니다.

하지만, 그에게는 사실 다른 방법이 없습니다. 돈을 빚내서 굿을 하든지, 그러다가 점점 더 망하든지, 아니면 예수님을 믿고 모든 저주와 고통에서 완전히 해방되든지, 두 가지 중에 선택할 수밖에 없었습니다. 며칠 후 이 분은 결국 다시 교회로 찾아왔고, 교회에 등록하게 되었습니다. 그래서 그의 집에 등록 심방을 하고, 복음을 다시 진지하게 전하자 그는 침상에서 일어나서 무릎을 꿇고 예수님을 구원자로 영접했습니다. 어떻게 되었을까요? 병이 나았을까요? 물론 나았지요! 다시 아팠을까요? 아닙니다. 예수님을 영접하고 나자 그는 모든 고통과 질병에서 완전히 해방되었습니다. 바울은 이렇게 선포했습니다. "그러므로 이제 그리스도 예수 안에 있는 자에게는 결코 정죄함이 없나니 이는 그리스도 예수 안에 있는 생명의 성령의 법이 죄와 사망의 법에서 너를 해방하였음이라"(롬 8:1-2) 예수님이 진짜 복음이십니다.

왜 예수님이 진짜 복음일까요? 그 이유는 우선, 예수님의 사역과 연관이 있습니다. 성경에 보면, 예수님은 병자를 고치고, 귀신을 쫓아내고, 하나님 나라를 전파하시고, 제자들을 가르치셨습니다. 때로는 위대한 스승으로 불릴 만큼 기가 막힌 말씀으로 사람들을 가르치기도 했습니다. 물론 이런 사역들은 예수님의 생애에서 중요한 부분을 차지합니다. 그러나 이런 사역 때문에 예수님이 진짜복음, 즉 그리스도라고 말하지 않습니다. 이 땅에는 예수님과 같은 위대한 스승들이 많습니다. 수많은 병자들을 고치고 타인을 위해 헌신한 성자들도 많습니다. 그렇다고 그들을 그리스도라 칭하지 않습니다.

예수님을 그리스도시며, 유일한 복음이라고 말하는 이유는, 그분의 십자가 사건 때문입니다. 예수님께서 이 땅에 오셔서 하신 가장 본질적인 사역은 바로 십자가의 죽음입니다. 세상의 어떤 사람도 '죽기 위해 태어났다'고 말하는 사람은 없습니다. 그런데 성경에 나타난 예수님의 생애는 한마디로 십자가의 죽음을 향해 나가는 삶이었습니다. 우리에게 알려진 네 개의 복음서는 줄곧 그분이 죽음을 향해 걸어가셨다고 증언합니다. 여기서 중요한 사실은 예수님은 자신을 순교자가 아닌 인간을 위한 희생 제물로 자신의 죽음을 평가하셨다는 것입니다. 예수님은 사악한 음모나 어떤 역사적인 과오에 희생된 비운의 주인공이 아닙니다. 오히려 인류를 위해 스스로 목숨을 내어놓았습니다. 예수님의 죽음은 모든 인간의 죄를 담당하는 죽음이었고(이사야 53:6), 모든 인간을 구원하기 위한 대속제물로서의 죽음이었습니다.(막 10:45)

그러므로 예수님이 십자가에 죽으신 사건은 인간들을 구원하시려는 하나님의 사랑의 극치입니다. 예수님이 우리의 죄를 담당하고 죽었기 때문에 우리는 예수의 피를 힘입어 죄 사함을 받고 죄와 죽음에서 구원받았습니다. 왜 하나님은 이렇게 하셨을까요? 그것은 하나님께서는 이 세상을 '이처럼' 사랑하셨기 때문입니다. 아들을 대신 희생하고서라도 기어이 인간들을 구원하시려 했습니다. 그러므로 어떤 의미에서는 예수의 십자가 죽음은 하나님께서 당신 자신 전부를 우리에게 주신 것이라고 할 수 있습니다.

이런 예를 들어볼까요? 한 사람에게 4대 독자 외아들이 있습니다. 너무 귀한 아들이지요. 그런데 그 아버지는 하나밖에 없는 자기 아들을 대신 희생하고서라도 꼭 해야 할 중요한 일이 생겼습니다. 사실 이런 일은 있을 수 없습니다. 아버지에게 아들보다 귀한 것이 있겠습니까? 그럼에도 불구하고 만약 그런 일이 생겼다고 가정한다면, 아마 그 일이란 아버지의 여러 일들 중에 하나가 아니라 아버지의 전생을 다 합친 것보다 훨씬 더 귀중한 일, 아버지의 인생의 전부일 것입니다. 그런 일이 예수님의 십자가의 죽음입니다. 따라서 십자가 사건은 하나님 나라에서 일어나는 여러 가지 일들 중의 하나가 아니라, 하나님 나라의 모든 일을 다 합친 것보다 훨씬 더 귀중한 것이요, 성경의 여러 사건 중의 하나가 아니라 성경 이야기의 전부라고 할 수 있습니다.

예수님께서도 이 사실을 알았기 때문에 십자가의 죽음을 당당히 걸어갔습니다. 십자가에 달렸을 때 제사장들과 바리새인들과 십자가 밑에 수많은 무리들이 예수님을 조롱했습니다. "십자가에서 내려와 보라 그러면 우리가 당신을 메시아로 믿겠다"(마 27:40) 그러나 주님은 내려오지 않았습니다. 내려올 수 없어서가 아닙니다. 내려오시면 안되는 것입니다. 예수님을 사랑했던 여인들과 멀찍이 서서 예수님이 십자가에서 죽어가시는 모습을 지켜보던 제자들도 마음으로 소리쳤을 것입니다. "선생님 내려오십시오. 십자가에서 내려오십시오! 주님이 메시아인 것을 사람들에게 보여 주십시오." 그래도 예수님은 내려오지 않았습니다. 예수님은 그렇게 십자가에서 죽으시면서 마지막으로 "다 이루었다"(요 19:30)고 말씀하셨습니다. 드디어 하늘 아버지의 뜻을 성취했다는 것입니다. 십자가에서 주님은 인간의 구원을 완성하셨습니다. 그러므로 십자가 복음은 허술하지 않습니다. 십자가 복음은 모자라지 않습니다. 십자가 복음은 인간 모두를 구원할 수 있습니다. 예수님의 십자가 사건이 이렇게 분명한데 우리가 무슨 다른 말을 하겠습니까?

그러므로 예수 그리스도께서 완성하신 십자가 복음은 다음의 세 가지 특징을 가지고 있습니다.

첫째, "복음의 필요성"입니다. 이 말은 이 땅에 존재하는 모든 사람들은 다 예수 그리스도를 필요로 한다는 것입니다. 예수 그리스도가 필요 없는 사람은 단 한 사람도 없습니다. 예수님을 믿지 않으면 그 누구도 구원받을 수 없습니다. 돈 많은 재벌이라도 예수님을 믿어야 구원받을 수 있고, 아무리 세상의 최고의 권력을 가지고 있다고 해도, 또한 최고의 지성인이라고 해도 예수님을 믿어야 합니다. 그래야 죄 사함을 받고 구원을 받습니다. 이것은 전도자에겐 큰 힘이 됩니다. 배운 것이 모자라도 지성이 뛰어난 사람에게 전도할 수 있고, 비록 가난해도 돈 많은 부자에게 얼마든지 전도할 수 있습니다. 왜냐하면 예수 그리스도가 필요 없는 사람은 한 사람도 없기 때문입니다.

둘째, "복음의 절대성(유일성)"입니다. 이 말은 예수님이 유일하고 절대적인 구원자라는 말입니다. 아무 것도 예수님을 대신할 수 없습니다. 혹시 예수님이 아닌 다른 존재를 믿어도 구원받을 수 있을까요? 절대 아닙니다. 하나님과 사람 사이의 중보자는 예수님 외에는 아무도 없습니다.(요한일서 2:1) 혹시 다른 종교에도 성경이 말하는 구원이 있을 수 있을까요? 물론 그들 나름대로 구원을 이야기할 수 있습니다. 그러나 그것은 성경이 말하는 구원이 아닙니다. 성경은 이렇게 말합니다. "다른 이로서는 구원을 받을 수 없나니 천하사람 중에 구원받을 만한 다른 이름을 우리에게 주신 일이 없음이라"(행 4:12)

불교에서 말하는 석가모니는 매우 훌륭한 분이십니다. 존경받을 만한 분이 분명합니다. 그렇다고 해서 석가모니와 예수님을 비교해서는 안됩니다. 왜냐하면 예수님은 창조주요 석가모니는 피조물이기 때문입니다. 공자님 역시 마찬가지입니다. 더군다나 그들은 우리를 위해 대신 죽은 것이 아닙니다. 우리 죄를 담당하고 대신 죽으신 분은 예수님 밖에 없습니다.

셋째, "복음의 완전성"입니다. 이 말은 예수님께서 우리의 구원을 완성하셨다는 말입니다. 예수님은 모자라지 않습니다. 십자가에 달리신 예수님 한분만으로 충분합니다. 다른 구원자가 필요한 것이 아닙니다. 오직 예수님만 믿으면 구원받습니다.

이단들은 복음의 완전성을 믿지 않습니다. 십자가 복음이 모자라다고 생각하기 때문에 다른 존재, 새로운 메시아를 이야기합니다. 통일교는 예수님의 십자가 사건이 실패라고 가르칩니다. 메시아는 죽지 않아야 하는데 죽었다는 것입니다. 그래서 마지막 시대에 새로운 메시아가 와야 하는데, 그가 바로 문선명이라고 가르쳤습니다. 다 거짓말입니다. 우리 주님은 십자가에 위에서 "다 이루었다"(요 19:30)라고 선포하셨습니다. 주님은 '내가 십자가에서 죽은 것으로는 부족하니까 다른 종교를 믿어라'라고 하지 않았습니다. 십자가 복음은 결코 모자라지 않습니다.

📝 복음의 세 가지 특징은 무엇입니까? 그리고 그것을 자신의 말로 적어보십시오.

1. _____

2. _____

3. _____

제3과

복음의 주제들

:

　요즘 우리 시대를 지배하고 있는 사고구조 중의 하나가 바로 다원주의입니다. 다양한 생각을 가진 사람들이 한데 어울려 살기 때문에, 각자가 가지고 있는 나름대로의 생각과 신앙을 그대로 인정해 주어야 한다는 것입니다. 특히 전통과 절대적인 도덕적 가치를 거부하는 포스트모더니즘이 우리 시대의 모든 분야에 영향을 미치면서 개인의 생각과 감정을 중요하게 여기게 되었습니다. 그런데 문제는 이런 생각을 그대로 받아들이면, 우리의 신앙은 구원의 문제가 아니라 개인적인 취향이 될 수 있다는 것입니다. 누군가가 절대적인 진리를 말하기 시작하면, 다른 이들이 가진 신앙과 생각들은 다 거짓이 되기 때문에, 그것은 다른 사람을 정죄하고 사회질서를 어지럽히는 일이 되고 맙니다. 따라서 다원주의를 신봉하는 사람들은 각자가 믿고 싶은 대로 믿고 다른 사람의 생각이나 신앙을 건드리지 않는 것이 신사적이고 교양 있는 태도라고 말하고 있습니다. 문제는 바로 이런 세상의 풍조가 복음전도를 점점 더 어렵게 만들고 있다는 것입니다.

　그러나 성경은 그렇게 말하지 않습니다. '보편주의'는 성경적인 생각이 아닙니다. 성경은 하나님이 우리 인간을 창조하셨고, 하나님을 떠난 것이 죄이며, 그 죄를 해결하지 않는 한 구원받을 수 없다고 명확하게 말합니다. 그래서 온 세상의 구원자로 하나님의 아들 예수님이 이 땅에 오셨습니다. 이 복음을 믿고 받아들여야 구원을 받을 수 있습니다. 그렇지 않으면 영원한 심판을 받게 될 것입니다.

　그런데 만약 성경이 말하는 이 복음을 모르는 수많은 사람들(세계 인구 가운데 45억은 여전히 그리스도인이 아닙니다.)을 우리가 그냥 내버려둔다면, 그들은 죽은 후에 어떻게 되겠습니까? 그러므로 성경이 말하는 복음의 주제들을 보다 더 분명하게 알고 전도자가 되어야 할 것입니다.

그렇다면 복음의 주제들에는 어떤 것이 있습니까?

제임스 패커 목사는 『복음이란 무엇인가?』에서 전도 메시지에 들어갈 복음의 주제를 4가지로 말했습니다. 첫째는 하나님에 대한 메시지이고, 두 번째는 인간의 죄에 대한 메시지, 세 번째는 예수 그리스도에 대한 메시지, 그리고 네 번째는 믿음(영접)에 대한 메시지라고 했습니다. 이 네 가지 주제는 전도할 때 꼭 필요한 복음의 주제, 전도 메시지입니다. 그런데 저는 이 네 가지 주제를 좀 더 확대해서 8가지 주제로 정리해 보았습니다.

첫째, 하나님은 모든 사람이 하나님 안에서 행복하도록 하나님의 형상대로 사람을 창조하셨습니다. 마치 나무는 흙에 뿌리를 내리고 살고, 물고기는 물에 있어야 행복한 것처럼 사람들은 하나님 안에서 행복하도록 지음 받았습니다.(창 1:27) 그런데 사람이 하나님의 명령을 거역하고 하나님을 떠남으로 모든 행복을 잃어버렸습니다.

둘째, 사람이 하나님을 떠난 죄를 범한 것은 인생에 가장 큰 문제입니다. 그래서 로마서 3장 23절에서는 "모든 사람이 죄를 범하였으매 하나님의 영광에 이르지 못하더니"라고 말씀하셨습니다. 결국 죄 때문에 사람은 행복을 잃어버렸고, 원치 않는 죽음, 질병, 고통, 그리고 하나님의 심판을 당하게 되었습니다.(롬 6:23, 히 9:27)

셋째, 사람이 이런 인생의 고통을 해결해 보려고 스스로 많은 노력을 하지만, 자기 자신의 노력으로는 이런 문제들이 결코 해결될 수 없습니다. 아무리 지식이 많아도(골 2:8), 많은 물질을 가지고 있어도(눅 12:16~21), 의롭게 살아 보려고 애쓰는 것으로도(사 64:6), 그리고 그 어떤 종교적인 노력으로도 소용없습니다.(행 4:12)

넷째, 하나님께서는 일방적으로 우리 모두를 위해 구원자이신 예수님을 보내주셨습니다.(요 3:16) 그것은 하나님이 우리를 '이처럼' 사랑하셨기 때문입니다. 예수님은 성령으로 잉태되었고, 동정녀 마리아를 통해 역사적으로, 그리고 실제로 이 땅에 오셨고, 33년 동안 지상에서 사셨습니다. 4복음서는 예수님이 지상에서 어떤 삶을 사셨는지를 잘 말해줍니다.

다섯째, 몸을 입고 이 땅에 오신 하나님의 아들, 예수님은 사람들의 죄를 담당하고, 대신 십자가에서 못 박혀 죽으셨습니다.(롬 5:8) 그리고 사흘 만에 죽은 자 가운데서 다시 살아나셨습니다.(고전 15:3-6) 예수 그리스도의 부활은 그분이 하나님의 아들이라는 확실한 증거이며 그분의 신성을 명확하게 나타내는 것입니다.

예수님은 자신의 고난을 예언할 때, 반드시 부활할 것도 말씀하셨고, 그 부활이 하나의 '표적'이라고 하셨습니다. 그래서 사도 바울은 로마서 첫머리에서 예수님은 "죽은 자들 가운데서 부활하사 능력으로 하나님의 아들로 선포되셨으니"(롬 1:4)라고 기록했습니다. 이 예수님을 우리는 구원자, 그리스도라고 고백합니다.(요 14:6)

여섯째, 예수님을 구원자로 인정하고, 예수님을 마음속에 영접하면(믿으면) 하나님의 자녀가 됩니다(요 1:12) 예수님을 믿고 영접한다는 것은 자신의 지난날의 죄를 회개하고, 예수님을 인생의 구원자로, 그리고 삶의 주인으로 받아들이는 것입니다. 죄를 회개하고 예수님을 구원자로 받아들이면, 그 사람은 하나님의 자녀로 거듭나게 됩니다. 예수님을 믿고 영접하는 것은 기도로 할 수 있습니다.(롬 10:9-10)

일곱째, 예수님을 영접하고 하나님의 자녀로 거듭난 사람은 뚜렷한 구원의 증거가 있습니다. 이것을 감리교회 신앙에서는 '구원의 내적인 증거'라고 말합니다. 왜냐하면 예수님의 영, 곧 성령님이 우리 안에 들어오시기 때문입니다.(롬 8:16-17)

여덟째, 성령님이 충만하게 되면, 그때부터 행복하고 거룩한 삶을 살 수 있습니다. 우리 안에 들어오신 성령님은 마음의 평화와 행복을 줍니다. 그리고 예수님을 따라 살면, 그분을 닮아가게 됩니다. 이것을 감리교회 신앙에서는 '성화'라고 말합니다. 이렇게 행복하고, 거룩한 삶을 살아가는 길이 바로 믿음생활입니다. 그리고 이 믿음 생활은 교회를 통해 유지될 수 있습니다.

📝 여덟 가지 복음의 주제에서 중요한 핵심 단어들을 다시 적어보십시오.

1. _____

2. _____

3. _____

4. _____

5. _____

6. _____

7. _____

8. _____

 조별 모임

다음 질문에 대해 서로 나누어 보십시오.

1. 복음과 종교의 차이에 대해 알아보고 당신의 말로 설명해 보십시오. 특히 복음에는 무엇이 강조되고, 종교에는 무엇이 강조된다고 생각하십니까?

2. 복음의 줄거리를 당신 자신의 언어로 한번 만들어 보십시오.(감리교회 전도지, '하나님의 선물'을 사용해도 괜찮습니다.)

04단원
전도메시지 훈련

📖 **이 단원의 요절**

"그런즉 이스라엘 온 집은 확실히 알지니 너희가 십자가에 못 박은 이 예수를 하나님이 주와 그리스도가 되게 하셨느니라 하니라"(행 2:36)

● **사람들에게 다가가 복음을 전하는 것은** 쉽지 않습니다. 더군다나 복음을 논리적으로 잘 정리해서 전하는 것은 더더욱 쉽지 않습니다. 그러므로 우리는 복음을 잘 전달할 수 있도록 훈련받아야 합니다.

어떤 사람은 '복음을 꼭 그렇게 논리적으로 잘 정리해서 전달해야 하는가?'라고 질문하기도 합니다. 물론 우리가 논리적으로 전하지 않아도 성령님이 강권적으로 일하실 수도 있습니다. 예를 들면, 최권능목사님(최봉석목사)은 "예수 천당, 불신 지옥, 예수 믿으세요!"라고 외치면서 전도를 했습니다. 최권능목사님이 하루는 길거리에서 전도를 하다가 말을 타고 지나가는 일본순사에게 "예수 천당, 불신 지옥"이라고 외쳤다고 합니다. 큰 소리에 깜짝 놀란 말이 앞발을 치켜드는 바람에 일본순사가 그만 땅에 떨어졌습니다. 화가 난 일본순사가 말채찍으로 최권능 목사님에게 "빠가야로"라고 욕을 하면서 때렸습니다. 그런데 일본순사는 그날 밤에 잠을 이룰 수 없었습니다. 왜냐하면 자꾸 귀에서 '예수 천당, 불신 지옥'이라는 말이 맴돌았기 때문입니다. 결국 그 이튿날 교회를 찾았고, 예수를 믿게 되었다고 합니다.

이런 경우는 성령님이 강하게 역사하신 경우입니다. 그럴 수도 있습니다. 그러나 시대가 변한 요즘에는 이런 식의 전도에 사람들이 마음의 문을 열지 않습니다. 아예 처음부터 마음의 문을 닫기 때문에 강압적인 전도는 좋은 방법이 아닙니다. 그러나 인격적으로 다가가서 복음을 논리적으로 차근차근 전한다면 마음을 열 수 있습니다.

한국교회에 소개된 대표적인 전도 메시지는 크게 세 가지가 있습니다. 첫째는 대학생 선교회(C.C.C)에서 사용하고 있는 '사영리'라는 전도메시지입니다. 둘째는 네비게이토에서 개발한 '다리전도'(The Bridge) 입니다. 그리고 셋째는 전도폭발(Evangelism Explosion)에서 가르치는 메시지입니다. 이런 전도 메시지들은 나름대로 잘 정리가 되어 있는 메시지들입니다.

감리교회 선교국 웨슬리 전도학교에서도 나름대로 특별한 전도 메시지를 개발했습니다. 독창적이지는 않지만 여러 전도 메시지를 잘 종합해서 만든 것으로 전도현장에서 매우 유익하게 사용할 수 있는 전도메시지입니다. 이 단원에서는 웨슬리 전도학교 전도 메시지, "하나님의 선물"에 대해 배우게 될 것입니다.

제1과
복음의 내용에 대해 더 깊이 알아야 합니다.

우리는 복음에 대한 확신과 함께, 전도를 잘하기 위해서 복음의 내용에 대한 더 깊은 이해가 필요하고, 몇 가지 사실을 더 확인할 필요가 있습니다.

첫 번째, 복음을 제대로 전하기 위해서 죄와 죽음에 빠져있는 인간의 상태(인간의 근본문제)를 더 잘 알아야 합니다.

전도자는 성경적인 관점으로 인간의 상태, 곧 하나님을 떠난 인간의 비참함을 이해해야 합니다. 성경에서는 한마디로 인간은 '하나님의 구원을 필요로 하는 존재'라고 말합니다. 신학자 칼빈은 이것을 '전적으로 타락한 인간'이라고 말했습니다. 대부분의 종교개혁자들이 이 의견에 동의하였습니다. 전적으로 타락했다는 것은, 인간 스스로의 힘으로는 의로워질 수 없고, 스스로 자신을 구원할 수 없는 존재라는 말입니다. 그렇기 때문에 인간은 구원자를 필요로 합니다.

그렇다면 왜 인간이 이런 비참한 자리에 빠졌습니까? 그것은 하나님을 떠났기 때문입니다.(창 3장) 마귀에게 속아서 하나님의 말씀을 거역하고 선악을 알게 하는 나무의 실과를 따먹는 순간, '네가 먹는 날에는 반드시 죽으리라'(창 2:17)고 하신 말씀대로 사람에게는 원하지 않는 죽음과 질병과 고통이 찾아왔습니다. 그리고 하나님의 형상(생명)을 잃어버리고 말았습니다. 그래서 성경은 이렇게 말합니다. "모든 사람이 죄를 범하였으매 하나님의 영광에 이르지 못하더니"(롬 3:23) "죄의 삯은 사망이요"(롬 6:23) "한번 죽은 것은 사람에게 정

하신 것이요 그 후에는 심판이 있으리니"(히 9:27)

그때부터 모든 사람은 다 죄 아래 놓이게 되었고, 죽음과 심판 아래 놓이게 되었습니다. 우리는 이 세 가지 '죄'와 '죽음', '심판'을 인간의 근본문제라고 말합니다. 여기에서 인간의 모든 문제가 파생되어 나왔습니다. 하나님을 떠난 사람들은 자신이 원하든 원하지 않던 다음과 같은 여섯 가지 문제를 가지게 되었습니다.

첫째, 불신자는 영적으로 무지합니다. 에베소서 2장 1절에 보면, "허물과 죄로 죽었던 너희를 살리셨도다"라는 말이 나옵니다. '죽었다'는 말은 하나님과 인간이 분리되었고, 하나님을 아는 영적인 기능이 마비되었다는 말입니다. 눈이 있어도 눈의 기능이 죽으면 볼 수가 없는 것과 같은 말입니다. 그래서 하나님을 떠난 사람은 하나님을 모르고 영적세계에 대해 무지합니다. 다른 것은 다 알아도 이상하게 하나님과 귀신을 구분하지 못하고, 때로는 귀신을 하나님처럼 섬기기도 합니다.

둘째, 불신자는 이 세상풍조를 따르고 공중의 권세 잡은 자를 따르고 있습니다. 에베소서 2장 2절에 보면 "그 때에 너희는 그 가운데서 행하여 이 세상 풍조를 따르고 공중의 권세 잡은 자를 따랐으니"라는 말씀이 있습니다. 여기서 '공중의 권세 잡은 자'란 마귀를 일컫는 말입니다. 하나님을 모르게 되면, 결국 사람들은 마귀를 따르게 되고, 마귀의 조정을 받게 됩니다. 그래서 이 세상의 풍조를 따르게 됩니다. 세상의 풍속이나 미신, 우상숭배가 여기에 해당됩니다. 지금도 많은 사람들이 사주팔자를 보고, 굿을 하고, 점을 치거나 미신을 섬깁니다. 하나님을 모르는 사람이 평소에는 "하나님이 어디 있냐? 차라리 내 주먹을 믿으라"고 큰소리 치다가 작은 어려움이 닥치거나, 밤에 악몽만 꾸어도, 두려워 벌벌 떨면서 미신이나 부적을 의지합니다. 이런 일들이 다 공중의 권세 잡은 자 마귀를 따르는 일이라고 성경은 말합니다.

셋째, 불신자들은 육체의 욕심을 따라 지내고 육체와 마음의 원하는 것을 하지만, 결국에는 정신적인 문제에 부딪히게 됩니다. 에베소서 2장 3절에서는 "전에는 우리도 다 그 가운데서 우리 육체의 욕심을 따라 지내며 육체와 마음의 원하는 것을 하여 다른 이들과 같이 본질상 진노의 자녀이었더니"라고 말합니다. 아무리 육체가 원하는 대로 해보아도 만족이 없고, 마음은 점점 더 공허하며, 나중에는 정신과 마음에 문제가 오게 된다는 것입니다. 그러다가 결국에는 하나님의 진노아래 놓이게 됩니다. 가만히 보면 요즘에는 정신적인 질병이 너무나 많고, 우울증이나 심한 경우 정신 분열증과 같은 질병이 아주 흔하게 되었습니다. 그리고 마음과 생각이 병들어서 자살로 인생을 끝내는 사람들이 점점 늘어가고 있습니다.

넷째, 불신자들은 실제로 삶의 온갖 어려움에 시달리게 됩니다. 육체의 질병이나 경제적인 문제, 가정문제, 자녀문제 등 실제적인 삶의 문제를 가지게 됩니다. 그래서 예수께서는 "수고하고 무거운 짐 진 자들아 다 내게로 오라 내가 너희를 쉬게 하리라"(마 11:28)고 하셨습니다. 하나님을 떠난 불신자들을 주님은 '수고하고 무거운 짐 진 자'로 보셨습니다. 또 이렇게 말씀하셨습니다. "건강한 자에게는 의사가 쓸데없고 병든 자에게라야 쓸데 있느니라 나는 의인을 부르러 온 것이 아니요 죄인을 부르러 왔노라"(막 2:17) 주님은 병든자에게 의사가 필요하듯이 죄인인 인간을 고칠 수 있는 분이 자신이시라고 하셨습니다. 그래서 예수님은 지상에서 복음을 전파하시면서 동시에 병든 자들을 고치셨고, 고통당하는 자들의 친구가 되어주셨습니다.

다섯째, 불신자들은 죽음과 지옥의 심판에 대한 두려움이 있습니다. 두려움만이 아니라 실제로 불신자들이 죽으면 지옥에 들어가게 됩니다. 누가복음 16장에서 예수님은 '거지 나사로와 부자'의 비유를 말씀하셨습니다. 한 부자가 자색옷과 고운 베옷을 입고 날마다 호화롭게 즐기며 살고 있었는데, 그 집 대문에는 나사로라 이름하는 한 거지가 있었습니다. 어느 날 이 거지가 죽어 천사들에게 받들려 아브라함의 품에 안겼고, 부자도 죽어서 장사되어 음부에 떨어지게 되었습니다. 그런데 음부에서 고통당하던 부자가 눈을 들어 보니까 멀리 아브라함 품에 나사로가 있었습니다. 아마 음부에서는 낙원을 볼 수 있는 창문이 있는 모양입니다. 음부에 떨어져서 지옥의 불로 고통을 당하는 사람들이 그 창문을 통해 천국을 보면서 얼마나 부러워하며, 얼마나 후회할까요?

음부에서 고통당하던 부자는 아브라함을 간절히 불렀습니다. 그리고 이렇게 말했습니다. "아버지 아브라함이여 나를 긍휼히 여기사 나사로를 보내어 그 손가락 끝에 물을 찍어 내 혀를 서늘하게 하소서 이 불꽃가운데서 괴로워하나이다"(눅 16:24) 그때 아브라함이 "너희와 우리 사이에 큰 구렁텅이가 놓여있어 여기서 너희에게 건너갈 수 없고 거기서 우리에게로 건너올 수도 없게 하셨다"(눅 16:26)고 분명히 말하자, 부자는 "그러면 아브라함이여 저 나사로를 내 아버지 집에 보내 주십시오 거기에는 내 형제 다섯이 있으니 그들에게 가서 전도해서 제발 그들로 이 고통 받는 곳에 오지 않게 해주십시오"(눅 16:27-28)라고 요청했습니다. 우리는 이 부자의 절규를 잘 들어야 합니다. '제발 그들로 이 고통 받는 곳에 오지 않게 해달라'는 절규는 지금도 지옥에서 수많은 사람들이 외치는 소리일 것입니다. 우리는 이 소리를 들어야 합니다.

여섯째, 불신자들은 제사, 곧 조상숭배에 붙잡혀서 대를 이어 운명과 저주에 빠져갑니다. 특히 우리나라에서는 이런 현상이 매우 심합니다. 많은 사람들이 조상숭배에 붙잡혀삽니다. 부모에게 효도하는 마음으로 제사하는 것이라고들 말하지만, 사실 죽은 조상에게 제사하는 것은 귀신을 섬기는 것입니다. 고린도전서 10장 20절에서는 "무릇 이방인이 제사하는 것은 귀신에게 하는 것이요 하나님께 제사하는 것이 아니니"라고 분명히 말씀하셨습니다. 그러므로 조상숭배는 불신자들을 대대로 저주 가운데 빠지게 하는 것입니다. 불신자들은 이 영적 사실을 모르기 때문에 악한 영에게 계속 속고 있습니다.

📝 불신자의 여섯 가지 영적인 문제를 간단하게 정리해 보십시오.

1. _____
2. _____
3. _____
4. _____
5. _____
6. _____

두 번째, 좋은 전도자가 되려면 인간의 방법으로는 인간의 죄와 고통, 그리고 삶의 문제들을 해결할 수 없다는 것을 알아야 합니다.

물론 인간적인 노력들, 종교나 철학, 윤리와 도덕은 그 나름대로 다 좋은 것들입니다. 인간들이 할 수 있는 최선의 노력들입니다. 그런데 문제는 이런 것으로는 죄와 죽음, 심판에서 구원할 수 없다는 것입니다.

여기에서 지난 과에서 배웠던 종교와 복음의 차이를 다시 점검해볼 필요가 있습니다. 알다시피 종교는 사람이 만들었고, 사람이 하나님(진리)을 찾아가는 것입니다. 그러나 복음은 하나님이 시작하셨고, 하나님이 사람을 구원하기 위해 친히 몸을 입고 인간을 찾아오셨다고 말합니다. 그 시작부터가 다릅니다. 또한 종교는 사람이 하나님을 찾아야 하니까 사람의 행위가 기준이 됩니다. '얼마나 열심히 찾는가?' '얼마나 정성을 다하는가?' '얼마나 착한 일을 많이 하는가?'가 기준이 됩니다. 반면에 복음은 '인간을 찾아오신 하나님을 내가 믿을 것인가, 아닌가?', '찾아오신 하나님을 받아들일 것인가 거절할 것인가?' 가 기준입니다. 바로 믿음이 기준이라는 것입니다.

종교는 깊이 들어가면 들어갈수록 자기 의, 즉 자기공로가 남습니다. 그 공로로 구원을 받겠다는 것입니다. 그러나 자기 공로로 구원받을 사람은 이 땅에 단 한명도 없습니다. 성경에서는 명확하게 이렇게 말씀하셨습니다. "의인은 없나니 하나도 없으며 깨닫는 자도 없고 하나님을 찾는 자도 없고 다 치우쳐 함께 무익하게 되고 선을 행하는 자도 없나니 하나도 없도다"(롬 3:10-12), "율법의 행위로 그의 앞에서 의롭다 함을 얻을 육체가 없나니"(롬 3:20) 그렇습니다. 종교를 통해서는 결코 구원에 이를 수 없습니다. 그러나 복음은 이렇게 말합니다. "예수 그리스도를 구원자로 믿으면 그 믿음을 보시고 하나님이 우리를 의롭다고 하신다!" 이것을 "이신칭의"(justification)라고 말합니다. 로마서 3장 21~22절은 이렇게 말씀합니다. "이제는 율법 외에 하나님의 한 의가 나타났으니 율법과 선지자들에게 증거를 받은 것이라 곧 예수 그리스도를 믿음으로 말미암아 모든 믿는 자들에게 미치는 하나님의 의니 차별이 없느니라" 이것이 바로 복음입니다.

그러므로 종교로는 구원받을 수 없습니다. 베드로 사도는 이 사실을 명확하게 선포했습니다. "다른 이로서는 구원을 받을 수 없나니 천하사람 중에 구원받을 다른 이름을 우리에게 주신 일이 없음이라"(행 4:12) 무슨 말입니까? 다른 종교의 이름, 다른 종교 창시자들의 이름으로는 구원받을 수 없다는 것입니다. 철학 역시 마찬가지입니다. 진리를 추구하고, 하나님을 알아가려고 하지만 성경의 말씀처럼 지식은 헛된 속임수에 불과합니다.(골 2:8) 사람들이 진리를 추구하고, 그것에 대해 철학적인 이야기를 할 수 있지만, 그런 세상의 학문들이 멋있게 보일지라도, 그것이 우리를 죄와 죽음, 심판에서 구원하지는 못합니다. 윤리와 도덕, 선행도 마찬가지입니다. 그것 자체는 좋은 것입니다. 우리는 다른 사람들에게 착한 일, 곧 선행을 많이 해야 합니다. 그것이 사람들의 마음을 따뜻하게 합니다. 그럼에도 불구하고 윤리나 도덕, 우리의 선행이 우리를 죄와 죽음, 심판에서 구원하지는 못합니다. 인간의 노력에는 한계가 있습니다. 누가 뭐라고 해도 인간에겐 구원자가 필요 합니다.

다음 질문에 답해 보십시오.

1. 율법과 복음의 차이를 당신 자신의 말로 설명해 보십시오.

2. 왜 사람은 스스로 구원받을 수 없을까요? 인간적인 방법으로 구원받을 수 없는 이유가 무엇일까요?

세 번째, 좋은 전도자가 되려면 예수님이 그리스도라는 사실을 분명하게 확신하고 선포할 수 있어야 합니다.

하나님께서 인간의 문제를 해결하기 위해 이 땅에 주신 복음은 예수 그리스도이십니다. 그러므로 그리스도 예수만이 우리를 죄와 죽음, 심판에서 구원할 수 있습니다. 성경은 처음부터 이 사실을 명확하게 우리에게 계시해 주셨습니다. 요한복음 3장 16절은 이 사실을 명확하게 알려줍니다. "하나님이 세상을 이처럼 사랑하사 독생자를 주셨으니 이는 그를 믿는 자마다 멸망하지 않고 영생을 얻게 하려 하심이라" 하나님이 세상을 사랑해서 구원하시려고 당신의 아들을 보냈다고 말합니다.

그리고 하나님의 아들 그리스도 예수를 십자가에 못 박혀 죽게 하셨습니다. 이렇게 하심으로 세상을 사랑하는 하나님의 마음을 보여주셨습니다. 그래서 로마서 5장 8절은 이렇게 말합니다. "우리가 아직 죄인 되었을 때에 그리스도께서 우리를 위하여 죽으심으로 하나님께서 우리에게 대한 자기의 사랑을 확증하셨느니라" 이 예수님의 죽으심은 인간들의 죄를 다 담당하고 죽은 것입니다. 이사야 53장 6절은 예수님의 죽으심의 의미를 이렇게 설명합니다. "우리는 다 양 같아서 그릇 행하여 각기 제 길로 갔거늘 하나님께서는 우리 모두의 죄악을 그에게 담당시키셨도다." 그 결과 우리가 받아야할 심판을 예수님이 대신 받았고 우리는 죄 사함을 받게 되었습니다. 이것이 하나님의 방법입니다. 인간들 스스로 자신들의 죄와 죽음과 심판을 해결할 수 없기 때문에 하나님의 아들 예수님이 대신 담당하고 대신 죽음과 심판을 받은 것입니다.

그러나 거기서 끝나지 않고 예수님은 죽음에서 살아나셨습니다. 왜냐하면 예수님은 하나님의 아들이시기 때문입니다. 죽음에서 부활하신 예수님은 자신의 죽음이 대속적인 죽음이라는 것을 증언하셨습니다. 고린도전서 15장 3~6절에서는 이렇게 말씀하셨습니다. "그리스도께서 우리 죄를 위하여 죽으시고 장사 지낸바 되셨다가 성경대로 사흘 만에 다시 살아나사 게바에게 보이시고 후에 열두 제자에게와 그 후에 오백여 형제에게 일시에 보이셨나니" 그래서 우리는 예수님을 '그리스도', '구원자'라고 말합니다. 다른 사람을 '그리스도'라 부를 수 없습니다. 오직 하나님께서 보내신 분, 인간들을 대신하여 죽었다가 다시 살아나신 예수님만을 그리스도라고 부릅니다. 이 세상 그 누구도 우리를 대신하여 죽은 사람이 없고 죽었다가 부활한 사람도 없습니다.

 다음의 성경 구절을 찾아서 읽고 다음 질문에 답하십시오.

요 3:16 / 롬 5:8 / 사 53:6 / 엡 1:7 / 요일 3:8

1. 왜 예수님만이 유일한 구원자라고 생각합니까?

2. 예수님을 다른 사람에게 설명해야 한다면 어떻게 설명하겠습니까?

네 번째 좋은 전도자가 되려면, '한 사람이 구원을 받기 위해서는 개인적이고, 인격적으로 예수님을 자신의 구원자로 영접해야 한다는 것'을 분명히 알아야 합니다.

여기서 중요한 것은, '영접'이라는 단어입니다. '영접'이라는 말을 무슨 특별한 것으로 오해해서는 안됩니다. 영접이란 믿음의 다른 표현입니다. 믿음이라는 표현이 평면적이라면, 영접이라는 단어는 입체적인 표현입니다. 요한복음 1장 12절에서는 이렇게 말합니다. "영접하는 자 곧 그 이름을 믿는 자들에게는 하나님의 자녀가 되는 권세를 주셨으니"

우리가 예수님을 구원자로 영접하는 것은 마치 손님이 오면 문을 열고 집안으로 맞아들이는 것처럼 우리 자신의 마음의 문을 열고, 예수님을 자신의 인생의 구원자로 받아들이는 것입니다. 이 말은 우리 자신의 삶을 예수님 중심으로 바꾸는 것이고, 예수님이 원하시는 사람이 되도록 예수 그리스도께 우리 자신을 맡기는 것입니다.

왜 영접이 중요합니까?

그것은 예수님을 구원자로 인정하고, 인격적으로 그 분을 받아들이는 것이기 때문입니다. 우리가 예수님을 진심으로 영접하는 순간, 그리스도께서 성령으로 우리 안에 들어오십니다. 성령님이 우리 안에 들어오신 것을 '성령의 내주'라고 말합니다. 이것은 예수님이 영으로 우리 안에 오셔서 죽은 영을 살리고, 새로운 생명을 주시는 것을 의미합니다. 그 순간 하나님의 자녀로 다시 태어나게 됩니다. 성경은 이것을 "거듭남"이라고 말합니다. 고린도후서 5장 17절에서는 "그런즉 누구든지 그리스도 안에 있으면 새로운 피조물이라 이전 것은 지나갔으니 보라 새 것이 되었도다"라고 하셨고, 에베소서 1장 13절에서는 "그 안에서 또한 믿어 약속의 성령으로 인치심을 받았으니"라고 했습니다.

그렇다면 어떤 방법으로 예수님을 영접하는 것이 좋습니까?

그것은 기도로 할 수 있습니다. 로마서 10장 9~10절에 보면 이런 말씀이 나옵니다. "네가 만일 네 입으로 예수를 주로 시인하며 또 하나님께서 그를 죽은 자 가운데서 살리신 것을 네 마음에 믿으면 구원을 받으리라 사람이 마음으로 믿어 의에 이르고 입으로 시인하여 구원에 이르느니라" 여기에 보면 '마음으로 믿는다' 또 '입으로 시인한다'는 말이 나옵니다. 마음으로 믿는 것이 끝이 아니라 입으로 '예수님을 구원자로 믿는다'고 시인하라는 것입니다. 그래서 전도할 때 전도대상자가 자신의 입으로 '예수님이 내 인생의 구원자이십니다.' '제가 예수님을 내 인생의 주인으로 마음에 받아들입니다'라고 할 수 있도록 돕습니다. 이것을 '영접기도'라고 말합니다. 기도를 통해 '예수님이 나의 구원자'라고 말로 시인하게 하고 마음에 받아들이도록 하는 것입니다.

이렇게 영접기도를 하면 좋을 것입니다.

"사랑의 하나님 저는 지금까지 하나님을 모르고 방황했습니다. 저는 죄인입니다. 저의 죄를 용서해 주십시오. 저의 죄를 담당하고 십자가에서 대신 죽으신 예수님을 제 인생의 구원자로 받아들입니다. 지금 제 마음속에 들어오셔서 제 삶의 주인이 되어 주십시오. 저의 죄를 용서하시고 저를 하나님의 자녀 삼아주셔서 감사드립니다. 영원토록 저와 함께 계실 것을 믿습니다. 이제부터 하나님의 자녀로 이 세상을 살아가도록 도와주십시오. 예수님의 이름으로 기도합니다. 아멘"

예수님을 영접하는 기도를 하고 난 후, 다음의 몇 가지 사실을 확인하는 것이 중요합니다.
1. 이제 예수 그리스도께서 당신 안에 들어와 계십니까?(고전 3:16)
2. 당신의 모든 죄가 사함을 받았다는 것을 믿습니까?(골 1:14)
3. 당신이 하나님의 자녀가 되었다는 것을 믿습니까?(요 1:12)
4. 당신은 영원한 생명을 얻었습니다.(요 5:24)
5. 이제부터 하나님께서 예비하신 풍성한 새로운 삶이 시작되었습니다.(요 10:10, 고후 5:17)

📝 전도에 있어서 왜 영접이 중요하다고 생각합니까? 당신의 말로 적어보십시오.

제2과

전도 메시지 훈련(1)

우리가 훈련받게 될 전도지는 웨슬리 전도학교에서 개발한 것으로 18세기 영국에서 감리교 운동을 시작하신 존 웨슬리 목사님께서 말씀하신 '네 가지 모든 사람 교리'(Methodist Four Alls)에 그 기초를 두고 있습니다.

그 네 가지란,

첫째, 모든 사람이 구원받을 필요성이 있다(All need to be saved),

둘째, 모든 사람이 구원받을 수 있다(All can be saved)

셋째, 모든 사람이 구원의 확증을 얻을 수 있다(All can be assured)

넷째, 모든 사람이 완전한 성화를 얻을 수 있다(All can be sanctified to the uttermost)입니다.

그리고 이 전도메시지는 **"하나님의 선물"**이라는 주제로 만들었습니다. 복음이 하나님이 주신 선물이요, 또 처음 불신자들을 만났을 때, 접촉점을 찾기 좋도록 하기 위한 것입니다.

자 이제 감리교 전도지 "하나님의 선물"을 준비하십시오.

그리고 이 전도지를 사용하여 복음을 잘 전할 수 있도록 훈련해 보십시오.

접촉(인사와 자기소개, 시간허락요청)

- "안녕하십니까? 저는 OO교회 OOO입니다. 5분만 시간을 내주시면 선생님의 인생에 최고의 선물을 드리고 싶습니다. 그것은 바로 하나님께서 선생님에게 주시는 선물입니다"

- "안녕하십니까? 저는 00교회 000입니다. 하나님께서 선생님에게 주신 선물이 있습니다. 한번 들어보시겠습니까?"

(연결어)
대부분의 사람들은 행복하기를 원합니다. 그런데 실제로는 행복하지 못하고 인생의 많은 고통을 당하고 있습니다. 왜 그럴까요?

1. 원래 사람은 하나님 안에서 행복하도록 창조되었습니다.
나무는 흙에 뿌리를 내리고 살고 물고기는 물에서 살아야 하는 것처럼, 사람은 하나님 안에서 살아야 행복하도록 만들어졌습니다.

(아래쪽에 있는 성경구절을 볼펜으로 가리키면서 '여기에 있는 성경구절을 읽어주시겠습니까?'라고 정중하게 요청한다)
"하나님이 자기형상 곧 하나님의 형상대로 사람을 창조하시되 남자와 여자를 창조하시고"(창 1:27)

(다음 페이지로 넘기며)
2. 사람이 하나님을 떠난 순간 모든 고통이 시작되었습니다.
하나님은 우리가 행복하게 살기를 가장 원하셨지만 우리가 하나님을 떠나 결국 죄에 빠지게 되었습니다. 하나님을 떠나는 것이 인생의 가장 큰 문제의 시작입니다. 그 결과 우리는 원치 않는 고통과 질병, 죽음, 허무에 빠지고 말았습니다.

(아래 성경구절을 집어 주면서 '이 성경도 읽어주시겠습니까?'라고 말한다.)
"모든 사람이 죄를 범하였으매 하나님의 영광에 이르지 못하더니"(롬 3:23)

(그리고, 그림을 보여주면서 이렇게 말합니다.)
여기에 보면, 사람이 하나님을 등지고 있지요!
죄가 사람을 하나님과 이렇게 분리했고, 그 결과 사람에게는 원하지 않는 고통과 죽음이 왔습니다.

"선생님은 지금 어디에 속해 있다고 생각하십니까?" "하나님 쪽입니까? 인간 쪽입니까?

(그렇다면 '어떻게 인간의 고통의 문제를 해결할 수 있을까요?' 다음 페이지를 보여주면서 '그러나')

3. 사람의 노력으로는 결코 인생의 모든 고통이 해결될 수 없습니다.

착한 행동과 도덕적으로 바르게 살려고 노력하는 것은 다 좋은 것이지만, 이러한 노력으로는 죄와 죽음, 고통과 질병을 해결할 수는 없습니다. 결국 사람의 노력은 다 헛된 수고입니다. 사람들은 구원자를 필요로 합니다.

(자 이 성경말씀도 읽어주시겠습니까?)

"우리의 의는 다 더러운 옷 같으며…"(이사야 64:6)

"다른 이로써는 구원을 받을 수 없나니 천하사람 중에 구원을 받을 만한 다른 이름을 우리에게 주신 일이 없음이라 하였더라"(사도행전 4:12)

(그리고 중간에 있는 그림을 보여주면서, 그림을 설명하고, 이렇게 말합니다. '사람이 선을 행하는 것, 종교, 도덕은 좋은 것이지만, 이것으로는 인생의 문제를 해결할 수 없습니다. 왜냐하면 죄를 해결하지 않고는 인생의 문제역시 해결할 수 없기 때문입니다. 그렇다면 사람들의 노력은 다 헛된 것입니까? 그렇습니다. 사람의 노력으로는 도저히 구원받을 수 없습니다. 그래서…')

4. 하나님께서는 우리 모두에게 구원의 선물을 주셨습니다.

하나님은 사람들을 너무나 사랑하셔서, 우리가 죄에 묶여 고통당하고, 지옥에 가는 것을 그냥 내버려두지 않으셨고, 우리 모두에게 구원의 길을 열어주셨습니다.

(아래 성경말씀을 가리키면서 '이 성경말씀도 읽어주시지요')

"하나님이 세상을 이처럼 사랑하사 독생자를 주셨으니 이는 그를 믿는 자마다 멸망하지 않고 영생을 얻게 하려 하심이라"(요한복음 3:16)

"내가 곧 길이요 진리요 생명이니 나로 말미암지 않고는 아버지께로 올 자가 없느니라" (요한복음 14:6)

(중간에 있는 그림을 설명하고 이렇게 말합니다. '선생님, 이 예수님을 믿고 천국에 가고 싶지 않습

니까? 여기에 보면, 한 사람은 여전히 하나님을 등지고 있고, 한 사람은 하나님을 만나 구원을 받았습니다. 선생님은 어디에 속하고 싶습니까? "여전히 인간 쪽입니까? 아니면 하나님이 주시는 영원한 생명과 축복을 원하십니까?")

(다음 페이지를 보여주면서)

5. 예수님이 구원자(그리스도)이십니다.

예수님은 이 땅에 오셔서 모든 사람의 죄를 담당하시고, 십자가에서 대신 죽으셨습니다. 그리고 사흘 만에 부활하셨습니다. 예수님이 우리 대신 죽으심으로 우리 죄가 사함 받았고, 예수님이 부활하심으로 죽음과 심판에서 구원받았습니다.

(아래 성경구절을 보여주면서 이렇게 말합니다. '성경에서는 이렇게 말씀하셨습니다. 여기에 있는 성경구절을 읽어보십시오')

"성경대로 그리스도께서 우리 죄를 위하여 죽으시고 장사 지낸바 되셨다가 성경대로 사흘 만에 다시 살아나사"(고린도전서 15:3-4)

"그의 피로 말미암아 속량 곧 죄 사함을 받았느니라"(에베소서 1:7)

(중간에 있는 그림을 보여주면서 '선생님, 하나님을 만나고, 구원을 받으려면 예수님에 대해 "듣고" "믿어야" 합니다. 선생님은 예수님을 통해 구원받을 수 있습니다.'라고 말한 후 다음 페이지를 보여주면서)

6. 예수님을 구원자로 영접하십시오"

죄 사함을 받고, 하나님의 자녀가 되려면, 자신이 죄인임을 인정하고, 예수님을 구원자로 마음속에 영접해야 합니다.

(아래 성경구절을 가리키면서 이렇게 말합니다. '성경에서는 이렇게 말씀하셨습니다. 이 부분을 읽어주시겠습니까?')

"영접하는 자 곧 그 이름을 믿는 자들에게는 하나님의 자녀가 되는 권세를 주셨으니"
(요한복음 1:12)

(진지하게 상대편의 눈을 똑바로 보면서 이렇게 말합니다. '여기에 보면 예수님을 영접하는 자가

하나님의 자녀가 될 수 있다고 말합니다. 영접이란 선생님의 마음속에 예수님을 구원자로 받아들이는 것입니다. 예수님을 마음에 받아들이는 것은 기도로 할 수 있습니다. 제가 도와드리겠습니다. 저를 따라 기도하시면 됩니다 이것이 예수님에 관해 듣고 믿는 것입니다'라고 말한다 이 때, 같이 손을 잡고 영접기도를 해도 좋습니다. 그렇지 않으면 눈을 감게 하고, 한 구절씩 따라서 하게 합니다.)

"사랑의 하나님, 저는 지금까지 하나님을 모르고 방황했습니다. 저는 죄인입니다. 저의 죄를 용서해 주십시오. 저의 죄를 담당하시고, 십자가에서 대신 죽으신 예수님을 제 인생의 구원자로 받아들입니다. 지금 제 마음속에 들어오셔서, 제 삶의 주인이 되어 주십시오. 저의 죄를 용서하시고, 저를 하나님의 자녀 삼아주셔서 감사드립니다. 영원토록 저와 함께 계실 것을 믿습니다. 이제부터 하나님의 자녀로, 이 세상을 살아가도록 도와주십시오. 예수님의 이름으로 기도합니다. 아멘"

(영접기도가 끝나고 난 다음 이렇게 확인하십시오)
"예수님이 선생님의 마음속에 들어오셨습니까?"

(이 때 '예 내 마음에 들어오셨습니다.'라고 대답하면 이렇게 말합니다)
이제 당신은 예수님을 영접했기 때문에 하나님의 자녀가 되었고, 이 세상을 떠나도 영원한 천국에 들어갈 수 있습니다.

(만약 '잘 모르겠다.'고 하면 다시 '하나님께서는 우리 모두에게 구원의 길을 열어주셨습니다'라는 부분으로 돌아가서 예수 그리스도를 설명하고, 예수님을 구원자로 영접하는 것에 대해 설명을 한 후 영접기도를 하고, 확인하십시오. 그리고 시간적인 여유가 있을 때에는 다음의 성경구절들을 읽어주면서, 구원받은 것이 어떤 것인지에 대해 설명할 수 있습니다)

고전 3:16/ 성령의 내주
롬 8:1-2/ 모든 죄와 저주에서 해방됨
요 16:23-24/ 예수님의 이름으로 기도하면 응답받을 수 있음

그리고 마지막으로 교회를 소개하고 만날 약속, 이름, 전화 번호 등을 확인합니다.

결 신 서

저는 구원받은 하나님의 자녀로 교회에 출석하고 거룩한 삶을 살기로 결심합니다.

- 이   름 :
- 전화번호 :
- 주   소 :

제3과

전도 메시지 훈련(2)

:

전도지를 잘 활용하여 개인 전도를 하려면 다음과 같은 준비물을 준비하고 복음을 제시하는 방법을 자세하게 배워야 할 것입니다.

1. 준비물

1) 전도지
2) 볼펜
3) 전도수첩
4) 작은 크기의 성경

2. 주의 할 사항

1) 볼펜으로 하나하나 짚어 가면서 전도지의 내용을 읽어주는 것이 좋습니다.
2) 전도대상자를 앞에 두고 하는 것보다 옆에 두고 하는 것이 훨씬 좋습니다.
3) 전도지를 펼쳐 복음을 제시할 때, 절대로 여러 페이지를 한꺼번에 보이지 말고 한 번에 한 페이지만 보이도록 해야 합니다.
4) 각 페이지 마다 제일 먼저 큰 제목과 그 설명을 읽어줍니다. 그리고 아래 쪽에 있는 성경 구절은 전도자가 읽지 말고, 전도 대상자가 읽도록 합니다. 하나님의 말씀이 직접 그 사람의 내면에 들려지도록 하는 것입니다. 그리고 난 다음, 중간에 있는 그

림을 설명해 주십시오.

5) 영접할 순서에 이르렀을 때, "지금 예수님을 선생님의 구원자로 영접하겠습니까?"라고 묻고 영접기도를 같이 하는 것이 좋지만, 그렇게 하지 않더라도 그냥 자연스럽게 영접기도문을 같이 읽도록 권해도 상관없습니다.

6) 영접기도는 가능한 한 구절씩 따라서 읽도록 하는 것이 좋습니다.

7) 영접기도 후에는 반드시 축복기도를 해 주시고, 축복기도 후에 함께 한 영접기도의 의미를 다시 설명해 주고, 간단한 양육을 한 후, 교회를 소개합니다.

3. 연습과 훈련

이제 두 사람씩 짝을 지은 뒤, 전하는 자와 듣는 자를 정합니다. 전하는 자는 웨슬리 전도학교 전도지, '하나님의 선물'과 볼펜을 준비하고 인사부터 시작해 실제로 전도 메시지를 전해봅니다. 듣는 자는 아래의 점검표를 안내 삼아, 자신의 짝이 전도 메시지를 잘 전하는지 체크합니다.

1) 연습을 위해 듣는 사람, 곧 전도 대상자에게 여러 가지 역할을 해 보게 하는 것이 좋습니다. 예를 들어, 전도자의 친구나 가족, 혹은 다른 종교를 가진 사람으로 정해 보십시오. 전도 대상자는 그런 역할에 맞게 질문도 하고, 반응하기도 하면서 전도자를 도와줍니다.

2) 전도 대상자의 역할을 하는 사람은 전도자가 어느 과정에서 잘했고, 어느 과정에서 고쳐야 할 것이 있는지 아래 점검표를 가지고 점검해 보십시오.

- 전도지와 볼펜, 기타 자료들이 잘 준비되었는가?
- 메시지에 집중하도록 한 페이지씩 보여주면서 순서대로, 그리고 논리적으로 전했는가?
- 성경말씀은 듣는 자가 읽도록 했는가? 그림을 잘 설명했는가?
- 영접하게 하는 방법은 좋았는가?
- 영접 후에 교회와 잘 연결했는가?
- 복음을 잘 설명한 부분과 어색했던 부분이 어디였는가?
- 얼마나 자신 만만하게 확신을 가지고 복음을 전했는가?

3) 서로 역할을 바꾸어서 위의 1, 2번을 반복하십시오.

※ 이번 단원에서는 조별 모임을 갖지 않고, 전도 메시지를 여러 번 반복해서 충분히 연습하는 시간을 가지는 것이 좋습니다.

05단원

예비된 영혼

📖 **이 단원의 요절**

"이방인들이 듣고 기뻐하여 하나님의 말씀을 찬송하며 영생을 주시기로 작정된 자는 다 믿더라"(행 13:48)

● 　　　청량리역 광장에서 노방찬양전도를 할 때의 일입니다. 어느 주일 저녁에 전도를 다 마치고 교회로 돌아가려고 주차장으로 가려 했을 때, 그곳에 앉아 있던 한 사람이 제 왼쪽 다리를 붙잡았습니다. 깜짝 놀란 저는 '아저씨 왜 이러세요!' 라고 뿌리치려고 했지만, 이 분은 '자기들끼리 잘 하네'라고 빈정거리면서 제 다리를 놓아주지 않았습니다. 처음에는 전도를 마치고 우리가 나누어 마신 음료수를 마시고 싶어서 그러는 줄 알고, 한 교인에게 음료수 남은 것 이분께 다 드리라고 했습니다. 그러자 이 분은 그것이 아니라고 하면서, "아니 교회도 사람을 차별해요?"라고 물었습니다. 저는 당연히 아니라고 말했지요. 그랬더니 그 사람은 이런 이야기를 했습니다.

　우리 팀이 전도를 시작할 때, 자신은 맨 앞에 앉아서 처음부터 구경을 했답니다. 찬양과 율동, 마임, 그리고 목사님 설교까지 들었고, 설교 후에 흩어져서 전도를 시작하기에, 누군가가 자기에게도 올 줄 알고 기다렸답니다. 아무리 기다려도 아무도 오지 않아서 '교회도 사람을 차별하는구나' 하는 생각에 기분이 상해서 포장마차에 들어가 소주를 마셨답니다. 그런데 계속해서 찬송소리가 들리니까 다시 가보고 싶은 마음이 들어서 마시던 소주를 주인아주머니에게 맡겨놓고, 다시 전도하는 곳에 와서 계속 기다렸다고 합니다. 아무리 기다려도 아무도 오지 않더니 자기들 끼리 모여서 기도하고 전도를 끝내더라는 것입니다. 그래서 다급해진 마음에 제 다리를 붙잡았다는 것입니다.

　이야기를 들은 제가 '그럼, 아저씨 제가 전도해 드릴까요?'라고 했더니, 그 아저씨는 그러라고 했습니다. 교인들이 빙 둘러 서 있는 가운데 그 사람에게 복음을 전하기 시작했습니다. 아저씨는 먼저 자기 이야기를 들어달라고 하면서 자기가 왜 청량리역 광장에서 방황하게 되었는지, 얼마나 힘들게 살았는지 이야기하기 시작했습니다. 그때 제가 아저씨의 말을 막으면서 "아저씨, 아저씨의 말을 들어보나마나 아저씨는 실패하게 되어 있어요, 왜냐하면 성경에 보면 하나님을 떠난 사람은 다 망한다고 했기 때문이에요!"라고 말하면서, 아저씨에게 복음을 전하기 시작했습니다. 로마서 3장 23절, "모든 사람이 죄를 범하였으매 하나님의 영광에 이르지 못하더니"라는 말씀을 들려주면서, 하나님을 떠나면 인생은 반드시 실패한다고 말했고, 이어서 요한복음 3장 16절을 들려주면서, 그러나 하나님께서 아저씨를 사랑해서 구원하시려고 구원자 예수님을 이 땅에 보내셨다고 말했습니다. 그리고 로마서 5장 8절을 들려주면서 아저씨는 예수님을 모르지만 아저씨가 하나님 떠나 방황하고 있을 때, 예수님이 아저씨를 구원하시기 위해 대신 십자가에서 죽으셨다고 하면서 "아저씨가 오늘 예수님을 구원자로 받아들이면 지금 하나님을 만날 수 있고 하나님의 자녀가 될 수 있습니다"라고 말했습니다.

그 사람은 짧은 복음을 듣고는 예수님을 자신의 구원자로 영접하겠다고 했습니다. 가까이 다가가서 손을 잡고 영접기도를 하려하자, 제 손을 뿌리치더니 저를 그대로 안아버렸습니다. 그래서 저도 이 아저씨를 부둥켜안고는 영접기도를 했습니다. "하나님, 저는 지금까지 하나님을 모르고 실패한 인생을 살았습니다…' 그 순간 이 말을 따라 기도하던 아저씨가 갑자기 통곡하기 시작했습니다. 아마 '실패한 인생'이라는 말이 그의 내면을 흔들어 놓은 것 같았습니다. 거기에다 소주도 몇 잔 마셨으니… 저도 울었고 주위에 서서 그 모습을 지켜보고 있던 교인들도 감격해서 같이 울었습니다. 청량리역 광장은 삽시간에 울음바다가 되었습니다.

그날 그 아저씨를 부둥켜안고 기도하는 순간, 제 마음에 강하게 와 닿은 것이 두 가지가 있었습니다. 하나는 '전도는 하나님이 하신다'는 것이었고, 다른 하나가 바로 '예비된 영혼'이었습니다. "영생을 주시기로 작정된 자는 다 믿더라"(행 13:48)는 말씀이 얼마나 분명한 사실인지 그때 알게 되었습니다.

제1과

예비된 영혼이란 누구를 가리키는 것입니까?

전도에 있어서 주도권을 잡고 계신 분은 하나님이십니다. 한 사람이 구원을 받으려면 하나님께서 주도권을 잡으시고 찾아오셔야 합니다. 이는 성경 전체가 증언하는 것입니다. 우리가 전도하지만, 그 사람의 마음을 열어 복음을 듣게 하시고, 예수님을 구원자로 영접하게 하시는 분은 하나님이십니다. 이런 의미에서 전도는 우리가 하는 것이 아니라 하나님이 하시는 것입니다.

📝 **로마서 3:10-12을 읽고 다음 질문에 답하십시오.**

1. 몇 사람이나 스스로 의롭습니까?

2. 몇 사람이나 스스로 영적인 것을 이해합니까?

3. 몇 사람이나 스스로 하나님을 찾습니까?

한 사람도, 단 한 사람도 없습니다. 죄가 우리에게 너무나 큰 영향을 끼쳤기 때문에 아무도 스스로 하나님을 찾지 않습니다. 그러므로 누군가가 구원을 받으려면 하나님이 그 사람을 하나님께로 이끌어주셔야 합니다. 솔직히 말하면, 우리가 전하는 복음에 설득당해서 예수를 믿을 사람은 이 세상에 단 한 사람도 없습니다. 지식과 논리에 설득을 당하거나, 선행에 감동을 받고 스스로 알아서 예수 믿을 사람이 아무도 없다는 것입니다.

성경은 이 부분에 대해 명확하게 말합니다. "내 아버지께서 오게 하여 주지 아니하시면 누구든지 내게 올 수 없다 하였노라"(요 6:65) 누구든지 하나님께서 불러주셔야 하나님께로 올 수 있습니다. 성령님이 마음의 문을 열고 복음을 듣게 하지 아니하시면, 아무도 스스로 구원을 받을 수 없습니다. 그러므로 전도할 때 반드시 알아야 할 중요한 개념이 바로 '예비된 영혼' 혹은 '준비된 사람'이라는 것입니다. 전도자가 복음을 전할 때, 하나님께서 복음을 듣는 사람의 마음을 열어 복음을 듣도록 하신다는 것입니다. 이때 마음을 열고 복음을 받아들이는 사람을 가리켜 '예비된 영혼'이라고 말합니다.

사도행전 13장에 보면, 사도 바울이 비시디아 안디옥에서 복음을 전하는 이야기가 나옵니다. 바울은 구약성경을 인용하면서 예수님의 십자가의 의미와 부활에 대한 말씀을 전했습니다. 그 말씀을 들은 사람들이 다음 안식일에도 이 말씀을 전해달라고 요청했고, 그 다음 안식일에는 온 시민이 그 말씀을 듣기 위해 모였습니다. 이때 유대인들은 시기심으로 바울이 복음을 전하는 것을 방해했지만, 그럼에도 불구하고 이방인들 중에서 말씀을 듣고 예수를 믿은 사람들이 나왔고, 주의 말씀이 그 지방에 두루 퍼지게 되었습니다.

 사도행전 13:48을 읽고 다음 물음에 답하십시오.

1. 누가 복음을 듣고 기뻐했습니까?

2. 그날 예수님을 믿은 이방인들에 대해 사도 바울은 어떤 사람들이었다고 성경은 설명합니까?

성경은 사도 바울이 전하는 복음을 듣고 예수를 믿게 된 사람에 대해 아주 특별한 표현을 사용하고 있습니다. 그것은 바로 '영생을 주시기로 작정된 자'라는 표현입니다. 여기서 '작정되었다'는 말을 오해해서는 안됩니다. 적어도 전도자는 이 말을 '복음의 주도권은 하나님이 가지고 계시다.'로 읽어야 하고, 이때 믿은 사람을 '예비된 영혼'으로 이해해야 합니다. 하나님께서 그날 바울의 설교를 들은 사람들 중에 그 마음을 열어 복음을 듣고 예수를 믿어 영생을 얻도록 준비해 놓은 사람이라는 것입니다.

 사도행전 16:14절에도 비슷한 표현이 나옵니다. 여기에 나오는 비슷한 표현을 찾아서 적어보십시오.

사도 바울이 드로아에서 마케도냐 사람이 '건너 와서 우리를 도우라'고 하는 환상을 보고 마케도냐의 첫 성인 빌립보에 오게 되었습니다. 그곳에서 유대인의 회당을 찾을 수 없었기 때문에 안식일에 기도할 곳을 찾다가 문밖 강가에 나가 보니, 거기에 몇 명의 여인들이 모여 있는 것을 보았습니다. 바울이 그들에게 복음을 전하자 두아디라 시에 사는 자색 옷감 장사인 루디아가 그날 예수를 믿게 되었습니다. 중요한 것은 바울이 복음을 전할 때, 주님께서 '그 마음을 열어' 바울이 전하는 말을 듣고 따르게 했다는 것입니다. 여기서 '마음을 열어… 따르게 했다'는 말이 그가 바로 예비된 영혼이라는 증거입니다.

📝 "예비된 영혼"이라는 말을 당신이 이해한 대로 정의해 보십시오.

아마 "고구마 전도법"에 대해 들어보셨을 것입니다. 전도하려 나가면 그 현장에는 언제나 예비된 영혼이 준비되어 있다는 이론을 기초로 한 전도의 방법이 "고구마 전도법"입니다. 이 전도방법은 한때 한국교회를 뒤흔들어 놓았습니다.

당시 이 전도법을 전한 사람이 김기동집사였는데, 이 방법은 아주 간단한 원리를 가지고 있습니다. 이 전도법에 따르면, 전도자는 일단 전도하러 나가서 전도대상자를 만날 때, 그 사람을 사람으로 보지 말고 고구마로 봅니다. 고구마에는 두 종류가 있습니다. 하나는 생고구마요, 다른 하나는 익은 고구마입니다. 젓가락으로 고구마를 찔러보면, 생고구마는 들어가지 않고, 익은 고구마는 쑥 들어갑니다. 이처럼 복음을 전할 때 어떤 사람은 아주 냉담한 반응을 보일 수 있습니다. 이런 사람이 바로 생고구마입니다. 그 경우 억지로 설득하지 말고, 그냥 '생고구마구나'라고 생각하고, 하나님께서 익게 하실 때를 기다려야 합니다. 그래도 그 사람과 헤어질 때는 "그래도 예수 믿으면 참 좋습니다. 제가 당신을 위해 기도하겠습니다."라고 여운을 남겨야 합니다. 그리고 교회에 와서는 그 사람을 위해서 기도하고 또 기도해야 합니다. 이것이 고구마 전도법의 기본적인 원리입니다.

그러다가 다시 그 사람을 찾아가 복음을 전합니다. 이와 같이 '복음전하고, 기도하고, 복음을 전하고 기도하고'를 여러 차례 반복하다보면, 하나님께서 그 사람의 마음 문을 열어 복음을 듣게 하실 때가 있습니다. 어느 날 찾아가서 복음을 전하였는데, 그 사람이 "사실은 나도 마음은 있어요!" "그러면 제가 교회 나가지요!"라고 반응을 보일 때가 있습니다. 그때가 바로 고구마가 익는 것처럼, 하나님이 그 사람의 마음을 만지셔서 '예비된 영혼'이 되게 하신 때입니다.

이러한 고구마 전도법은 사도행전 13장 48절에 근거를 두고 있습니다. '영생을 주시기로 작정된 자들'이 구원을 받는다는 것입니다. 사람들이 알아서 스스로 구원받는 것이 아니라 하나님이 예비해 놓은 영혼들이 복음을 받아들이고 구원을 받은 것입니다.

> 혹시 전도하다가 '아 저 사람이 예비된 영혼이구나'라고 할 수 있는 사람을 만난 경험이 있다면 나누어 보십시오.

부산에서 목회할 때, 매주 화요일 오후에 15명 정도의 전도대가 모여 지역전도를 했습니다. 기도회를 하고 둘씩 짝을 지어 지역전도를 나갔는데, 저도 같이 나갈 때가 많았습니다. 한번은 "누가 저와 짝이 되겠습니까?"라고 물었더니 어느 집사님이 자기가 하겠다고 했습니다. 그래서 같이 나갔는데, 이 집사님은 자기 아이가 다니는 공부방 선생님에게 전도를 하고 싶다고 했습니다. 우리가 공부방을 찾아갔을 때는 저학년 아이들이 공부를 마치고 잠깐 여유가 있을 때였습니다. 벨을 누르자 공부방 선생님이 나와서 학부형인 집사님을 보고는 반갑게 인사를 했습니다. 그러나 손에 들고 있는 전도지를 보고는, 지금은 시간이 없으니까 나중에 오라고 했습니다. 집사님은 "선생님, 잠깐이면 돼요"라고 말하면서 그냥 문을 밀고 안으로 들어갔습니다. 그리고 잠깐 동안 복음을 전했습니다. 전도지(하나님의 선물)를 주고는 전도지의 내용을 간단히 설명했습니다. 마지막 여섯 번째 메시지인 '예수님을 구원자로 영접하십시오'라는 부분을 이야기할 때, 놀랍게도 그 선생님이 예수님을 구원자로 받아들이겠다고 말했습니다. 짧게 복음을 전했기에 아무 기대도 하지 않았는데, 너무나 쉽게 예수님을 영접하겠다고 하니까 오히려 제가 놀랐습니다. 영접기도를 같이 하고, 축복기도를 했습니다. 기도를 마치고 보니까 선생님이 눈물을 흘리고 있었습니다.

나중에 알고 보니, 이 선생님의 언니가 감리교 목회자의 사모였는데, 우리가 그곳에 전도하러 가기 전에 그 언니가 동생인 선생님에게 전화를 했었다고 합니다. 언니는 전화로 "꼭 예수 믿어야 한다. 가까운 교회에 다녀라"고 간곡하게 권했고, 그때 교회에 다니겠다고 약속했다고 합니다. 그런데 전화통화를 하고 난지 얼마 되지 않아 우리가 그 집을 방문했던 것입니다. 자 그렇다면 누가 이 선생님을 전도한 것일까요? 하나님이 하신 것입니다. 사실 제가 한 것은 하나님 만나는 길을 안내한 것에 불과했습니다.

제2과

"예비된 영혼"이 누구인지 어떻게 알 수 있습니까?

전도는 하나님이 하시는 것이고, 우리가 할 일은 전도 현장에서 '예비된 영혼을 찾는 것'이라면, 전도는 어려운 것이 아니라 신나는 경험이 될 것입니다. 그리고 전도를 잘하는 사람이란, 지식이 뛰어나거나 달변인 사람이 아니라 철저하게 하나님을 의지하면서 하나님이 예비해 놓으신 사람들을 잘 찾아내는 사람입니다. 그런 의미에서 전도란 예비된 영혼을 찾는 것이요, 전도를 잘하는 것은 예비된 영혼을 잘 찾아내는 것입니다.

'예비된 영혼'이란 '예정의 교리' 하고는 좀 다른 개념입니다. 어제까지 복음을 거부하던 사람이라 할지라도 오늘 성령님이 마음의 문을 열면, 그가 예비된 영혼이 될 수 있기 때문입니다. 그러므로 우리는 듣든지 듣지 않든지, 때를 얻든지 못 얻든지 항상 복음을 전해야 합니다.(딤후 4:1-2)

그렇다면 어떤 사람의 눈에 하나님이 예비해 놓은 영혼이 잘 보일까요? 이것이 전도자의 고민입니다. 분명한 한 가지 사실은 '예비된 영혼'은 숨어 있다는 것입니다. 그래서 대강 전도하려는 사람의 눈에는 보이지 않습니다. 단지 교회 자리를 채우려는 욕심으로 전도하는 사람의 눈에도 잘 보이지 않습니다. 그러나 진심으로 영혼을 사랑하고 하나님 아버지의 마음을 품은 전도자의 눈에는 예비된 영혼이 잘 보입니다.

두 가지 방법

과연 예수님은 예비된 영혼을 어떻게 찾아내셨을까요? 요한복음 4장 1-42절에 보면, 예수님이 사마리아 여인을 전도하신 이야기가 나옵니다. 성경을 주의해서 보면, 당시 유대인들은 유대에서 갈릴리로 갈 때에 사마리아를 통과하지 않고 요단강을 건너 요단 동편의 길로 갔습니다. 하지만 그날 예수님은 일부러 사마리아를 지나 갈릴리로 가셨습니다. 특히 4절에 보면 "사마리아를 통과하여야 하겠는지라"라는 말씀이 나옵니다. 이 부분을 영어성경(NIV)에서는 "Now he had to go through Samaria"라고 기록하고 있습니다. 예수님은 사마리아 여인을 구원하기 위해 꼭 사마리아를 지나가셔야 했다는 말입니다.

요한복음 4장을 읽고 다음 질문에 답하십시오.

1. 예수님은 야곱의 우물물을 길러 나온 여인에게 처음 무슨 말을 건넸습니까?(7절)

2. 사마리아 여인과 대화를 할 때, 주님은 그 여인의 영혼의 갈급함을 들추어내기 위해 어떤 말씀을 하셨습니까?(10절)

3. 주님은 여인이 물을 길러온 야곱의 우물과 당신 자신이 주는 물을 비교하고 있습니다. 주님이 주시는 물은 어떤 특징을 가지고 있습니까?(14절)

4. 예수님께서 '그 속에서 영생하도록 솟아나는 샘물'에 대해 말씀하자 이 여인이 '그 물을 달라'고 했습니다. 그때 주님은 이 여인에게 누구를 데리고 오라고 하셨습니까?(16절)

5. 물을 주제로 한 대화는 결국 예배를 주제로 한 대화로 이어졌고, 사마리아 여인은 메시아가 오면 모든 것을 알려줄 것이라고 말했습니다. 이 때 주님은 누가 메시아라고 말했습니까?

6. 예수님을 그리스도로 만난 이 여인은 물동이를 버려두고 동네로 뛰어 들어가서 무엇이라고 외쳤습니까?(28-29절)

개인 전도의 좋은 방법 중의 하나는 '마음을 여는 대화'입니다. 예수님은 사마리아 여인에게 물을 달라는 말로 시작해서 당신이 그리스도인 것을 계시할 때까지 마음을 여는 대화를 시도하셨습니다. 처음에 사마리아 여인은 예수님을 냉담하게 대했지만, 예수님과 대화하는 동안 자신의 내면에 감추어진 영적 갈급함을 드러냈습니다. 결국 그 여인은 '예비된 영혼'이었습니다. 전도현장에서도 비슷한 경험을 하게 됩니다. 전도할 때 전도를 방해하는 사람들도 있고 지나칠 정도로 냉담하게 반응하는 사람도 있습니다. 그러나 포기하지 않고 대화를 시도하면, 하나님께서 그 사람의 마음을 열어 주셔서 예수님을 영접하는 경우가 많습니다. 그러므로 전도자는 처음에 냉담한 반응을 보였다고 쉽게 전도를 포기하지 말아야 합니다.(행 16:1-10, 18:9-10)

여기서 주목해야 할 것은, 예수님은 야곱의 우물가에서 사마리아 여인과 대화할 때, 물을 접촉점으로 사용했다는 것입니다. 예수님은 '물 좀 달라'는 말로 전도를 시작했습니다. 물을 접촉점으로 사용했다는 것은 그 여인에게 가까이 다가갈 수 있는 탁월한 선택이었습니다. 많은 전도자들은 무엇을 접촉점으로 대화를 시작할 것인가를 고민합니다. 그러나 전도 현장에 가면 접촉점을 만들 소재들이 얼마든지 있습니다.

예수님은 물을 접촉점으로 해서 대화를 이어나가실 때, "네가 만일 하나님의 선물과 네게 물 좀 달라 하는 이가 누구인 줄 알았더라면 네가 그에게 구하였을 것이요 그가 생수를 네게 주었으리라"(요 4:10)고 말씀하셨습니다. 이것은 물을 접촉점으로 해서 일상적인 대화를 신앙적인 대화로 바꾸어 나간 것입니다. 주님은 아무도 오지 않는 정오 즈음에 사람들을 피해 혼자서 물을 길러 나온 이 여인의 내적인 상태를 꿰뚫어 보시고, 이 여인의 내적인 갈급함, 목마름을 건드렸습니다. 여인은 "당신은 물길을 그릇도 없고 이 우물은 깊은데 어디서 그런 생수를 얻을 수 있습니까? 야곱은 이 우물을 남겨두었는데, 당신은 야곱보다 큽니까?"(요 4:11-12)라고 질문하자 예수님은 이렇게 말씀하셨습니다. "이 물을 마시는 자마다 다시 목마르려니와 내가 주는 물을 마시는 자는 영원히 목마르지 아니하리니 내가 주는 물은 그 속에서 영생하도록 솟아나는 샘물이 되리라"(요 4:13-14) 예수님께서 '영생하도록 솟아나는 샘물'에 대해 말씀하자 여인은 그 물을 자기에게도 달라고 했습니다. 이때 예수님은 '네 남편을 데리고 오라'고 했고, 여인은 자기에게 남편이 없다고 대답했습니다. 예수님은 이 여인의 속 깊은 사정을 알고 있었기 때문에 "너는 남편이 다섯이 있었고 지금 있는 자도 네 남편이 아니니 네 말이 참되도다"(요 4:18)라고 말씀하셨습니다. 결국 여인과의 대화가 깊어지면서 대화의 주제가 예배에 대한 주제로 바뀌게 되었고, 자연스럽게 이스라엘의 소망, 메시아 도래로 이어졌습니다. 예수님은 '물'과 '목 마르다'라는 일상적인 대화에서 '예배'와 '메시아 도래'라는 영적인 대화로 이끌어 가셨습니다.

여기서 '마음을 여는 대화'가 개인전도에서 얼마나 중요한지를 알 수 있습니다. 마음을 여는 대화는 그 사람이 얼마나 갈급한 영혼인지, 하나님이 예비해 놓은 영혼인지를 알 수 있는 좋은 통로가 됩니다. 결국 예수님은 사마리아 여인에게 당신이 바로 메시아인 것을 계시하셨고, 여인은 물동이를 버려두고 동네로 들어가서, "와서 보라 이는 그리스도가 아니냐"(요 4:29)라고 예수님을 전하게 되었습니다.

한 가지 예를 더 연습해 보겠습니다.

 사도행전 8:26-39에 나오는 빌립과 에디오피아 내시의 이야기를 읽고, 다음 질문에 답해 보십시오.

1. 누가 빌립에게 에디오피아 내시에게 전도하라고 했습니까?(26절, 29절)

2. 처음에 빌립은 자신이 할 일에 대해 어느 정도의 정보를 가지고 있었습니까?(26절)

3. 에디오피아 내시를 만났을 때, 하나님이 예비해 놓은 사람인지를 알기 위해 빌립은 어떤 질문을 했습니까?(30절)

4. 하나님은 빌립을 통해 에디오피아 내시의 인생에 무엇을 하셨습니까?(35-39절)

빌립이 에디오피아 내시를 전도하는 이야기에서 또 다른 하나의 예비된 영혼을 찾아내는 방법을 배울 수 있습니다. 그것은 바로 '심중을 파악하는 질문'입니다. 사실 '질문하는 것'은 가장 중요한 전도의 방법입니다. 전도를 잘하는 사람은 질문을 잘하는 사람입니다. 빌립은 에디오피아 내시에게 이렇게 질문했습니다. "읽는 것을 깨닫느냐?"(행 8:30) 이 질문은 에디오피아 내시의 관심과 그의 심중을 파악할 수 있는 좋은 질문이었습니다.

심중을 파악하는 질문에는 다음과 같은 것들이 있습니다.

- 저와 이야기를 나누고 싶습니까?
- 제가 당신을 위해 어떻게 기도해 드릴까요?
- 무슨 기도제목이 있습니까?
- 당신의 인생에서 가장 힘든 일이 무엇입니까?
- 혹시 죄인이라고 생각해 보신 적이 있습니까?

- 혹시 죽으면 어디로 갈까를 고민해 보셨습니까?
- 혹시 하나님을 만나야 하겠다는 생각을 해보셨습니까?

이런 질문을 통해 어떤 사람이 예비된 영혼인지를 찾을 수 있습니다. 하나님에 대한 갈망은 예비된 영혼이 가지고 있는 가장 두드러진 특징입니다. 사람은 영적인 존재이기 때문에 삶의 고통 속에서 하나님을 만나고 싶다는 갈망을 가지게 됩니다. 하나님을 만나면 삶의 문제가 해결될 것이라는 사실을 본능적으로 알고 있다는 것입니다. 전도서 기자는 이것을 '영원을 사모하는 마음'(전 3:11)이라고 표현했습니다. 하나님은 사람으로 하여금 삶의 어려운 일을 통해 하나님을 찾도록 만듭니다. 그런데 심중을 파악하는 질문을 던지면, 자신도 모르게 영적갈망을 드러내게 됩니다.

평소에는 하나님에 대한 생각이 전혀 없고, 영적인 갈급함도 없다가 어느 날 어떤 사건을 계기로, 혹은 책이나 영화를 통해, 자기 인생에 대해 깊이 고민하게 되는 때가 있습니다. 예를 들어 하나님에 대해 아무 생각도 없었던 한 사람이 교통사고를 당해 병원에 입원하고는 '이러다가 내가 죽으면 어떻게 하지? 내 인생이 왜 이렇게 허무한가? 정말 하나님이 계시다면 나는 하나님을 만나고 싶다'라는 마음이 들 수 있습니다. 그때가 바로 마음이 열린 상태, 곧 예비된 영혼이 된 상태입니다. 그때 전도자가 가서 심중을 파악하는 질문을 하면 내적인 갈망을 드러내고, 복음을 받아들이게 됩니다. 따라서 심중을 파악하는 질문은 예비된 영혼을 찾아내는 가장 중요한 방법입니다.

두 가지 힌트

그런데 "예비된 영혼"이라는 말에서 속기 쉬운 것이 하나 있습니다. 그것은 전도를 잘하려면 점쟁이처럼 '아 저 사람이 예비된 영혼이구나!'라고 딱 알아맞혀야 한다는 생각입니다. 이것은 잘못된 생각입니다. 혹 첫인상이 좋은 사람이 예비된 영혼일까요? 그렇지 않습니다. 첫인상이나 외모는 예비된 영혼인지 아닌지를 아는데 있어 중요한 기준이 아닙니다. 그렇다면 예비된 영혼인지 아닌지를 어떻게 알 수 있을까요? 사실 그것은 불가능합니다. 그럼에도 불구하고 누가 예비된 영혼인지를 알아낼 수 있는 중요한 두 가지 힌트가 있습니다.

첫번째 힌트는, 우리가 하나님께 집중하고 하나님이 어디에서 일하시고, 누구에게 일하시는지를 주목해서 보면, 누가 예비된 영혼인지를 알 수가 있습니다. 다시 말해서 전도현장에서

'하나님만이 하실 수 있는 일'이 일어나면 누가 예비된 영혼인지를 알 수 있다는 것입니다. '하나님만이 하실 수 있는 일'이란 사람들이 인위적으로 만들 수 없는 상황으로, 하나님만이 하실 수 있는 일이 일어나는 것을 의미합니다.

누가복음 19장에 나오는 삭개오의 경우를 생각해 보십시다. 그날 예수님은 여리고 성으로 들어가셨습니다. 오늘 여리고성에서 하나님 아버지께서 누구를 구원하실지, 또 어디에서 일하고 계시는지를 주목하면서 들어가셨습니다. 그때, 예수님의 눈에 들어온 한 사람이 있었습니다. 바로 나무 위에 올라가 있는 삭개오였습니다. 예수님은 속으로 이렇게 생각했을 것입니다. '아, 저 사람이구나! 아버지께서 지금 저 사람의 마음에서 역사하고 계시는구나. 그렇지 않으면 어떻게 저런 열정으로 나를 찾을 수 있겠는가?' 예수님은 삭개오에게 다가가서 "속히 내려오라 오늘 내가 네 집에 유하여야 하겠다"(눅 19:5)라고 하셨습니다. 그리고 그날 삭개오와 온 집이 구원을 받게 되었습니다. 예수님은 항상 이렇게 아버지께서 어디에서 일하시는지를 찾았고, 하나님만이 하실 수 있는 일을 통해 그의 뜻을 이루었습니다.

또 어떤 사람이 하나님에 대해 질문하면 그것은 하나님만이 하실 수 있는 일이라고 할 수 있습니다. 왜냐하면 스스로 하나님을 찾는 사람은 아무도 없기 때문입니다. 하나님에 대해 질문했다는 것은 분명히 성령님이 그 사람의 마음에서 일하고 계시는 증거입니다. 그것만이 아니라 하나님을 모르는 어떤 사람이 자신의 죄를 깨닫고 마음 아파합니다. 그러면 그것 역시 그 사람에게 성령님이 일하고 있다는 증거입니다.

그렇다면 하나님만이 하실 수 있는 일은 구체적으로 어떤 것들일까요? 성령님께서 어떻게 사람들을 그리스도에게로 인도하는지 알아보겠습니다.

📝 다음 성경구절을 읽고 질문에 답하십시오.

요 14:26 "보혜사 곧 아버지께서 내 이름으로 보내실 성령 그가 너희에게 모든 것을 가르치고 내가 너희에게 말한 모든 것을 생각나게 하리라"
성령님이 하실 두 가지 일은 무엇입니까?

1. _____

2. _____

요 16:8 "그가 와서 죄에 대하여, 의에 대하여, 심판에 대하여 세상을 책망하시리라"

성령님이 더 행하시는 세 가지 일은 무엇입니까?

1. _____
2. _____
3. _____

하나님만이 하실 수 있는 일이란, 성령님께서 사람들의 마음을 열어 복음에 반응하도록 만드시는 것입니다. 그러므로 다음과 같은 일이 우리 주위에서 일어난다면 하나님이 일하고 계신다는 것을 알 수 있습니다.

- 하나님은 사람들을 자기에게로 이끄십니다.
- 하나님은 사람들로 하여금 하나님을 찾도록 만드십니다.
- 하나님은 사람들이 영적인 진리를 깨닫게 하십니다.
- 하나님은 세상의 죄에 대해, 의에 대해, 그리고 심판에 대해 책망하십니다.

만약 어떤 사람이 스스로 하나님을 믿고 싶다고 한다든지, 영적인 것에 대해 묻거나, 영적인 진리를 깨닫게 되면, 또한 죄에 대해 가책을 느끼거나, 예수님의 의에 대해, 하나님의 심판에 대해 이해하는 것을 보면, 이것이 바로 하나님이 지금 그 사람에게서 일하고 있다는 증거입니다. 그러므로 주변 사람 누군가에게 이런 일이 일어나고 있다면, 그 사람이 바로 예비된 영혼이라는 것을 알아야 합니다.

두 번째 힌트가 있습니다. 한 지역에서 여러 번, 혹은 오랫동안 전도하는 동안, 여러 사람들과 관계를 맺을 것입니다. 그리고 그 중에는 특별히 중보 기도하는 대상이 있을 것입니다. 그러면 계속해서 기도하는 바로 그 사람이 예비된 영혼이 될 수 있습니다. 왜냐하면 하나님은 우리의 기도를 들으시기 때문입니다.

이 영적인 원리를 좀 더 설명 한다면 이런 것입니다. 한 사람의 구원을 위해 새벽마다 눈물로 기도하기 시작합니다. 그러면 어느 날 주님은 확신을 주십니다. 성령님이 주시는 마음에 순종하여 그 사람을 찾아가 마음을 여는 대화를 시도하면, 이상하게 그 사람이 마음을 열어 복음을 받아들이게 됩니다. 말하자면 매일 새벽마다 기도하고 있는 그 사람이 때가 되면, 예비된 영혼이 된다는 것입니다.

또 이런 경우도 있습니다. 한 교회가 어느 지역이나 혹은 어느 아파트를 위해 기도하기 시작합니다. 한 달, 두 달, 일 년, 이 년, 계속 기도하면서 지속적으로 전도를 합니다. 그러면 하나님께서 우리의 기도를 들으시고 그 지역 사람의 마음을 열어 복음을 듣게 하십니다. 전도의 방해가 사라지고 지역 사람들이 교회에 나오기 시작하면서 폭발적인 역사가 일어나게 됩니다.

 창세기 19장 27-29절을 읽고 다음 질문에 답하십시오.

1. 소돔성이 멸망할 때, 아브라함은 어디에 서 있었습니까? 그리고 무엇을 보았습니까?

2. 롯이 구원받을 수 있었던 결정적인 이유는 무엇이었을까요?(29절)

창세기 19장에 보면, 소돔성이 멸망할 때, 롯의 가족이 구원받는 이야기가 나옵니다. 그런데 성경은 롯과 그의 가족이 구원받게 된 것이 아브라함 때문이었다고 말합니다. 아브라함은 소돔성이 멸망할 때, 하나님 앞에 서 있던 곳, 즉 하나님께 기도했던 곳에 서서 소돔성이 멸망하는 것을 보고 있었습니다. 아마 그는 밤새워 기도하고 아침 일찍이 그곳에 왔을 것입니다.

전도는 영적인 일이기 때문에 기도가 무엇보다도 중요합니다. 한 사람이 예비된 영혼이 되는 것은 기도와 연관이 있습니다. 전도의 주도권은 하나님에게 있습니다. 따라서 하나님께서 적극적으로 간섭하시도록, 성령님이 마음을 문을 여시도록 끊임없이 기도해야 합니다.

혹시 오랫동안 구원을 위해 기도해 오던 가족이나 친구가 있습니까? 있다면 그 이름을 적어보십시오. (여러 사람을 적어도 상관없습니다.)

그 중에 '이 분이 바로 예비된 영혼이구나!'라고 할 만한 사람이 있습니까?

제3과

전도란 예비된 영혼을 찾는 일입니다.

전도는 하나님이 영생을 주시기로 작정된 자를 찾아내는 것입니다. 전도의 방법은 다양하지만, 전도의 핵심은 하나님이 예비해 놓은 사람, 즉 예비된 영혼을 찾아내는 것입니다.

과거 병원전도를 할 때, 병원전도의 핵심은 예비된 영혼을 찾는 것이었습니다. 우선 병실 문을 노크하고, "실례합니다. 저는 ○○교회 목사입니다. 잠깐 전도하겠습니다" 하고 인사부터 합니다. 그리고 병상에 누워있는 사람들을 일일이 만납니다. "많이 힘드시지요?" "제가 기도해드릴까요?" "이것 한번 읽어보실래요?" 등 상황에 따라 여러 가지 말로 다가갑니다. 그러면 대부분의 경우 거절당합니다. 어떤 경우에는 "필요없다니까요!" "가까이 오지 마세요!" "싫어요!" 라고 하면서 분명한 거부의 반응을 보일 수도 있고, 심한 경우에는 전도지를 제 얼굴에 던지기도 합니다. 그래도 저는 상처를 받지 않습니다. 그냥 '아, 생고구마구나!'라고 생각합니다. 마음이 닫힌 사람들, 복음을 거절하는 사람을 설득해서 예수 믿게 하는 것은 거의 불가능합니다. 그래서 그냥 지나갑니다.

그런데 어떤 경우에는 전도지를 읽다가 "이게 무슨 뜻이에요?" 하고 질문을 하거나 기도해 달라고 요청하는 사람도 있습니다. 그러면 반응을 보이는 그 사람이 '혹시 예비된 영혼이 아닐까?' 생각하고는 전도지를 읽어주며 복음을 전합니다. 기도를 부탁한 사람에게는 기도하기 전에 이렇게 말합니다. "기도 받는 것도 좋지만, 직접 기도하시면 더 좋습니다. 그런데 선생님은 하나님께 기도할 수 없습니다. 하나님의 자녀가 아니기 때문입니다. 기도하기 전에 선생님이 하나님의 자녀가 되는 길을 먼저 알려드리고 기도해드리겠습니다" 하고 하면서 복음 전할 기회를 찾습니다.

그 사람이 복음을 받아들이면 정말 감사합니다. 하나님이 하신 것입니다. 그런데 복음을 받아들이지 않아도 상관없습니다. 그렇게 병실을 다니다 보면, 복음에 대해 반응하는 사람이 꼭 나옵니다. 하나님이 예비해 놓은 사람이 있습니다. 그러면 그 사람에게 복음을 전하고 예수님을 영접하도록 도와줍니다. 한 사람이 예수님을 영접하게 되면, 그 다음날, 혹은 며칠 후에 다시 병원을 찾습니다. 작은 선물이나 음료수를 준비해 가서 만납니다. 그리고 예수님을 믿기로 결단하고 영접 기도한 것이 얼마나 중요한 일인지 다시 설명해 줍니다. 간단하게 양육하는 것입니다. 그리고 교회를 소개하고 인도합니다.

어떤 회사나 공장에서 전도할 때도 예비된 영혼을 찾는 일은 중요합니다. 주로 공장이나 회사에서 전도하는 방법은 이렇습니다. 우선 들어갈 공장이나 회사를 위해 기도합니다. 그리고 공장이나 회사에 들어가면 아는 사람이 없으니 사람을 만나기가 쉽지 않습니다. 그럴 때는 직원 중 한 사람에게 "이 공장(회사)에서 예수님 제일 잘 믿는 사람이 누구입니까?"라고 묻습니다. 대부분의 경우 누가 예수님을 잘 믿는 사람인지 다 알고 있고, 대답을 해 줍니다. 만나보면 알겠지만, 그 사람이 바로 전도의 문입니다.

그 사람을 만나서 제일 먼저 해야 할 일은 자신에 대해 정확하게 소개하는 것입니다. 어느 교회 다니는지, 자기가 누구인지, 왜 이 공장(회사)을 찾아왔는지를 밝혀야 합니다.(이때 필요한 것이 명함이나 교회주보입니다) 그리고 이 공장(회사)에서 같이 전도를 하자고 제안을 합니다. 그런데 놀라운 것은 한 공장(회사)안에 전도에 대한 열망을 가진 사람을 하나님은 꼭 준비해 놓고 있다는 것입니다. 마치 빌립보에 루디아를 준비해 놓으셨다가 사도 바울을 만나게 하신 것과 같습니다. 그 사람과 협력하여 전도할 수 있습니다. 제 경우는 일주일에 한번 시간과 장소를 정한 뒤, 기도모임부터 시작을 했습니다. 그리고 그 기도모임에 전도 대상자를 한 사람씩 초대해서 복음을 전했습니다.

노방전도 역시 마찬가지입니다. 장소를 정하고, 기도하면서 지속적인 전도를 하게 되면, 얼굴을 아는 사람이 생겨나고, 관심을 보이는 사람을 만날 수 있습니다. 그런 사람에게 심중을 파악하는 질문을 하고 신앙적인 대화로 이끌게 되면, 복음을 전할 기회가 생기게 됩니다. 상가전도도 같은 방식으로 할 수 있습니다. 지속적으로 방문하는 상가 주인을 알아가면서(관계 맺기), 그 사람의 기도제목을 파악하고(필요 알아가기), 그 사람을 위해 기도하다가, 하나님이 기회를 주실 때, 심중을 파악하는 질문과 신앙적인 대화를 나누면서 복음을 전할 수 있습니다.

오래된 이야기입니다만, 한 청년이 회사에 입사한 뒤, 저를 찾아와 "목사님 회사에서 전도를 하고 싶은데 어떻게 해야 할까요?"라고 질문했습니다. 저는 이렇게 말했습니다. "회사에서 섣불리 전도하지 마라. 이제 막 입사한 신입사원이 전도를 하면 찍힌다. 하나님께 먼저 지혜를 구하라" 그리고 이렇게 해보라고 조언했습니다. "공개적으로 전도하는 것은 좋은 방법이 아니니까 너는 점심시간에 식사를 한 후, 다른 사람보다 조금 일찍 사무실로 들어와라 그리고 자리에 앉아서 다른 사람이 볼 수 있도록 그냥 성경만 읽어라. 그 다음에는 하나님이 어떻게 일하실지 기도하면서 기다려라"

석 달 정도 지났을 때, 청년이 와서 이렇게 말했습니다. "목사님, 제가 목사님 말씀대로 점심식사 후에 성경을 읽고 있는데, 그저 힐끔 힐끔 쳐다보던 사람들이 얼마 전부터 말을 걸기 시작했어요. 어떤 분은 '교회 다니느냐?'고 물으면서 자기도 교회 다닌다고 말했고, 어떤 분은 자기 고민을 털어놓기도 했어요. 이제 어떻게 하지요?" 그때 저는 "반응을 보이기 시작하는 사람과 개인적으로 만나 심중을 파악하는 질문을 던져보고, 마음을 여는 대화를 시도해 봐라, 더 적극적으로 반응을 보이는 사람에게는 회사를 위해 함께 기도하자고 제안을 해라, 기도모임이 시작되면 그때 내가 도와줄 수 있다."라고 했습니다. 얼마 후에 그 회사에 신우회가 조직이 되었고, 그 모임을 통해 조직적으로 전도하게 되었습니다. 먼저 하나님이 일하시는 것을 보고 전도하게 한 것이 적중했던 것입니다.

하나님은 우리 주위에서 항상 일하시면서 예비된 영혼을 준비하십니다. 하나님께서 어디서 일하시는지, 그리고 누구에게 말씀하고 계신지를 알기 위해 이렇게 해보십시오.

1. 전도하는 장소에 하나님이 함께 하시기를 기도하십시오. 노방전도를 하고 있다면, 성령님께서 이곳을 지나가는 사람들의 마음을 만져주시기를 위해 기도하십시오. 지역전도를 하고 있다면, 그 지역에 성령님이 임하시도록, 그리고 관계 전도를 한다면 관계 맺을 때 성령님이 먼저 역사하시도록 기도하십시오.

2. 그 후 전도현장에 어떤 일이 생기는지 주목하십시오. 방해하는 사람, 말을 거는 사람, 그리고 관심을 보이는 사람이 있는지 살펴봅니다.

3. 관심을 보이는 사람이 있다면, 마음을 여는 대화나 심중을 파악하는 질문을 던져 예비된 영혼인지를 알아보십시오. 그들의 말에 귀를 기울여보면 예비된 영혼인지 아닌지를 알 수 있습니다.

4. 하나님이 주신 기회를 잘 활용하여 복음을 전하십시오.

예비된 영혼을 찾아내는 구체적인 과정을 당신의 말로 적어보십시오.

이 과정에서 우리가 꼭 기억해야 할 것들이 있습니다.

첫째는 하나님이 그 전도현장에서 먼저 일하고 계시다는 것을 신뢰해야 합니다. 영혼구원이 하나님의 소원이기 때문에 우리가 전도하러 나가는 현장과 그 시간에 맞추어 예비된 영혼을 보내십니다.

두 번째, 하나님은 우리를 결코 혼자 보내시지 않는다는 것을 알아야 합니다. 하나님은 전도자와 반드시 함께 하시고, 지켜주십니다. 그래서 주님은 "너희는 가서 모든 민족으로 제자 삼으라"고 하셨고, "내가 세상 끝 날까지 너희와 항상 함께 있으리라"고 약속하셨습니다.

 조별 모임

다음 질문들을 가지고 조원들끼리 나누어 보십시오.

1. 이번 단원을 배우는 동안, 충분히 나누지 못했던, 전도 현장에서 예비된 영혼을 만난 경험이 있다면 서로 나누어 보십시오.

2. 전도 현장에서 예비된 영혼을 찾아내는 구체적인 방법들을 서로 나누어 보십시오.

06단원 전도와 영적 전쟁

이단원의 암송구절

"우리의 씨름은 혈과 육을 상대하는 것이 아니요 통치자들과 권세들과 이 어둠의 세상 주관자들과 하늘에 있는 악의 영들을 상대함이라"(엡 6:12)

전도를 잘하려면 영적 세계에 대해 잘 알아야 합니다. 성령의 역사와 악한 영의 역사는 눈에 보이지 않지만, 분명하고 실제적인 일입니다. 전도는 일종의 영적인 전쟁입니다. 악한 마귀에게 사로잡혀 있는 영혼을 구원하여 하나님의 자녀가 되게 하는 것이 전도입니다. 그래서 성경에서는 '어둠에서 빛으로' '사망에서 생명으로' 옮기는 것, 사탄의 권세에서 하나님에게로 돌아오게 하는 것이 전도라고 말합니다. 따라서 전도를 잘하려면, 영적전쟁에 대한 성경적인 이해가 필요합니다. 성경은 예수님께서 이미 마귀의 머리를 깨뜨리고 십자가에서 승리하셨다고 말합니다.(골 2:15) 그리고 교회와 성도들은 하나님의 나라에 속한 그리스도 예수의 병사라고 말합니다.(딤후 2:3)

여호수아서는 여호수아가 이끄는 이스라엘 자손들이 가나안을 점령해 나가는 내용입니다. 저는 이것이 바로 교회와 성도들이 이 세상에서 해야 할 일을 잘 보여주는 것이라고 생각합니다. 교회와 성도들은 마귀가 장악하고 있는 이 세상에서 마귀의 손에 잡혀 있는 사람들을 구원하고, 하나님 나라를 확장시켜 나가야 합니다. 그러므로 영적전쟁에서 우리가 확신해야 할 것은, 교회와 성도는 하나님의 나라에 속한 하나님의 군대요, 예수님께서는 이미 십자가에서 마귀의 머리를 깨뜨리시고 승리하셨다는 것입니다.

그렇습니다. 분명한 사실은 우리가 세상을 두려하거나 악한 마귀를 무서워하는 것이 아니라 오히려 마귀와 세상이 교회와 성도들을 보고 두려워 떨고 있다는 것입니다. 지금도 원수 마귀가 우리를 공격하는 것처럼 보이지만, 사실 원수 마귀가 하나님의 나라와 우리를 점령하려고 공격하는 것이 아니라, 마귀가 자기의 영역을 빼앗기지 않으려고 최후의 발악을 하는 것입니다.

제자 훈련 교재인 『예수님의 사람』(유기성 저)에 이런 이야기가 나옵니다. 시댁의 핍박이 매우 심한 집사님이 계셨습니다. 집사님은 명절만 되면 시댁에 가는 것이 두려워 몸이 아프기까지 했다고 합니다. 그런데 어느 날 이 문제를 가지고 하나님께 작정기도를 하는 중에 "얘야, 너희 시댁을 사로잡고 있는 마귀도 너로 인하여 괴로워하고 있다는 것을 명심해라!"는 주님의 음성을 듣게 되었답니다. 그 후부터 집사님은 시댁에 가는 것이 신이 나기 시작했습니다. 시댁 문을 열고 들어 갈 때 속으로 말했답니다. "마귀야 괴롭지, 내가 또 왔다!" 그 때부터 얼굴 표정이 바뀌고 시댁으로 가는 발걸음이 잦아지자 시어머니의 사랑을 받게 되었고 나중에 시어머니가 교회에 나오게 되었답니다.

제1과
영적전쟁을 잘 이해해야 좋은 전도자가 될 수 있습니다.

전도할 때, 우리가 꼭 알아야 할 것이 많이 있지만, 그 중에서 우리가 결코 놓치지 말아야 할 것이 바로 영적전쟁입니다. 마태복음 16장에 보면, 예수님께서 제자들을 데리고 가이사랴 빌립보지방에 가셨을 때, 제자들을 향해 "너희는 나를 누구라고 하느냐?"(마 16:15) 라고 물었습니다. 이때 베드로가 "주는 그리스도시오 살아계신 하나님의 아들이시니이다" (마 16:16)라고 고백하자 주님은 매우 기뻐하시면서 "너는 베드로라 내가 이 반석위에 내 교회를 세우리니 음부의 권세가 이기지 못하리라"(마 16:18)고 하셨습니다. 그런데 '음부의 권세가 이기지 못하리라'라는 말은 '음부의 대문이 이기지 못하리라'라는 말로 번역이 가능하다고 학자들은 말합니다. 죽음의 세력이 교회를 이길 수 없다는 말입니다. 그리스도께서 '죽음의 문을 깨뜨리고 죽음의 정복자'가 되었기 때문입니다.

교회의 본질은 모여서 예배하고 교제하는 것만이 전부가 아닙니다. 교회는 음부의 세계를 이겨야 교회로서의 제 기능을 다하는 것입니다. 교회와 성도는 수비적인 자세에서 공격적인 자세로 전환해야 합니다. 전도는 음부의 세계, 곧 마귀의 나라를 무너뜨리고, 그곳에 붙잡혀 있는 영혼들을 구원해 내는 것입니다. 이것이 바로 교회의 영적사명입니다.

사도행전 19장에 사도 바울이 에베소에서 복음을 전하는 이야기가 나옵니다. 바울이 그곳에서 복음을 전하는 두해 동안, 하나님의 말씀은 흥왕했고 세력을 얻었습니다(행 19:20) 또한 하나님께서 바울을 통해 놀라운 능력이 나타내셨습니다. 심지어 바울의 손수건이나 앞치마를 병든 자에게 얹으면 그 병이 떠나고 악귀도 나가게 되었습니다. 그러자 마술하는 어떤 유대인들은 시험 삼아 악귀 들린 자들에게 주 예수의 이름을 부르며 이렇게 말했습니다. "바울이 전파하는 예수를 의지하여 너희에게 명하노라"(행 19:13)

 사도행전19:14-16을 읽고 다음 물음에 대답해 보십시오.

1. 누가 바울을 흉내 내었습니까?

2. 악귀가 누구를 알고 있다고 했습니까?

3. 악귀 들린 사람이 그들을 어떻게 했습니까?

아마 사도 바울은 천국에서 하나님에게 뿐만 아니라 악한 마귀에게도 이미 유명한 사람이었던 것 같습니다. 악귀들이 '바울을 안다'고 말했습니다. 바울이 예수 그리스도의 이름의 권세를 사용하였기 때문에 악귀들은 사도 바울 때문에 너무 신경이 쓰였을 것입니다. 바울은 수비하는 자가 아니라 공격하는 자며, 원수의 대문을 깨뜨리고, 그곳에서 사람들을 구해내며 하나님의 나라를 확장하는 사람이었습니다. 사도 바울은 마귀의 블랙리스트에 올라있는 사람이었습니다. 혹시 당신은 마귀에게 어떤 존재일까요? 그들이 당신을 위험한 존재라고 여기겠습니까? 아니면 무시하고 있겠습니까?

세상이 우리를 인정하지 않더라도 기분 나쁠 것이 없지만 원수 마귀가 인정하지 않는다면 아마 굉장히 기분이 상할 것입니다. 사실 우리는 악한 마귀를 긴장하도록 만드는 자들이 되어야 합니다. 우리가 움직이면 마귀의 왕국은 흔들려야 합니다. 가정에서도 직장에서도, 그리고 학교에서도 대적의 문을 무너뜨리고, 마귀에게 사로잡힌 영혼을 구원해 내며, 주님의 나라를 확장시킬 수 있어야 합니다.

요즘은 노방전도나 지역전도라는 방법으로 전도하는 것은 환영을 받지 못합니다. 전도의 효과도 별로 없고, 이러한 공격적인 전도가 많은 사람들에게 눈살을 찌푸리게 하기도 합니다. 노방전도나 지역전도를 통해 교회로 연결되는 경우는 거의 찾아보기 어렵습니다. 그럼에도 불구하고 노방전도, 지역 전도가 계속되어야 하는 이유는 바로 영적전쟁 때문입니다. 어떤 선교단체에서 하는 "땅 밟기기도"도 동일한 이유 때문입니다. 복음의 능력을 소유한 전도자가 지속적으로 한 지역에 가서 기도하면서 땅 밟기를 하면 그곳에 성령님이 임하시고, 그 지역을 장악하고 있는 사단의 진지가 무너집니다. 노방전도나 지역전도, 땅 밟기의 강점은 여기에 있습니다. 그러므로 우리가 복음을 들고 삶의 현장으로 파고들어가는 것은 매우 중요합니다. 삶의 현장에서 벌어지는 영적싸움에서 승리의 깃발을 꽂는 것이 전도이기 때문입니다.

영적전쟁에서 승리하기 위해 우리가 알아야 할 몇 가지 중요한 사실들이 있습니다.

첫째, 우리의 싸움의 대상이 누구인지를 바로 알아야 영적전쟁에서 승리할 수 있습니다.

영적전쟁의 대상은 악한 마귀입니다. 우리가 가정이나 교회, 직장에서 눈에 보이는 사람과 싸우는 것이 아니라 눈에 보이지 않는 마귀와 싸우는 것임을 명심해야 합니다. 바울은 "우리의 씨름은 혈과 육을 상대하는 것이 아니요"(엡 6:12)라고 말했습니다. 남편도, 아내도, 교우도, 직장 동료도 우리가 싸워야 할 대상이 아닙니다. 이것을 깨닫지 못하면 마귀가 좋아하는 짓만 하게 됩니다. 술에 취한 남편은 나의 싸움의 대상이 아니라 내가 사랑해야 할 대상입니다. 말을 잘 안 듣고, 몰래 나쁜 짓을 하는 자녀들도 싸움의 대상이 아닙니다. 내가 싸워야 할 대상은 남편과 아들 배후에서 그 마음을 유혹하여 죄짓게 하고, 술 마시게 만드는 악한 영들입니다.

어느 집사님이 직장의 영적 분위기가 너무 나빠서 직장을 옮겨 달라고 오랫동안 기도했답니다. 그런데 부흥회에 참석했을 때, 강사로 오신 목사님께서 "우리 중에 어떤 사람들은 직장 안에서 역사하는 악한 영을 대적하려고 하지 않고, 직장 상사만 비난하고, 직장을 옮기려고만 하는 사람들이 있다"고 하시면서 "우리가 싸워야 할 영적대상을 제대로 알아야 한다."라고 말씀하신 것을 듣고는 자신의 문제를 깊이 깨닫게 되었답니다. 그래서 그 다음부터 직장을 옮겨달라고 기도하는 대신, 직장 안에 역사하는 악한 영을 대적하는 기도를 하였고, 직장을 더 사랑하고, 직장에 더 헌신하게 되었다고 합니다.

그렇다면 우리의 영적전쟁의 대상이 누구일까요? 성경은 마귀(사단)라고 말합니다. 마귀의 존재에 대해 사실 성경만큼 정확하게 말하는 것이 없습니다. 성경만이 마귀의 실체를 정확하게 폭로하고 있으며, 이 세상에서 교회만이 마귀와 싸우고 있습니다.

마귀와 사단은 같은 말입니다. 마귀라는 말은 '사람들을 꾀는 자', '미혹하는 자', '타락시키려고 하는 자'라는 뜻이고, 사단이라는 말은 '하나님을 대적하는 자', '하나님을 무시하는 자'라는 뜻으로 쓰입니다. 에스겔 28장에 보면, 원래 마귀는 찬양을 담당한 천사장 루시퍼

였는데, 교만하여 하나님처럼 되려고 하다가 하나님의 버림을 받고 공중으로 쫓겨났다(겔 28:12-17)고 말합니다. 요한계시록 12장에 따르면, 이때 마귀를 따르던 천사들도 함께 쫓겨났습니다.(계 12:9) 이 타락한 천사들을 성경은 '귀신', 혹은 '악한 영'(악령), '더러운 영'이라고 말합니다. 성경은 이러한 영적존재를 언제나 복수 형태로 말합니다. 여러 종교나 이단에서는 귀신이 죽은 자의 사후 영이라고 가르치지만, 이것은 귀신들의 속임수에 불과합니다.

중요한 것은 마귀와 악한 영들은 지금도 성도들을 유혹하고, 불신자들을 미혹하여 복음을 받아들이지 못하도록 방해하고 있다는 것입니다. 그래서 사도 베드로는 "너희 대적 마귀가 우는 사자 같이 두루 다니며 삼킬 자를 찾나니"(벧전 5:8)라고 말했고, 사도 바울은 "이 세상 신이 믿지 아니하는 자들의 마음을 혼미하게 하여 그리스도의 영광의 복음의 광채가 비치지 못하게 함이니"(고후 4:4)라고 말했습니다. 악한 마귀가 사람들로 하여금 복음의 빛 아래 들어오지 못하도록 방해한다는 것입니다. 그러므로 우리는 영적전쟁을 통해 복음을 방해하는 어둠의 영들을 꺾고, 복음을 전해서 죄와 어둠에 묶인 영혼들을 구원해 내야 할 것입니다.

📝 *엡 6:12을 읽고 우리가 싸워야 할 악한 마귀의 네 가지 조직에 대해 알아봅시다.*

1. _____

2. _____

3. _____

4. _____

악한 마귀에게는 네 가지 조직이 있습니다. 그 첫 번째가 통치자(the rulers)입니다. 이것은 흔히 주관하는 자, 강한 자를 의미하고 정치계, 권력의 배후에서 조종하는 역할을 하는 악한 영들을 일컫는 말입니다. 두 번째는 권세(the authorities)라는 것으로 어떤 특정지역을 장악한 영적 세력을 의미합니다. 예를 들면, 인도의 카스트제도, 암스테르담의 윤락가, 샌프란시스코의 동성애자들, 시카고의 마피아등 한 지역에 두드러지게 드러나는 죄의 성향과 그 배후세력을 말하는 것입니다. 세 번째는 어둠의 세상 주관자들(the powers of this dark world)입니다. 이것은 주로 거짓말하는 영, 미혹의 영들을 가리키는 것으로 이단 종교, 철학, 이념들이 여기에 속합니다. 교묘한 이론으로 복음을 훼방하는 것들입니다. 그리고 네 번째는 하늘에 있는 악의 영들(the spiritual forces of evil in the heavenly realms)입니다. 주로 개인의 삶에 영향을 주는 악한 세력으로 질병이나 실패의식, 부정적인 생각, 불신 등을 통해 사람들을 공격합니다.

마귀는 이렇게 일사불란한 조직체계를 가지고 교회와 성도들을 대적하고 사람들을 미혹합니다. 그런데 이런 악한 마귀의 조직을 깨뜨리는 가장 강력한 힘이 바로 전도입니다. 예수님은 악한 마귀의 일을 멸하기 위해 오셨습니다. 우리가 예수 그리스도의 이름을 전파하기 시작하면 악한 마귀는 꼼짝하지 못합니다. 이런 말이 있습니다. "마귀의 존재는 인정하라 그러나 마귀의 능력은 무시하라"

두 번째 영적 싸움을 잘하려면, 영적 전쟁의 주체에 대해서 정확하게 알아야 합니다.

성도들이 오해하는 것 중의 하나가 영적전쟁을 예수님과 마귀가 싸우는 것이라고 생각하는 것입니다. 그렇지 않습니다. 마귀는 감히 예수님과 싸움의 상대가 될 수 없습니다. 왜냐하면 예수님은 창조주이시고 마귀는 피조물이기 때문입니다. 욥기서 1장에 보면, 하나님이 욥을 자랑했을 때, 사단은 "욥이 어찌 까닭없이 하나님을 경외하리이까 주께서 그의 집과 그의 모든 소유물을 울타리로 두르심 때문이 아니니이까"(욥 1:9-10)라고 욥을 참소했습니다. 이때 하나님은 사탄에게 "내가 그의 소유물을 다 네 손에 맡기노라 다만 그의 몸에는 네 손을 대지 말라"(욥 1:12)고 하셨습니다. 하나님께서 사탄이 활동할 수 있는 범위를 정해준 것이었습니다. 사탄이 마음대로 할 수 있는 것이 아닙니다. 따라서 영적전쟁은 예수님과 마귀의 싸움이 아니라 교회와 마귀의 싸움임을 알아야 합니다.

그렇다면 왜 하나님은 직접 마귀를 멸하지 않을까요? 여기에 대한 성경의 대답은 분명합니다. 하나님은 세상을 다스리는 권세를 처음부터 사람에게 주셨습니다. 성경은 이렇게 말씀하셨습니다. "하나님이 이르시되 우리의 형상을 따라 우리의 모양대로 우리가 사람을 만들고 그들로 바다의 물고기와 하늘의 새와 가축과 온 땅과 땅에 기는 모든 것을 다스리게 하자 하시고… 하나님이 그들에게 이르시되 생육하고 번성하여 땅에 충만하라 땅을 정복하라 바다와 물고기와 하늘의 새와 땅에 움직이는 모든 생물을 다스리라 하시니라"(창

1:26-28) 그런데 사람이 죄를 범하고 타락하자 그만 그 권세를 마귀에게 빼앗겨 버렸습니다. 누가복음 4장 6절에 보면 "이것을 내게 넘겨 준 것이므로…"라고 마귀가 말했고, 고린도후서 4장 4절에서는 마귀를 '이 세상의 신'이라고 말합니다. 그래서 마귀가 세상을 지배하게 되었습니다.

하나님의 원칙은 분명합니다. 하나님은 사람을 통해 세상을 다스리기로 정하셨습니다. 그리고 영혼을 구원하는 일도 사람들에게 맡기셨습니다. 하나님이 직접 천사를 통해서 전도할 수도 있지만, 하나님은 그렇게 하시지 않습니다. 그러므로 교회와 성도들은 마귀의 권세를 깨뜨리고 사람들을 구원해내고 세상을 다스리는 권세도 회복해야 합니다. 영적전쟁은 예수님과 마귀의 싸움이 아니라 교회와 마귀의 싸움이기 때문입니다.

세 번째 영적인 싸움을 잘하려면, 영적전쟁의 기반을 잘 알아야 합니다.

영적 전쟁의 기술이나 이론도 중요하지만 더 중요한 것은 영적인 기반입니다. 구약성경을 보면, 이스라엘이 다른 나라와 전쟁할 때, 군사력으로 이긴 적은 단 한 번도 없었습니다. 다 하나님이 하셨습니다. 그래서 구약성경에 나타난 전쟁은 "여호와전쟁" "거룩한 전쟁"입니다. 영적전쟁도 마찬가지입니다. 영적전쟁에서 승리하려면, 가장 중요한 것이 하나님과의 관계입니다. 하나님과 어떤 관계에 있는가? 하는 것이 영적 전쟁을 좌우합니다. 우리가 하나님을 의지하고 그분의 말씀에 전적으로 순종할 때, 하나님께서 전쟁을 이기게 하십니다.

영적인 기반에서 가장 중요한 것은 교회의 신분과 권위입니다. 요한복음 1장 12절에 보면, "영접하는 자 곧 그 이름을 믿는 자들에게는 하나님의 자녀가 되는 권세를 주셨으니"라는 말씀이 나옵니다. 여기서 우리는 '하나님의 자녀'가 아니라 '하나님의 자녀가 되는 권세'라고 한 것을 주목해야 합니다. 영접하는 자는 하나님의 자녀가 될 뿐 아니라 하나님의 자녀라는 신분에 걸맞는 권세를 주신다고 말씀하셨기 때문입니다. 이 자녀의 권세는 근본적으로 예수 그리스도로부터 오는 것입니다.

📝 다음 성경구절은 교회와 성도들의 영적인 기반을 알려주는 말씀들입니다. 찾아서 적어보십시오.

- 골 2:15
- 요일 3:8
- 눅 10:19

예수님은 십자가에서 악한 마귀를 꺾어버렸습니다. 한마디로 창세기 3장 15절의 말씀을 성취한 것입니다. 마귀는 예수님을 십자가에 못 박았지만 예수님은 마귀의 머리를 깨뜨렸습니다. 그러므로 예수 그리스도를 삶의 주인으로 영접하고 하나님의 자녀가 된 자들에게는 이미 합법적인 권세가 주어진 것입니다. 특히 누가복음 10장 19절에서는 "원수의 모든 능력을 제어할 권능을 주었으니"라고 하셨습니다. 여기서 '능력'과 '권세'를 잘 구분해야 합니다. 원수에게는 능력(power)이 있습니다. 그러나 우리에겐 권세(authority)가 있습니다. 우리에겐 마귀나 악한 영들과 같은 힘은 없지만, 하나님의 자녀로서의 합법적인 권세가 있습니다. 따라서 교회와 성도들은 악한 영들을 반드시 이길 수 있습니다. 야고보 선생님은 이렇게 말했습니다. "그런즉 너희는 하나님께 복종할지어다 마귀를 대적하라 그리하면 너희를 피하리라"(약 4:7)

📝 능력(power)과 권세(authority)의 차이가 무엇인지 당신의 말로 설명해 보십시오.

제2과

복음의 능력을 알아야 합니다.

　전도자는 복음의 능력을 알고 믿어야 합니다. 복음은 믿는 만큼 능력을 나타냅니다. 그래서 예수님은 "네 믿음대로 될지어다"(마 8:13)라고 여러 번 말씀하셨습니다. 복음은 단순히 사람들이 만들어낸 이론이 아닙니다. 복음은 우리에게 구원받는 길, 하나님을 만나는 길이 예수 그리스도라고 알려주는 것입니다.

　예수의 복음은 능력입니다. 예수 이름으로 병이 낫고, 죄와 마귀에게 붙잡힌 사람들을 해방시킵니다. 사도 바울은 "이 복음은 모든 믿는 자에게 구원을 주시는 하나님의 능력이 됨이라"(롬 1:16)고 말했습니다. 여기서 말하는 '능력'이라는 말은 헬라어로 '두나미스'라고 합니다. 이 말에서 '다이너마이트'라는 단어가 파생되었습니다. 다이너마이트의 폭발력을 한번 생각해 보십시오. 그 폭발력이 얼마나 대단한지 큰 바위도 깨뜨리고, 산도 무너뜨립니다. 복음의 능력이 그렇게 대단하다는 것입니다.

📝 누가복음 10:1-20을 읽고 다음 물음에 답하십시오.

1. 주님은 70인을 전도 현장에 내보내면서 마치 무엇과 같다고 말했습니까?(3절)

2. 주님은 제자들에게 무엇을 가지지 말라고 하셨고, 무슨 말을 하라고 하셨습니까?(4-5절)

3. 전도하러 나간 70인들에게 병자를 보면 어떻게 하라고 하셨습니까?(9절)

4. 70인이 전도하고 돌아와서 보고할 때, 그들이 기뻐하고 놀랐던 것은 무엇이었습니까?(17절)

5. 주님은 그들에게 무엇을 주었다고 말했습니까?(19절)

6. 주님은 그들에게 귀신들이 항복하는 것보다 무엇으로 인해 기뻐하라고 가르치셨습니까?(20절)

누가복음 10장에 보면, 예수님께서 70인을 따로 세워 친히 가시려는 각 동네와 각 지역으로 둘씩 짝을 지어 보냈습니다. 그들을 보내면서 주님은 마치 이리가운데 양을 보내는 것과 같다고 말씀하셨습니다. 양을 이리 가운데 보내면 어떻게 되겠습니까? 보나마나 잡혀 먹힐 것입니다. 그럼에도 불구하고 주님은 70인에게 전대나 배낭이나 신발을 가지지 말라고 하셨습니다. 왜 그랬을까요? 그들이 복음을 들고 나가면 성령님이 그들과 함께 하실 것을 아셨기 때문입니다. 성령님이 함께 하면, 병을 고치고, 귀신을 내쫓고, 사람들이 변화될 것입니다. 예수님은 70인을 내보내면서 이런 복음의 능력을 경험하기를 원하셨습니다. 물론 능력이 나타나는 것보다 더 중요한 것은 사람들이 구원받는 것이요, 그들의 이름이 하늘에 기록되는 것입니다.(눅 10:19-20)

왜 복음이 능력일까요? 복음이 바로 하나님의 아들 예수 그리스도이시기 때문입니다. 성경이 말하는 복음의 핵심적인 내용 중의 하나가 바로 예수님의 권세입니다. 그래서 사도행전에 보면, 제자들이 복음을 전할 때, 예수 이름의 권세와 능력이 전도현장에서 강하게 나타난 기록들이 여러 군데에 나옵니다.

📝 *예수님이 가지고 계신 권세가 어떤 것들인지 다음의 성경을 읽고 찾아보십시오.*

1) 마 28:18 "예수께서 나아와 말씀하여 이르시되 하늘과 땅의 모든 권세를 내게 주셨으니"
예수님의 권세:

2) 마 1:21 "아들을 낳으리니 이름을 예수라 하라 이는 그가 자기 백성을 그들의 죄에서 구원할

자이심이라 하니라"

골 1:13 "그가 우리를 흑암의 권세에서 건져내사 그의 사랑의 아들의 나라로 옮기셨으니

예수님의 권세:

3) 막 2:10 "그러나 인자가 땅에서 죄를 사하는 권세가 있는 줄을 너희로 알게 하려 하노라 하시고…"

예수님의 권세:

4) 막 1:27 "… 이는 어찜이냐 권위 있는 새 교훈이로다 더러운 귀신들에게 명한즉 순종하는도다 하더라"

요일 3:8 "죄를 짓는 자는 마귀에게 속하나니 마귀는 처음부터 범죄함이라 하나님의 아들이 나타나신 것은 마귀의 일을 멸하려 하심이라"

예수님의 권세:

5) 요 5:22 "아버지께서 아무도 심판하지 아니하시고 심판을 다 아들에게 맡기셨으니"

예수님의 권세:

6) 요 16:24 "지금까지는 너희가 내 이름으로 아무 것도 구하지 아니하였으나 구하라 그리하면 받으리니 너희 기쁨이 충만하리라"

예수님의 권세:

사도행전 17장에 보면, 사도 바울은 데살로니가에서 복음을 전할 때, 회당에 들어가서 세 안식일에 성경을 가지고 강론했습니다. 그런데 이 짧은 기간 복음을 전했지만, 복음의 능력은 강력하게 나타났습니다. 경건한 헬라인의 큰 무리와 적지 않은 귀부인도 권함을 받고 바울을 따랐습니다(행 17:4) 후에 사도 바울은 데살로니가전서 1장 5절에서 이때의 일을 이렇게 증언했습니다. "이는 우리 복음이 너희에게 말로만 이른 것이 아니라 또한 능력과 성령과 큰 확신으로 된 것임이라" 여기에 보면, 복음이 말로만 전해질 수도 있지만, 복음이

능력과 성령과 큰 확신으로 전해질 수 있다고 바울은 말합니다. 복음이 말로만 전해지면 어떻게 될까요? 또한 만약 복음이 능력과 성령과 큰 확신으로 전해진다면 어떤 일이 벌어질까요? 혹시 당신이 전하는 복음은 말로만 전해지고 있습니까? 아니면 능력과 성령과 큰 확신으로 전해지고 있습니까?

마태복음 10장 1절에 보면, 예수님은 제자들을 전도하러 내보내시면서 놀라운 권세를 주셨습니다. "예수께서 그의 열두 제자를 부르사 더러운 귀신을 쫓아내며 모든 병과 모든 약한 것을 고치는 권능을 주시니라" 그리고 이어서 그들에게 "병든 자를 고치며 죽은 자를 살리며 나병환자를 깨끗하게 하며 귀신을 쫓아내되 너희가 거저 받았으니 거저 주라"(마 10:8)고 명령하셨습니다. 여기서 우리는 예수님께서 제자들을 전도하러 내보내시면서 이런 권세와 능력을 부어주셨다는 것을 주목해야 합니다.

실제로 주님의 제자들은 이 권세를 사용하면서 전도했습니다. 사도행전 3장에는 베드로와 요한이 성전 미문에 앉아 구걸하던 나면서 걷지 못하는 자를 치료하는 이야기가 나옵니다. 이때 베드로는 이렇게 선포했습니다. "은과 금은 내게 없거니와 내게 있는 이것을 네게 주노니 나사렛 예수 그리스도의 이름으로 일어나 걸으라"(행 3:6) 베드로는 은과 금은 내게 없지만 '내게 있는 이것을 네게 주노니'라고 말했습니다. 베드로 안에 있는 이것은 바로 예수 그리스도이십니다. 베드로는 예수 이름의 권세를 알고 있었고, 실제로 소유하고 있었다는 말입니다. 크게 놀란 사람들이 어떻게 이런 일이 일어났는지 묻자 베드로는 이렇게 선포했습니다. "이스라엘 사람들아 이 일을 왜 놀랍게 여기느냐 우리 개인의 권능과 경건으로 이 사람을 걷게 한 것처럼 왜 우리를 주목하느냐… 그 이름을 믿음으로 그 이름이 너희가 보고 아는 이 사람을 성하게 하였으니 예수로 말미암아 난 믿음이 너희 모든 사람 앞에서 이같이 완전히 낫게 하였느니라"(행 3:12-16)

그 이후에 베드로와 요한이 성전소란 죄로 붙잡혀서 관리들과 장로들과 서기관들 앞에 섰을 때 그들은 이렇게 질문했습니다. "너희가 무슨 권세와 누구의 이름으로 이 일을 행하였느냐?"(행 4:7) 이때 베드로는 똑같이 대답했습니다. "너희가 십자가에 못 박고 하나님이 죽은 자 가운데서 살리신 나사렛 예수 그리스도의 이름으로 이 사람이 건강하게 되어 너희 앞에 섰느니라"(행 4:10) "다른 이로써는 구원을 받을 수 없나니 천하사람 중에 구원을 받을 만한 다른 이름을 우리에게 주신 일이 없음이라"(행 4:12) 그러자 당황한 그들은 "도무지 예수의 이름으로 말하지도 말고 가르치지도 말라"(행 4:18)고 위협하고 놓아주었습니다. 베드로와 요한만이 아닙니다. 사도 바울 역시 복음을 전하면서 예수 그리스도의 이름으로 나면서부터 걷지 못하게 된 자를 치료하기도 했고(행 14장), 귀신을 내쫓기도 했습니다.(행 16장)

중요한 것은 이 땅에 오신 하나님의 아들, 그리스도께서 가지고 계셨던 그 권세가 성도들안에도 있다는 사실입니다. 그래서 우리가 부르는 복음성가 중에도 "예수님 권세, 예수님 권세, 예수님 권세 내 권세"라는 가사가 있습니다. 놀랍지 않습니까? 사도 바울은 "너희는 너희가 하나님의 성전인 것과 하나님의 성령이 너희 안에 계시는 것을 알지 못하느냐"(고전 3:16)라고 말했습니다. 예수 그리스도께서 성령으로 성도들과 함께 계시기 때문에 성도들은 주님이 부어주신 권세와 능력을 '주님의 이름으로' 사용할 수 있다는 것입니다.

복음은 능력입니다. 복음이 전해지는 곳에 교회와 성도들에게 부어주신 권세와 능력이 그대로 드러날 수 있습니다. 그래서 주님은 제자들을 세상으로 파송하시면서 이렇게 말씀하셨습니다. "너희는 온 천하에 다니며 만민에게 복음을 전파하라 믿고 세례를 받는 사람은 구원을 얻을 것이요 믿지 않는 사람은 정죄를 받으리라 믿는 자들에게는 이런 표적이 따르리니 곧 그들이 내 이름으로 귀신을 쫓아내며 새 방언을 말하며 뱀을 집어 올리며 무슨 독을 마실지라도 해를 받지 아니하며 병든 사람에게 손을 얹은즉 나으리라"(막 16:15-18)

제3과

하나님의
전신갑주를 입으라!

영적인 싸움에서 승리하기 위해서는 복음의 능력, 즉 예수님의 권세를 아는 것만이 아니라 실제로 영적인 무장이 필요합니다. 사도 바울은 영적 싸움의 대상이 악한 마귀라는 것을 분명히 밝히고, 영적전쟁에서 승리하기 위해 영적인 무장이 필요하다고 가르쳤습니다. 아마 전쟁에 나가는 로마 군인들이 전신갑주로 무장한 것을 보면서 성도들도 그렇게 무장해야 한다고 한 것 같습니다.

다음 질문에 답해 보십시오.

1) 엡 6:11에서 마귀의 간계를 능히 대적하기 위하여 모든 성도들이 반드시 갖추어야 할 것이 무엇이라고 하였습니까?

2) 엡 6:13에서는 왜 이것이 필요하다고 하였습니까?

전도자들이 주 안에서 힘을 얻고, 그 힘의 능력으로 강건해지기 위해서는 무엇보다 먼저 늘 주님과 가까이 해야 합니다. 날마다 주님이 내 안에 계심을 확인하고, 날마다 예수님과 동행한다면 흔들리지 않을 것입니다. 특히 전도자는 영적전쟁의 현장에 나가는 사람이기 때문에 항상 예수님 안에서 강건해야 하고, 하나님의 전신갑주로 무장해야 합니다. 그래야 모든 일을 행한 후에 든든히 설 수 있습니다.

그렇다면 하나님의 전신갑주에는 어떤 것들이 있을까요?

첫째, "진리로 너희 허리띠를 띠라"

사도 바울은 진리가 곧 허리띠라고 말했습니다. 이것은 하나님의 말씀을 허리띠처럼 항상 붙잡으라는 것입니다. 전도자가 악한 마귀와 대적할 때, 말씀을 붙잡고 있다면 이기는 것이고, 말씀에서 벗어나면 다른 어떤 방법을 사용한다 해도 이기지 못할 것입니다. 왜냐하면 하나님의 말씀 안에 모든 진리가 들어있기 때문입니다. '하나님이 어떤 분이신가?' '예수님은 누구신가?' '왜 예수를 믿어야 하는가?' '우리가 어떻게 죄 사함을 받는가?' 이와 같은 것은 하나님의 말씀을 모르면 알 수 없습니다. 그러므로 전도자들은 말씀을 읽고 말씀을 알고, 말씀을 외어야합니다. 적어도 일 년에 한 번은 성경을 통독해야 합니다. 이것은 율법주의적인 것이 아니라 기본입니다. 진리로 허리 띠를 매는 것이 마귀를 이길 수 있는 무기입니다.

둘째, '의의 호심경을 붙이라.'

호심경은 옛날 로마 군인들이 싸울 때, 심장을 보호하기 위해 가슴에 붙였던 작은 철판이었습니다. 이와 같이 우리도 믿음으로 얻은 의, 곧 하나님의 의로 우리의 심장, 곧 마음을 보호해야 합니다. 의의 호심경은 우리의 마음과 감정, 의지와 행동 전체를 보호합니다. 악한 마귀는 예수 그리스도 안에서 얻은 하나님과의 화목을 흔들 수 없습니다.

악한 마귀는 기분이나 감정을 통해 속이려고 합니다. 마귀의 맹렬한 공격을 받을 때, 내 자신이 그리스도인인지 아닌지 스스로 의문이 생길 때가 있습니다. 실패하여 넘어지거나 연약하여 흔들릴 때 보면, 내 자신이 정말 가치가 없는 존재처럼 여겨져 우울증에 빠지기도 하고, 꼭 전도해야 하는가? 하는 사명감이 희미해질 수 있습니다. 이럴 때, 극복하는 방법이 바로 '하나님의 의', 의의 호심경입니다. 우리가 하나님의 자녀라는 것은 어떤 경우에도 변하지 않는 사실입니다. 만일 우리가 또 다시 죄를 범했을지라도 이미 예수 그리스도께서 십자가에서 다 해결하셨기 때문에 흔들릴 이유가 없습니다. 이렇게 의의 호심경을 가슴에 붙이면 마귀의 유혹을 거뜬히 이길 수 있습니다.

셋째, '평안의 복음의 준비한 것으로 신을 신으라'

군인에게는 신발이 중요합니다. 신발이 별 것 아닌 것 같아도 그 안에 조그만 모래알이라도 들어 있으면 신경이 쓰여 싸움을 할 수 없습니다. 예수 그리스도의 평안의 복음위에 굳게 서야 하고, 마치 신발을 신고 걸어 다니듯이 우리가 밟는 모든 곳에 평안의 복음을 전해야 합니다. 그런 발걸음이 복된 걸음이요, 악한 마귀를 꺾고 하나님 나라를 이루는 걸음입니다. 하나님이 준비하신 평안의 복음은 무엇보다 하나님과의 화목에서 오는 것이며, 사람과 사람 사이에서 누리는 평화입니다. 또한 그것은 우리의 내면에 부어주시는, 모든 지각에 뛰어난 하나님의 평강입니다. 그러므로 평안의 복음위에 굳게 서게 되면 악한 마귀와의 싸움에서 능히 이기게 될 것입니다.

넷째, '믿음의 방패를 가지라'

원래 로마 군인들이 쓰는 방패는 온몸을 다 가릴 수 있는 큰 방패였습니다. 원수가 불화살을 쏠 때 이런 큰 방패로 막았습니다. 따라서 믿음의 방패는 중요합니다. 믿음이란 한마디로 '우리 주 예수 그리스도에 대한 확신'입니다. 예수님에 대한 분명한 신뢰를 가지고 주님의 말씀에 순종할 때, 악한 마귀의 유혹을 거뜬하게 이길 수 있습니다.

믿음의 조상 아브라함은 나이가 많아 늙었고 사라도 여성의 생리가 끊어진지 오래되었을 때, 하나님은 "내년 이맘때 내가 반드시 네게로 돌아오리니 네 아내 사라에게 아들이 있으리라"(창 18:10)고 하셨습니다. 생각해보십시오. 이때 마귀는 그의 마음을 시험하면서 마치 불화살을 쏘듯이 그를 흔들어놓았을 것입니다. 그래도 아브라함은 하나님이 약속하신 것은 반드시 이루어질 것이라고 믿었습니다. 결국 그는 믿음의 방패로 승리할 수 있었습니다.

다섯째, '구원의 투구를 쓰라'

하나님은 우리의 머리, 즉 사고방식을 위해서 구원의 투구를 쓰라고 하셨습니다. 투구란 쇠로 만든 모자로 적의 공격으로부터 머리를 보호하는 것입니다. 악한 마귀를 대적하고 싸우려면, 우리의 생각이 온전해야 합니다. 구원의 투구란 다른 말로 표현한다면, 구원의 확신이라고 할 수 있습니다. '하나님께서 예수님의 피로 나의 죄를 씻어주셨다. 나는 하나님의 자녀이다. 하나님은 여전히 나를 사랑하신다' '하나님은 끝까지 나를 놓지 않으시고, 내 안에 예수 그리스도의 형상이 이루어지기까지 계속 함께 하신다' 등 이렇게 생각하며 사는 것이 구원의 투구를 쓰고 승리하는 사람의 모습입니다.

여섯째, '성령의 검, 곧 하나님의 말씀을 가지라'

하나님의 전신갑주의 마지막 무장이 성령의 검, 곧 하나님의 말씀입니다. 앞에서 말한 다섯 가지 무장이 방어용이라면 하나님의 말씀, 곧 성령의 검은 악한 마귀를 공격하는 무기입니다. 주님께서도 광야에서 40일 금식기도 후에 마귀의 시험을 받게 되었을 때, 하나님의 말씀으로 마귀를 이겼습니다. 하나님의 말씀은 마치 성령의 검과 같아서 마귀를 꼼짝하지 못하도록 공격합니다. 따라서 하나님의 말씀이 올바르게 선포되면 마귀는 놀라서 도망갈 것입니다.

말씀에는 능력이 있어서 말씀을 듣고 배울 때, 보이지 않는 영적 세계를 볼 수 있고, 악한 세력을 이길 힘도 생깁니다. 말씀을 모를 때는 계속해서 혼란스럽고, 실패하지만, 하나님의 말씀을 붙잡고 나면 이기게 됩니다. 자신의 능력으로 이기는 것이 아니고 말씀으로 이기는 것이기 때문에 스스로 놀라게 됩니다. 따라서 말씀 묵상이 중요합니다. 말씀이라는 성령의 검을 사용해서 우리를 유혹하는 악한 영들을 이겨야 합니다.

📝 우리가 무장해야 할 전신 갑주에는 어떤 것들이 있습니까? 차례대로 기록하고 그것들의 영적 의미를 알아 보십시오.

1. _____

2. _____

3. _____

4. _____

5. _____

6. _____

마지막으로 사도바울은 전신갑주에는 해당되지 않지만, 항상 힘써야 할 것이 한 가지 더 있다고 말합니다. 그것이 바로 기도입니다. 기도는 어떤 의미에서는 '경계용'입니다. 군대에서 쓰는 말 중에 "작전에 실패한 지휘관은 용서받을 수 있어도 경계에 실패한 지휘관은 용서받을 수 없다"는 말이 있습니다. 경계가 그만큼 중요하다는 말입니다.

기도는 마치 깨어서 경계를 서는 것과 같습니다. 성벽위에 파수꾼을 세우듯이 늘 기도의 삶을 살아야 넘어지지 않습니다. 그래서 주님도 "시험에 들지 않게 깨어 기도하라"(마 26:41)고 가르치셨습니다. 그러므로 교회와 성도들, 특히 전도자는 영적인 무장에 힘써야 하고, 늘 깨어서 기도해야 합니다. 그렇게 할 때, 복음의 능력으로 사단의 진지를 무너뜨리고, 원수의 땅을 차지하며, 전도의 문을 열게 될 것입니다.

다음 질문을 가지고 조원들과 함께 나누어 보십시오.

1. 영적전쟁에 대해 배우면서 가장 마음에 와닿았던 것, 새롭게 깨달은 것이 있다면 나누어 보십시오.

2. 영적전쟁에서 이기기 위해 나의 약점이 무엇이며, 시급하게 갖추어져야 할 것이 무엇이라고 생각하십니까? 솔직하게 나누어 보십시오.

07단원
관계전도 배우기

📖 **이 단원의 요절**

"그런즉 그들이 믿지 아니하는 이를 어찌 부르리요 듣지도 못한 이를 어찌 믿으리요 전파하는 자가 없이 어찌 들으리요"(롬 10:14)

그런데 요즘에는 시대가 빠르게 변하고 있습니다.

특히 20세기에서 21세기로 넘어오면서 한국교회는 급격한 변화를 겪게 되었습니다. 두 가지 변화의 요인이 있었는데, 하나는 다원주의이고 다른 하나는 포스트모더니즘입니다. 다원주의는 '다양화된 세상에서 서로가 가지고 있는 사상과 종교를 그대로 인정하자, 그래서 서로 공존하자'는 주장이고, 포스트모더니즘은 모더니즘에 대한 반발로 생겨난 것으로, 절대 진리나 질서를 거부하는 상대주의적인 성격을 가지고 있고, '각자가 가지고 있는 그대로의 특성을 인정하자'는 주장입니다.

이런 상황에서 우리는 20세기의 전도방식, 절대 진리를 외치는 대중전도나, 전도 메시지를 가지고 길거리에서 강압적으로 전도하는 형식에는 많은 약점을 가지게 되었습니다. 그래서 20세기 말부터 한국교회 전도의 패러다임이 달라져야한다는 많은 목소리들이 있었습니다. 물론 복음은 절대로 바꿀 수 없지만, 그 시대에 맞게 전도의 패러다임은 바꾸어야 한다는 것이었습니다. 결국 21세기로 넘어 오면서 대부분의 한국교회는 일방적이고 강압적인 전도의 방법을 버리고 다른 전도방법을 찾기 시작하게 되었습니다.

그렇다면 21세기에 적합한 전도의 방법에는 어떤 것이 있을까요? 조지 헌터 Ⅲ세는 주후 5세기 경 패트릭이라는 신부가 아일랜드 켈트족들에게 전도한 방법을 소개하는 『켈트 전도법』이라는 책을 저술했습니다. 이 책에 보면, 패트릭 신부는 수년 동안 아일랜드인들에게 복음을 전할 방법을 모색한 후에 전도를 시작했습니다. 패트릭이 이끌었던 선교팀

(apostolic band)은 사제, 신학수련생, 남녀 평신도들을 포함해서 12명 정도로 구성되었는데, 이들은 선교지에 도착하자마자 가장 먼저 왕과 주요지도자들을 사귀는 것부터 시작했습니다. 그리고 선교팀들은 사람들을 직접 만나서 대화와 사역을 통해 교제하면서 복음에 수용적인 사람들을 찾아냈습니다. 그리고 반응을 보이는 사람들을 그들의 그룹에 초청해서 환영했고, 함께 떡을 떼며 예배했습니다. 그리고 그들이 믿음으로 반응을 보이기 시작하면 그곳에 교회를 세웠습니다. 이렇게 해서 그 지역에 성공적으로 교회가 세워지게 되면, 패트릭은 제자들 가운데 한 명에게 이 공동체를 넘겨주고 다른 지역으로 떠났습니다. 패트릭은 이렇게 그룹 접근법으로 복음을 전했는데, 이것은 A.D 460년 그가 죽을 때까지 사용했던 방법이었습니다. 패트릭과 그의 선교팀이 28년 동안 아일랜드 켈트인들에게 선교한 결과, 원주민들 가운데 수만 명이 세례를 받았고, "위대한 거장 4인에 관한 기록"이라고 불리는 고대 기록에 의하면, 패트릭은 7백여 개의 교회를 개척하고 1천여 명의 사제들을 임명했습니다. 그가 살아 있는 동안 150개의 아일랜드 켈트족들 가운데 30-40개 이상의 부족들이 실질적으로 기독교화 되었다는 기록도 있습니다.

패트릭 신부의 전도방법은 당시 로마교회가 전도하는 방식과는 달랐습니다. 로마교회는 주로 교구중심이었기 때문에 사람들에게 복음을 전하고 난 다음, 믿겠다고 결신하는 사람들을 모아 교회를 세웠습니다. 그러나 패트릭은 전도지역에 파고들어가서 먼저 수도원공동체를 만들고, 원주민들을 그 공동체로 불러 교제를 시작하면서, 나중에 믿음의 세계로 들어오도록 하는 방법으로 전도했습니다. 한마디로 켈트 모델은 먼저 공동체를 만들고 그 공동체의 교제권으로 사람들을 불러들이는 방법이었습니다. 그리고 교제 안에서 대화, 사역, 기도, 예배를 수행하고, 그리고 그들이 자신들도 믿고 있다는 것을 발견하게 되었을 때, 그들에게 믿음, 곧 결신과 헌신을 요청했습니다.

이것을 도표로 그리면 다음과 같습니다.

로마모델	켈트모델
복음증거	교제
결심	사역과 대화
교제	믿음, 헌신으로의 초청

여기서 로마모델을 연역적인 전도방법이라고 한다면, 켈트모델은 귀납적인 전도방법이라고 할 수 있습니다. 연역적인 전도방법이란 먼저 한 사람에게 복음을 제시하고 그 사람이 예수님을 영접하면, 그를 교회로 인도하는 방법이고, 귀납적인 전도방법은 먼저 한 사람과 사귀고, 친밀한 관계를 형성하고 난 다음, 그 사람의 마음이 열렸을 때, 믿음을 갖도록 하는 방법입니다.

저는 우리 시대 교회들이 고대 켈트 기독교에 의해서 시작된 이 전도 방법을 새롭게 연구하고 적용할 필요가 있다고 생각합니다. 특히 포스트모던시대를 살아가는 현대인들에게는 로마방법(전통적 복음주의 방법)보다는 켈트방법이 더 효과적이라고 할 수 있습니다. 아마 이 단원에서 우리가 배울 관계전도가 켈트전도, 즉 귀납적인 전도방법에 좀 더 가까운 것이라고 할 수 있습니다. 전도를 '관계를 맺는 것'으로부터 시작하는 것이 관계전도이기 때문입니다.

제1과

여러 가지 전도방법들

:

지금까지 한국 교회에 알려진 전도의 방법은 다양합니다. 어떤 의미에서는 전도의 전략이나 방법은 시대에 따라 그리고 전도 대상자에 따라 얼마든지 달라질 수도 있습니다. 복음 자체를 왜곡하지 않고, 성경적인 기준을 잃어버리지 않는다면, 시대적인 변화에 따라 복음을 전하는 방식은 달라질 수 있습니다.

대체로 지난 20세기의 경우에는 대중 집회를 통해 전도하는 방식이 보편적인 것이었습니다. 영국이나 미국을 중심으로 한 대중 집회는 수많은 사람들을 한꺼번에 회심하게 했습니다. 사도행전의 방법 역시 대중 집회였습니다. 사도행전에 보면, 베드로가 예루살렘 거리에서 설교했을 때, 신도의 수가 3천명이나 더했고, 성전미문에 앉아 구걸하던 나면서 못 걷게 된 이를 고치고난 후 설교했을 때도 약 5천명의 남자들이 예수를 믿게 되었습니다. 사도 바울도 세 번의 전도여행을 했을 때, 주로 회당에서 유대인과 헬라인들에게 복음을 전했습니다. 한국교회도 마찬가지였습니다. 초기부터 1970년대까지 한국교회는 대부분 부흥회를 통해 전도했습니다. 대중 집회는 전도의 좋은 방법이었습니다.

특히 1970년대와 1980년대는 한국교회에 활발한 전도운동이 일어났던 시기였는데, 이 시기에 노방전도, 축호전도, 지역전도와 길거리 전도가 시작되었습니다. 전도에 대한 열망을 가진 교회마다 성도들을 짝지어 길거리로 내보내 전도하게 했습니다. 또한 이 시기에 선교단체들을 통해 개인전도가 한국교회에 소개되었습니다. 대부분의 선교단체들은 개인전도를 훈련시켰고, 이때 사용했던 전도 메시지가 한국교회에 소개되었습니다. C.C.C의 '사영리', 네비게이토의 '다리전도', 그리고 '전도폭발 메시지'가 대표적인 것들입니다.

특히 1980년대에는 총동원전도주일이라는 전도방법이 한국교회를 뒤흔들어 놓았습니다. 이 독특한 전도방법은 인천에 있는 주안장로교회에서부터 시작되었는데, 한 번만이라도 사람들을 교회로 초청하여 복음을 듣게 해보자는 단순한 원리로 시작되었습니다. 모든 교인들을 총동원해서 '딱 한번 만'이라는 구호를 내세워 할 수 있는 한 많은 최대의 사람들을 교회로 초청하는 방식이었습니다. 이 전도방법은 비교적 누구나 쉽게 전도에 참여할 수 있기 때문에 한국교회 중에 총동원 전도를 해보지 않은 교회는 거의 찾아볼 수 없을 것입니다. 또 다른 전도방법들도 있었습니다. 외침전도, 태신자 전도, 다락방 전도, 꿀벌 전도, 고구마전도, 진돗개 전도, 부침개 전도 등 많은 전도 방법들이 한국교회에 소개되었습니다.

그런데 여기서 주목할 것은, 전도운동이 활발하게 일어났지만 동시에 전도운동에 대한 부작용도 만만치 않았다는 점입니다. 길거리 전도, 특히 그 중에서 노방전도나 '예수 천당, 불신 지옥'이라고 외치는 외침전도는 사람들의 눈살을 찌푸리게 했고, 오히려 많은 사람들이 교회를 외면하도록 했습니다. 시대가 달라지면서, 이제는 그런 강압적이고, 승리주의적인 전도방법으로는 사람들에게 가까이 다가갈 수 없게 되었습니다.

이런 다양한 전도의 방법들을 몇 가지 특징으로 구분해 본다면, 아마 크게 네 가지로 구분할 수 있을 것입니다. 첫째는 찾아가는 전도입니다. 이것은 교인들로 하여금 전도대상자를 찾아가도록 전도현장으로 내보내는 전도방법입니다. 주로 둘씩 짝을 지어 나가는 노방전도나 축호전도, 지역전도가 여기에 해당할 것입니다. 이것은 대부분의 교회들이 선호하는 방법으로 주로 교회에서는 전도대나 전도팀을 구성하여 진행하고 있습니다.

두 번째는 관계전도입니다. 한마디로 관계를 통해 전도하는 것입니다. 우리가 이미 관계를 맺고 있는 가족이나 친구들, 그리고 같은 지역에 살거나, 혹은 우리가 적극적으로 다가가면 관계를 맺을 수 있는 사람들을 대상으로 하는 전도입니다. 이런 전도방법에는 NCD에서 소개하는 열린 소그룹이나 알파코스, 오이코스전도, 태신자 전도, 속회전도 등이 있습니다.

세 번째는 초청전도입니다. 불신자들을 교회로 초청하는 전도입니다. 총동원전도와 같이 적극적으로 초청하기도 하지만, 봉사그룹이나 교회에서 하고 있는 의미 깊은 프로그램에 불신자들을 초청할 수도 있습니다. 어떤 경우에는 교회 시설을 개방하는 방식으로 불신자들이 자연스럽게 교회를 찾도록 하는 전도 방식입니다. 문화교실, 음악회, 신앙강좌 등이 여기에 해당됩니다.

네 번째는 섬기는 전도입니다. 이 방법은 주로 봉사활동이나 구제, 자원봉사 등을 통해 간접적으로 전도하는 방법입니다. 이 방법은 교회에 대해 나쁜 인상을 완화시키고, 이웃

주민들에게 친근하게 다가갈 수 있는 좋은 전도의 방법입니다.

물론 이런 네 가지 형태의 전도방법에는 각각의 장단점이 있을 수 있습니다. 어떤 방법이든 장점을 살리고, 각자의 교회에 맞는 전도의 방법을 찾아보는 것이 좋을 것입니다.

 지금까지 한국교회에 알려진 여러 전도방법을 설명해 보십시오.

1) 찾아가는 전도:

2) 관계전도:

3) 초청전도:

4) 섬기는 전도:

성경에 보면 예수님께서도 전도의 대상자에 따라 전도의 방법을 달리했습니다. 예를 들면 니고데모를 전도할 때와 사마리아 여인을 전도할 때 주님은 방법을 달리했습니다. 니고데모는 유대인의 지도자였기 때문에 영적인 것과 육적인 것을 비교하면서 거듭남의 주제를 가지고 이야기를 시작했습니다. 반면 사마리아 여인을 전도할 때에는 일부러 야곱의 우물가에서 사마리아 여인을 기다렸고, 우물물을 접촉점으로 해서 전도하셨습니다. 초대교회 집사였던 빌립은 사마리아성에서 전도했는데, 놀라운 표적을 통해 전도했습니다. 많은 사람에게 붙었던 더러운 귀신들이 떠나가고, 많은 중풍병자와 못 걷는 사람들이 나음을 받았습니다. 그리고 성령에 이끌려서 유대광야에서 에티오피아 내시에게 복음을 전했습니다.

사도 바울도 지역과 만나는 사람에 따라 전도의 방법을 다르게 했습니다. 그는 이렇게 말했습니다. "유대인들에게는 내가 유대인과 같이 된 것은 유대인을 얻고자 함이요 율법 아래에 있는 자들에게는 내가 율법 아래에 있지 아니하나 율법 아래에 있는 자 같이 된 것은 율법 아래에 있는 자들을 얻고자 함이요… 약한 자들에게 내가 약한 자와 같이 된 것은 약한 자를 얻고자 함이요 내가 여러 사람에게 여러 모습이 된 것은 아무쪼록 몇 사람이라도 구원하고자 함이니"(고전 9:20-22)

제2과
관계전도란 어떤 것입니까?

　대부분의 학자들은 21세기는 '관계중심'의 전도가 필요하다고 말합니다. 물론 그렇다고 길거리 전도나 다른 전도방법이 필요 없다는 말은 아닙니다. 시대가 바뀌고, 사람들의 의식이 많이 달라졌지만 그럼에도 불구하고 저는 여전히 길거리 전도가 어느 정도 필요하다고 생각합니다. 몇 가지 이유 때문에 그렇습니다.

　첫째, 길거리 전도는 전도자를 훈련시키는 좋은 방법이기 때문입니다. 전도에 대한 두려움이 있는 사람들에게 길거리로 내보내 전도지를 지나가는 사람들에게 나누어주고, 필요하면 그곳에서 개인 전도를 하게 하는 것은, 전도자들에게 복음의 확신을 심어주고, 전도의 담력을 얻게 하기 때문에 반드시 길거리 전도는 필요하다고 할 수 있습니다. 둘째, 길거리 전도는 영적 전쟁을 수행하는 가장 효과적인 방법입니다. 길거리 전도(노방전도, 지역전도)는 한 지역을 영적으로 장악하는 것이기 때문에 필요합니다. 지속적으로 한 지역에서 노방전도나 지역 전도를 하면, 그 지역의 영적인 분위기가 달라집니다. 거의 5년 정도 지속적으로 한 지역에서 길거리 전도를 한 결과 놀라운 일들이 일어나는 것을 실제로 보았습니다. 셋째, 길거리 전도는 교회를 알리는 효과가 있습니다. 물론 수많은 사람들 앞에서 공개적으로 예수 그리스도를 전하는 것은 때로는 욕을 먹기도 하고 박해를 받기도 하지만, 저는 길거리 전도가 하나님이 좋아하시는 방법 중의 하나라는 생각이 듭니다.

　그러나 길거리 전도의 약점 중의 하나는 사람들을 교회로 인도하는 데는 큰 효과가 없다는 것입니다. 수백 장, 수천 장의 전도지를 나누어주어도 그 전도를 받고 교회에 나오는 분은 별로 없습니다. 보다 효과적으로 사람들을 교회로 이끌려면 관계전도가 훨씬 좋습니다.

관계전도란

그렇다면 관계전도란 어떤 것일까요? 관계 전도를 잘 설명한 책 중에, 윌로우크릭 교회의 빌 하이벨스 목사가 쓴 『예수를 전염시킨 사람들』이라는 책이 있습니다. 이 책에 보면 관계 전도가 무엇인지, 또 어떻게 하면 관계 전도를 잘할 수 있는지가 잘 소개되어 있습니다.

관계전도란 한마디로 "관계"를 통해서 전도하는 것입니다. 이 말은 '한 사람이 예수님을 믿게 되는 데에는 반드시 먼저 믿은 사람과의 관계를 통하여 믿게 된다.'는 것입니다. 어떤 교인에게 '어떻게 이 교회에 출석하게 되었습니까?'라고 묻는다면, 대부분 '이웃집 누구 때문에, 친구가 같이 가지고 해서, 혹은 부모님 따라서…'라고 말할 것입니다. 말하자면 관계를 통해 복음을 만나게 되고, 교회에 출석하게 된다는 것입니다.

관계전도는 로마서10:4의 말씀을 근거로 합니다. "저희가 믿지 아니하는 이를 어찌 부르리요 듣지도 못한 이를 어찌 믿으리요 전파하는 자가 없이 어찌 들으리요." 이 말씀은 한 사람이 복음을 전파하는 자와의 관계를 통해 복음을 듣게 됩니다. 그러면 예수님이 그리스도인 것을 알고, 영접하고, 구원을 받게된다는 것입니다.

이 책에서는 하나의 공식으로 관계전도를 설명했는데, 그 공식은 다음과 같습니다.

최고의 잠재력 (High Potency) + 근접접근 (Close Proximity) + 분명한 전달 (Clear Communication) = 최대의 효과 (Maximum Impact)

여기서 "최고의 잠재력"이란 전도자에게 주어진 은사를 말하는 것이고, 근접접근이란 가까이 접근할 수 있는 대상이 누구인가를 말하는 것입니다. 그리고 분명한 전달은 우리가 전할 수 있는 분명한 메시지가 무엇인가 하는 것입니다. 이것을 쉽게 표현한다면, '자기 은사 알기 + 가까이 다가가기 + 간증과 복음전하기 = 최대의 효과'라고 할 수 있습니다.

자기은사 알기: 최고의 잠재력(High Potency)

먼저 관계전도를 잘하기 위해서는, 자신이 가지고 있는 은사를 알고, 또한 그 은사를 개발하는 것이 무엇보다 필요합니다. 최고의 잠재력을 발휘하라는 것입니다. 따라서 관계전도를 잘하려면 무엇보다 먼저 '나는 어떤 스타일의 전도자인가?'를 아는 것이 필요합니다. 어떤 사람은 노방전도는 할 수 없지만 관계전도를 잘 할 수 있고, 어떤 사람은 다른 사람에게 성경을 인용하면서 복음을 차근차근 설명할 수는 없어도 자신이 만난 예수님, 즉 자신이 경험한 간증은 이야기를 할 수 있습니다. 또 어떤 사람은 음식을 잘하거나, 특별한 기술을 가지고 있거나, 혹은 자기 취미생활을 통해 사회활동을 하는 분도 있습니다. 이렇게 자기 은사를 통해 최고의 잠재력을 발휘할 수 있는 분야에서 누구나 기쁨으로 복음을 전할 수 있습니다.

제가 아는 어느 권사님은 된장찌개를 기가 막히게 끓이는 솜씨가 있습니다. 권사님은 이웃집 아주머니를 전도하기 위해 기도하면서 기회를 보고 있다가, 어느 날 이웃집 아주머니에게 된장찌개를 갖다 드렸습니다. 두세 번 그렇게 하다가 어느 날은 된장찌개를 맛있게 끓여놓고 이웃집 아주머니를 집으로 초대했습니다. 이렇게 된장찌개를 통해 친해지자 마음을 열고 대화를 할 수 있는 분위기가 만들어졌고, 권사님은 자신의 간증을 들려주었습니다. 얼마 후에 이웃집 아주머니는 교회에 다니게 되었습니다. 권사님은 자신의 은사를 잘 사용하여 전도한 것입니다.

전도란 사람들을 예수님에게로 연결시키는 것입니다. 그 사람이 구원을 받고, 혹은 받지 못하고는 우리의 책임이 아닙니다. 단지 우리는 우리의 은사를 사용하여 전도대상자와 관계를 맺고 그들에게 예수님이 그리스도인 것을 분명하게 전하기만 하면 됩니다.

빌 하이벨스 목사는 이 책에서 성경에 나타난 여섯 가지 유형의 전도 방법을 소개했습니다. 첫 번째 유형은 베드로 식으로, 정면 대결형 전도입니다. 이 방법의 특징은 직접적으로 "당신이 바로 그 사람이요."라고 선포하는 것입니다. 사도행전 2장에 보면 베드로는 유대인들 앞에서 "당신들이 메시아인 예수를 십자가에 못 받아 죽인 사람들"이라고 단도직입적으로 말했습니다. 그런데 놀라운 것은 이 말을 듣고 수많은 유대인들이 회개하고 예수님을 믿게 되었다는 것입니다. 이때 몇 명이 믿게 되었는지 아십니까? '3천명'이었습니다.

두 번째 유형은 바울 식으로, 지성적 접근형 전도입니다. 이 방법의 특징은 "한번 생각해 보십시오."라고 권유하는 형식입니다. 사도행전 17장에 보면, 사도 바울은 그리스 아테네에서 당시 철학자들, 지성을 추구하던 아테네 시민들에게 복음을 전했습니다. 바울은 그들의 지성을 자극하면서 왜 예수님이 그리스도인지, 하나님을 만나는 길이 무엇인지를 차근차근 설명했습니다. 그런 다음 바울은 그들에게 지성을 가지고 복음이 정말 진리인지 한 번 생각해 보라고 권유한 것입니다.

세 번째 유형은 눈뜬 맹인 식으로, 증거형(간증형) 전도입니다. 이 전도의 방법은 "그 분이 내 삶을 변화 시켰어요" 라고 하는 것입니다. 요한복음 9장에 보면 날 때부터 소경 된 사람이 예수님을 만나서 고침을 받았습니다. 바리새인들이 소경에게 "네가 어떻게 해서 눈이 뜨게 되었느냐?"라고 물었을 때 소경은 "예수님이 내 눈을 뜨게 하였습니다."고 말했습니다. 소경은 삶 속에서 자신이 만나고 체험한 예수를 간증했습니다.

네 번째 유형은 주님의 제자 마태 식으로, 관계를 통한 접근형 전도입니다. 이 전도 방법은 "내 주위에 누가 있습니까?" 하는 것입니다. 마태는 예수님을 만나고 난 뒤, 세리 친구들에게 예수님을 만나게 하고, 그분이 주시는 새 삶을 얻도록 하려고 성대한 연회를 열었습니다. 말하자면 마태는 사람들과 수년간에 걸쳐 맺은 친분을 바탕으로 친구들을 초대해서 예수님과 직접 만나도록 했다는 것입니다. 또 누가복음 5장에 보면 예수님이 거라사 지방에서 귀신들린 사람을 고쳐주었습니다. 정신이 온전해진 이 사람이 예수님의 제자가 되겠다고 했을 때 주님은 허락하지 않고 대신 그에게 집으로 돌아가 너에게 어떠한 일이 일어났는지 전하라고 하셨습니다. 그러자 그는 자기에게 일어난 일을 가족에게 전했습니다. 귀신들렸던 사람은 예수님의 말씀대로 행하여 사람들과의 관계 속에서, 특히 그의 가족들에게 예수님이 누구인가를 전했습니다. 이것이 바로 관계형 전도입니다.

다섯 번째 유형은 사마리아 여인 식으로, 초청형 전도입니다. 이 전도방법은 '와 보라.'고 하는 것입니다. 요한복음 4장에 보면, 예수님은 수가성의 사마리아 여인에게 자신이 메시아인 것을 드러내셨습니다. 그러자 이 여인은 물동이를 내버려 둔 채 동네로 뛰어가서 사람들에게 '내가 그리스도를 만났으니 와 보라'고 말했습니다. 이 여인은 자신이 만난 그리스도에게로 사람들을 초청한 것입니다.

마지막 여섯 번째는 사도행전 9장에 나오는 도르가 식으로, 봉사형 전도입니다. 이 전도방법은 "무엇을 도와 드릴까요?"라고 하는 것입니다. 욥바에 살던 여 제자 도르가는 평소 선행과 구제로 다른 사람들을 잘 돕고 섬겼습니다. 봉사를 통해 주위 사람들에게 복음을 전했습니다. 그녀가 병이 들어 죽었을 때, 룻다에 머물고 있던 베드로에게 와 달라고 요청했고, 베드로가 와서 기도하자 그녀는 기적적으로 다시 살아났습니다. 이일로 인해 많은 욥바 사람들이 주를 믿었습니다.

📝 이 여섯 가지 방법 중에서 어떤 것이 당신에게 가장 잘 맞는 방법입니까? 자신에게 맞는 전도 스타일을 하나만 골라서 설명해보십시오.

하나님은 모든 사람들이 다 똑같은 방법으로 그분의 진리(복음)를 전하라고 하시지는 않습니다. 그분은 성도들에게 다양한 은사와 재능들을 주셨습니다. 그러므로 자기에게 꼭 맞는 방법으로, 자신이 가장 잘할 수 있는 방법을 찾아서 전도할 수 있습니다. 혹시 우리 중에 어떤 분은 자신은 특별한 은사가 없다고 한다든지, 자기 은사를 잘 모른다고 하는 분들이 있습니다. 이런 분들은 자기 은사를 적극적으로 찾아야 하고, 개발할 필요가 있습니다.

어떤 교회에서는 '은사발견 세미나'를 열어서 성도들이 가지고 있는 은사를 찾아내도록 도와주고, 은사를 개발하여 교회 안에 다양한 은사그룹이나 취미그룹을 만들기도 합니다. 또 여러 '동아리 모임'을 만들 수도 있습니다. 운동을 좋아하는 사람을 위해 축구, 탁구, 볼링, 야구 등의 동아리 모임을 만들 수도 하고, 취미그룹으로 '꽃사모'(꽃을 사랑하는 사람들의 모임), 뜨개질 모임, 독서모임 등을 만들 수 있습니다.

여기서 중요한 것은, 교인들로만 동아리를 구성하지 말라는 것입니다. 전도대상자들을 동아리에 포함시켜야 합니다. 평소에는 동아리 모임만 하다가 일 년에 한번 MT를 할 때, 특별강사로 담임목회자를 초청하여 복음을 들을 수 있는 기회를 만들면 됩니다. 또한 은사그룹이나 취미그룹은 한 달에 한 번, 혹은 가끔씩 은사를 사용해서 지역봉사를 하면 됩니다. 예를 들면, '꽃사모'라는 취미그룹은 정기적인 모임을 가지는 것만이 아니라 두 달에 한번, 혹은 분기에 한 번 정도, 어느 아파트 마당에서 현수막을 내걸고 화분 분갈이를 무료로 할 수 있습니다. 혹시 은사그룹 중에 자동차 정비사 모임이 있다면, 무료 정비서비스를 일 년에 한두 차례 교회 앞에서 할 수 있습니다. 현수막을 내걸고, 간단한 차량정비나 무상으로 워셔액이나 엔진 오일을 교체해 준다면, 좋은 전도의 통로가 될 수 있을 것입니다.

제3과

어떻게 관계전도를 잘 할 수 있을까요?

관계전도를 잘하기 위해 두 번째로 알아야 할 것은 다른 사람과 관계 맺기를 잘해야 한다는 것입니다. 대부분의 한국 교회 성도는 관계 맺는 것에 어려움을 겪습니다. 유교적인 영향 때문이라는 생각이 듭니다. 그러나 전도를 잘하려면 적극적으로 관계 맺는 방법을 배워야 하고, 전도대상자와 친근한 관계로 발전시켜나가도록 노력해야 합니다. 가까운 관계가 되면 전도할 수 있는 길이 자연스럽게 열릴 것입니다.

관계 맺기: 근접 접근(Close Proximity)

관계를 잘 맺기 위해 우선 우리가 해야 할 일은 '내주위에 누가 있는지'를 잘 파악해야 합니다. 첫째, 이미 우리가 가까이 하고 있는 사람들, 가족처럼 가까운 관계를 맺고 있는 사람이 누구인지를 찾아보아야 합니다. 이런 사람을 '오이코스'라고 합니다. 헬라어로 '오이코스'란 가족이라는 의미입니다. 가족처럼 가까운 사람들이 누가 있는지 찾아보십시오. 친척, 어릴 때 같이 자란 동네 친구, 초등학교나 중, 고등학교 또는 대학 친구들, 직장동료 등 가족처럼 이미 친근한 관계를 맺고 있는 사람들 중에 아직 믿지 않는 사람이 있다면, 그들을 의미 있는 모임에 초대해 보십시오 그리고 그들에게 복음을 전할 기회를 만들어야 합니다.

둘째, 주변에 있는 사람들 중에는 가까이 다가가면 친근한 관계를 만들 수 있는 사람들이 있습니다. 이런 사람을 '주변적 오이코스'라고 말하는데, 예를 들면, 같은 동네나 같은 아파트에 살고 있는 사람이라든지, 동네 마트 주인이라든지 혹은 자녀들의 학교 학부형,

같은 동아리 회원 등과 같은 사람입니다. 이런 사람들은 가까이 다가가기만 하면 친근한 관계로 발전해 나갈 수 있습니다.

저는 일 년에 두 차례, 제가 살고 있는 아파트 통로에 사는 사람들에게 가까이 다가가기 위해 부활절이 되면 부활절 카드와 삶은 계란을 예쁘게 포장해서 집집마다 찾아다니고 있고, 또 성탄절이 되면 성탄절 카드와 과자 봉지를 만들어서 찾아갑니다. 처음에는 굉장히 어색해 하던 사람들도 몇 번 만나는 동안 친해졌고, 얼마 후에 그들 중에 예수 믿는 사람들이 생겨났습니다.

셋째, 전도하기 위해 일부러 찾아내야 하는 사람이 있습니다. 이런 사람을 '잠재적 오이코스'라고 합니다. 지금까지 한 번도 만나본 적이 없고, 일부러 찾아가서 전도해야 할 사람이 여기에 속합니다. 대부분 다른 지역, 다른 도시에 사는 사람들로서 전도를 부탁받은 사람, 봉사하다가 만난 사람들일 수 있습니다.

 내 주위에 있는, 내가 쉽게 관계 맺을 수 있는 사람들이 누구인지를 알아봅시다.

1) 오이코스에 해당하는 사람들
   - 가족, 가까운 친척 :
   - 중, 고등학교, 대학교 동기들 :
   - 동아리 회원 :
   - 그 외 :

2) 주변적 오이코스에 해당하는 사람들

3) 잠재적 오이코스에 해당하는 사람들

관계를 잘 맺기 위해서 우리가 알아야 할 두 번째는 관계 맺기 기술입니다. 이렇게 관계 맺기를 시도해보십시오.

첫째, 전도대상자를 정하고, 먼저 그 사람을 위해 기도부터 합니다. 이미 가까운 사이든지 아니면 전도를 위해 일부러 찾아가야 할 사람이든지 관계없이 전도대상자로 정했다면,

그를 위해 기도부터 시작해야 합니다.

둘째, 전도 대상자의 필요를 파악하는 것이 중요합니다. 전도대상자의 필요가 무엇인지를 알면 관계 맺는 것에 큰 도움이 될 수 있습니다.

셋째, '주도적으로' 관계를 맺어야 합니다. '주도적'이라는 말은 일부러 만남을 계획하고 그 계획에 따라 만남을 가지라는 것입니다.

넷째, 이때 '의도적인' 식사의 자리를 만들면 좋습니다. 식사의 자리에 함께 앉는 것이 사람들의 마음을 여는 좋은 방법입니다. 그리고 대화를 나눌 때에는 일상적인 대화로 시작했다가 신앙적인 문제로 이끌어가는 것이 좋습니다.

다섯째, 하나님께서 그 사람의 마음을 여시는 것이 보이면, 그때 간증을 들려주고, 이어서 복음을 제시할 수 있습니다.

물론 관계 형성에는 장애물이 있을 수 있습니다. '믿지 않는 사람들과 친구가 된다는 것이 성경에 위배되는 것이 아닌가?' 하는 생각이 들 수도 있고, '불신자들과 공공장소에서 개인적인 시간을 보내게 될 때, 같은 교인들이 나를 어떻게 생각할까?' 하는 불안한 마음이 들 수도 있습니다. 또한 개인적인 불편함도 있을 수 있습니다. '지금까지 친하게 지냈던 사람에게 복음을 전하기 위해 의도적으로 접근하는 것이 속보이는 행동이 아닌가?' 하는 생각입니다. 그럼에도 불구하고 영혼을 구원하는 것이 하나님의 소원이요, 주님이 우리에게 주신 사명이라면 우리는 전도대상자를 의도적으로 만나고, 관계 맺기에 힘써야 할 것입니다.

📝 관계형성의 다섯 단계를 적어보십시오.

1) _____

2) _____

3) _____

4) _____

5) _____

07단원 관계전도 배우기

간증과 복음전하기: 분명한 전달(Clear Communication)

우리가 배워야 할 마지막 주제는 "분명한 전달"입니다. 분명한 전달이란 한 사람에게 가까이 다가가서 복음을 전하려할 때 "어떻게?" "어떤 방법으로?" 전할 것인가의 문제입니다. 가장 먼저 배워야 할 것은 신앙적인 대화를 시작하는 것입니다.

전도대상자와 신앙적인 대화를 나누는 데는 세 가지 방법이 있습니다.

첫 번째 방법은 직접인 방법으로, 전형적인 질문이나 진술의 형태를 취하는 것입니다. "혹시 당신은 구원에 관하여 생각해 본 적이 있습니까?" "당신은 신앙생활에 대해 진지하게 생각해 보신 적이 있습니까?" "당신이 종교와 기독교의 차이점을 알기 원한다면 제게 알려 주십시오" 등과 같은 것입니다.

두 번째 방법은 간접적인 방법으로, 이미 진행되고 있는 대화 가운데 어떤 것을 도구로 삼아 대화의 방향을 신앙적인 쪽으로 돌리는 것입니다. 예를 들어, 자녀에 대한 고민을 나누다가 자녀를 위한 기도로 자연스럽게 대화를 이어갈 수 있습니다.

세 번째 방법은 당신이 논의하고 있는 주제와 관련되어 기독교 행사에 전도대상자를 초청하는 것입니다. 대화중에 자연스럽게 논의하는 주제에 꼭 맞는 행사가 있다고 말하고 그를 초청하는 방법입니다. 초청하는 요령은, 그를 데리러 가겠다고 제안하거나 행사 전후에 식사나 차 마시는 약속을 하면 됩니다.

📝 *신앙적인 대화를 위한 세 가지 방법을 써보십시오.*

1) _____

2) _____

3) _____

이런 신앙적인 대화에서 가장 중요한 것이 '간증'입니다. 바로 자신의 삶의 이야기(life story)를 들려주는 것입니다. 한 사람의 진솔한 삶의 이야기, 혹은 간증은 다른 사람의 마음을 여는데 굉장한 도움이 됩니다. 특히 '당신의 삶의 이야기'가 중요한 것은 당신 가까이 있는 사람들이 당신의 이야기에 관심을 갖고 있기 때문입니다. 당신의 친구들은 그 이야기를 통해 당신을 이해하고, 당신이 무엇을 말하려는지 알 수 있습니다. 더 중요한 것은 당신의 삶의 이야기가 당신의 친구들의 마음을 열 수 있다는 것입니다.

그렇다면 당신의 삶의 이야기를 어떻게 구성하는 것이 좋을까요? 사도행전 26장에 보면 사도 바울의 간증이 나옵니다. 바울은 여기에서 자신의 삶의 이야기를 말할 때, 자신이 어떤 사람이었으며, 어떻게 예수님을 만나게 되었는지, 그리고 예수님을 만나고 어떻게 변화되었는지를 말했습니다. 그러므로 당신의 이야기 역시 이런 형식으로 구성하면 좋을 것입니다.

첫째는 예수님을 만나기 전의 당신의 삶입니다. "예수님을 알기 전에 저는~"이라고 시작합니다. 두 번째는 예수님과의 만남의 사건입니다. "저는 예수님을 이렇게 만났습니다." 혹은 "예수님이 저를 이렇게 찾아오셨습니다."로 표현할 수 있습니다. 세 번째는 예수님을 만나고 난 다음의 변화된 삶입니다. "예수님을 만나고 난 다음, 저는 이렇게 변했습니다."라고 고백할 수 있는 부분입니다.

다음의 일곱 가지 사항을 고려하면서 당신의 삶의 이야기를 만들어 보십시오.
1. 주제 : 그리스도를 알기 전과 만나고 난 후의 변화를 보여 주는 삶
2. 이야기 구성 : 단순하고, 분명하게, 그리고 진실하게
3. 결론 : 결단을 요구하는 질문이나 진술로 끝맺는 것이 좋습니다.
4. 성경 : 실제로 당신의 눈을 열게 한 중요한 구절이 있었는지를 생각하십시오.
5. 언어 : 기독교인들만이 사용하는 종교적인 언어나 특수한 언어는 피하십시오.
6. 길이 : 적당하게 하고 요점만 말하십시오.(5~7분 정도)
7. 상대방의 입장을 존중해서 상대방에게 초점을 맞추어야 합니다. 당신의 이야기 가운데 특히 그들의 관심과 흥미와 연관이 있을 만한 부분들을 강조하십시오.

어떤 사람과 친밀한 관계가 형성되고 난 다음, 당신의 삶의 이야기를 진솔하게 나누게 되면, 분명히 반응을 보이는 사람이 있을 것입니다. 그때, 그에게 "하나님의 선물"이나 "사

영리", "다리 전도" 등을 사용하여 복음을 전하고, 예수님을 영접하도록 도와주면 됩니다.

 자 이제 당신의 삶의 이야기(life story)를 적어보십시오.

(A4 용지 1.5장이나 2장전도의 분량으로 만들면 적당할 것입니다.

다음 두 가지 작업을 조별 모임에서 해보십시오.

- 첫 번째 작업 : 관계전도에 사용할 수 있는 나의 은사 찾아보기(자신의 은사가 무엇인지 알아보고 팀원들과 나누기)

- 두 번째 작업 : 자신의 "life story" 쓰기
  (이 두 번째 작업은 시간이 걸리기 때문에 숙제로 내주셔도 됩니다.)

08단원 전도의 원리

📖 **이 단원의 암송구절**

"그러므로 너희는 가서 모든 민족을 제자로 삼아 아버지와 아들과 성령의 이름으로 세례를 베풀고 내가 너희에게 분부한 모든 것을 가르쳐 지키게 하라 볼지어다 내가 세상 끝 날까지 너희와 항상 함께 있으리라 하시니라"(마 28:19-20)

● **어느 목사님의 간증입니다.** 주일날 3부 예배까지 인도한 뒤, 부산에 있는 어느 교회에 부흥회를 인도하기 위해 새마을호 기차를 타고 가는 길에 잠을 자려고 눈을 감았는데, 갑자기 성령님이 옆에 앉은 사람에게 전도하라고 말씀하셨답니다. 혹시 '잘못 들었나?'라고 생각하고 다시 잠을 자려고 하는데, 성령님이 다시 '전도하라'고 강하게 말씀하셨습니다. 그래서 눈을 떠서 보니 할아버지 한분이 옆에 앉아계셨습니다. 할아버지에게 자신은 어느 교회 목사라고 소개하고, "할아버지, 교회에 다녀본 적이 있으십니까?"라고 말을 건넸습니다. 그러자 할아버지는 아들, 딸들이 다 잘 살고, 자신도 부족한 것이 없으니까 교회에 안 다녀도 된다고 대꾸하셨답니다. 그래도 예수 믿고 구원받아야 되지 않겠느냐고 전도를 했더니 할아버지는 벌컥 화를 내고 다른 자리로 가셨답니다.

조금 있으니까 할아버지가 소주 한 병과 오징어를 사가지고 와서는 다시 옆에 앉으면서 "목사양반, 아까는 화를 내서 미안했소!"라고 하시면서 컵에 소주를 따르고는, "자 한잔 하시지요!"라고 하면서 술을 권했답니다. 목사님은 당연히 "저는 목사라서 술을 안 마십니다"라고 거절했습니다. 그래도 할아버지가 계속해서 술을 마시라고 권하자 화가 난 목사님은 "아니, 제가 안 마신다고 하지 않았습니까?"라고 단호하게 말했더니 이 할아버지가 이렇게 응수했답니다. "거 보시오. 목사양반도 하기 싫은 것 자꾸 하라고 하면 화가 나지 않소! 나도 자꾸 예수 믿으라고 하니까 화가 나서 그런 것이오!" 하시고는 술병을 들고 다른 칸으로 가 버렸답니다.

목사님은 '전도하기 쉽지 않구나' 생각하다가 깜빡 잠이 들었는데, 기차가 갑자기 멈추어 서더니 10분 이상을 지체하고 있었습니다. 무슨 일인지 승무원에게 물었더니 갑자기 할아버지 한 분이 심장마비로 돌아가셔서 시신을 옮기는 중이라고 했답니다. 자세히 알아보았더니 조금 전에 전도하려고 했던 바로 그 할아버지가 돌아가신 것이었습니다. 그제야 목사님은 '아 그래서 성령님이 급하게 전도하라고 하셨구나!' 깨닫게 되었답니다. 그리고 '전도를 좀 더 잘할 걸' 후회하였다고 했습니다.

우리는 '전도가 시급하다' '전도는 꼭해야 한다'는 사실에 대해서는 잘 알고 있지만, 실제로 어떻게 전도해야 하는지, 효과적인 전도의 방법이 무엇인지를 잘 모를 수 있습니다. 교회들 중에는 전도를 해보려고 시도하다가 전도가 잘 되지 않아서 전도를 포기한 교회도 있습니다. 목회자가 열심히 전도하려고 해도 함께 할 교인들이 없는 경우도 있고, 전도 대를 조직하여 운영을 해보았지만 전도의 열매가 없어서 그만두기도 합니다.

교회가 일 년에 한번정도 전도행사를 하는 것은 어려운 일이 아닙니다. 예산만 있으면 얼마든지 할 수 있습니다. 그러나 지속적으로 전도하는 것은 쉽지 않습니다. 따라서 전도를 통해 하나님의 부흥을 경험하려면 목회자는 전도에 집중하고, 지속적으로 전도할 수 있는 전략을 세워야 합니다. 일회성 행사로 끝나는 전도 프로그램으로는 부흥이 일어날 수 없습니다. 전도는 무슨 일이 있어도 계속되어야 합니다. 전도는 교회의 존재 이유요, 성도의 본질이기 때문입니다. 교회가 지속적으로 전도하기 위해서 몇 가지 중요한 영적인 원리를 꼭 알아야 합니다.

제1과

전도의 기초 원리

　지속적인 전도를 위해 무엇보다 먼저 전도의 기초 원리를 알아야 합니다. 무슨 일을 하든지 기초가 중요합니다. 기초가 잘되지 않으면 어떤 일도 지속할 수 없고 발전하기 어렵습니다. 운동선수가 기초훈련이 잘되어 있지 않으면, 어느 정도까지는 실력이 향상될 수는 있지만 위대한 선수가 되기는 어렵습니다. 전도도 마찬가지입니다. 전도의 기초가 참으로 중요합니다.

　그렇다면 전도의 기초가 무엇일까요? 그것은 바로 "전도자"입니다. 한 교회에서 전도가 지속적으로 되기 위해서는 반드시 전도에 생명을 건 일꾼을 길러내야 합니다. 그래서 전도는 제자훈련과 같이 가야 합니다. 교회 안에 좋은 전도자가 세워지면 어떤 전도프로그램을 시행하더라도 전도는 될 수 있습니다. 그러나 전도자가 세워지지 않으면 어떤 전도프로그램을 하더라도 실패할 수 있습니다. 말하자면 어떤 전도프로그램을 하느냐보다 전도자를 세우는 것이 더 우선적이고 중요한 문제라는 것입니다.

　문제는 전도자를 세우는 것이 말처럼 쉽지 않다는 것입니다. 왜 전도자를 세우는 일이 힘들까요? 그것은 전도자가 영적인 공격을 많이 받기 때문입니다. 전도자는 마치 최전방에 나간 군인과 같습니다. 전도현장에 나가면, 여러 종류의 사람들을 만나고, 영적인 방해도 받고, 비난하는 말과 욕설을 들을 수 있습니다. 그러므로 혼자 알아서 전도하게 하는 것은 위험합니다. 전도대를 조직하거나 전도 팀을 구성하여 함께 전도하게 하는 것이 좋습니다. 전도대원이 서로 돕고 서로 격려할 수 있기 때문입니다.

전도자들을 세우는 가장 좋은 방법은 담임목회자가 전도자들과 지속적으로 만나서 말씀으로 격려하고, 함께 전도현장에 나가는 것입니다. 제 경우를 보면, 매주 규칙적으로 모이는 전도대모임에서 하나님 말씀으로 격려했고, 또 함께 전도 현장에 나갔습니다. 어떤 목회자는 매번 모일 때마다 무슨 내용으로 전도대원을 가르칠까를 고민합니다. 제 생각에는, 전문적인 전도 강의가 필요한 것이 아니라 전도대원을 격려하는 것이 목적이기 때문에 어떤 성경본문이라도 상관없고, 어떤 전도교재라도 괜찮습니다. 사도행전을 같이 읽어나갈 수도 있고, 모일 때마다 전도의 능력, 전도의 여러 방법, 전도의 축복 등의 주제로 전도대원을 격려하면 됩니다.

세계적인 선교학자인 로버트 콜먼 교수는 『주님의 전도계획』이라는 책을 썼습니다. 콜먼은 이 책에서 주님의 활동들을 좌우했던 지배적인 원리, 주님의 사역을 떠받치고 있는 원리들을 찾으려고 시도하였습니다. 그는 '제1장 선택(Selection)'에서 이렇게 말했습니다. "모든 일은 예수께서 자기를 따르도록 몇 사람을 부르심으로 시작되었다… 사람이야말로 세상을 하나님께로 인도하는 방법이었다"[7] 그에 따르면, 예수님은 어떤 전도 프로그램을 개발한 것이 아니라 자기가 아버지께로 돌아가신 후, 자신에 대해 증언할 사람들을 세우는 것을 가장 우선적인 목표로 삼았습니다. 이것은 예수님의 전략의 천재성이었습니다. 그래서 예수님의 공생애 대부분은 제자들과 함께 시간을 보내고 그들을 훈련하는 일에 집중하였습니다. 예수님의 세계 복음화의 전략은 분명히 '제자'였습니다. 그렇습니다. 그리스도를 위한 정복이 무엇을 의미하는지 아는 한 두 사람에게 한 해를 바치는 것이, 프로그램만 유지해 주는 회중과 평생을 보내는 것보다 더 낫습니다.

그렇다면 주님은 어떤 사람들을 제자로 불렀을까요? 사실 주님이 선택한 사람들을 살펴보면, 깜짝 놀랄 수밖에 없습니다. 왜냐하면 주님은 너무나 평범한 갈릴리 어부들을 제자로 부르셨기 때문입니다. 주님은 당시 유대 사회의 엘리트들 중에서, 혹은 예루살렘에서 잘나가는 고위 관리 중에서 제자를 부르지 않았습니다. 그렇다고 주님께서 아무 기준도 없이 제자들을 불렀다고 생각해서는 안 됩니다. 주님은 결코 실수하지 않는 분이십니다. 주님은 제자를 부르시기 전에 먼저 밤새도록 기도하셨고, 그런 다음에 열두제자들을 부르셨습니다.(눅 6:12-16) 그들은 세상적인 기준으로 볼 때 내세울 것이 없는 사람들이었지만, 주님의 기준으로는 최상의 사람들이었습니다. 하나님 나라에 대한 진지한 열망과 기꺼

---

7) 로버트 콜먼/ 홍성철 옮김, 『주님의 전도계획』(서울: 생명의 말씀사. 1994), p.21

이 배우려는 열망을 가진 사람들이었고, 무엇보다 주님의 부르심 앞에서 기꺼이 자신의 모든 것을 버려두고 예수님을 따를 수 있는 사람들이었습니다.

흥미로운 것은, 마가복음 3장에서 12제자들의 이름이 소개되는데, 1+2+8+1의 형식으로 하고 있다는 것입니다.(막 3:16-19) 맨 앞의 1명은 베드로를 가리키는 것이고, 두 번째 나오는 2명은 야고보와 요한입니다. 그리고 나머지 8명의 제자들의 이름이 나오고, 마지막 한 명은 가롯 유다입니다. 이것을 원으로 표시하면 12명의 제자라는 큰 원이 있고, 그 안에 3명이라는 원이 있습니다. 그리고 그 3명 중에서도 1명 베드로가 그 원의 중심에 주님과 함께 있다고 할 수 있습니다. 이런 원리가 바로 "소수 집중의 원리"입니다.

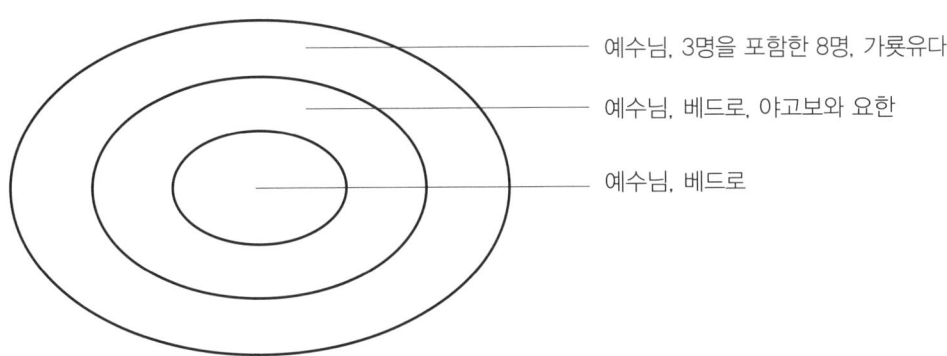

예수님, 3명을 포함한 8명, 가롯유다
예수님, 베드로, 야고보와 요한
예수님, 베드로

예수님은 한 명을 제대로 살리면, 2명을 같이 세울 수 있고, 그 3명을 통해 나머지 아홉 명을, 그리고 70명, 120명, 500명…을 세울 수 있다고 본 것입니다. 이런 식으로 세상을 살릴 수 있기 때문에 예수님은 그의 지상 사역에서, 12제자를 세우는 일에 집중하셨습니다. 제자들이야 말로 예수님의 꿈이었습니다.

또한 이 책에서 콜먼은 예수님께서 12제자를 세워 나간 여덟 가지 방법을 자세하게 소개하고 있습니다. 그가 말하는 여덟 가지 방법은, '선택', '동거', '성별(순종)', '분여', '시범', '위임', '감독(점검)', '재생산'입니다. 이 방법들에 대해 여기서는 자세히 다루지 않겠지만, 어쨌든 예수님은 소수집중의 원리를 통해 제자들을 세우고, 그들에게 모든 민족을 제자로 삼으라고 명령하셨습니다.

사도 바울의 전략 역시 마찬가지였습니다. 바울의 전도전략을 보면 이것을 확인할 수 있습니다. 바울의 1차 전도여행을 살펴보면, 그는 어느 지역에 들어가든지, 그곳에서 말씀을 전하면서 복음의 능력을 나타냈습니다. 구브로 섬에서는 하나님의 능력으로 엘루마라는 마술사의 눈이 멀었고, 루스드라에서는 나면서부터 걷지 못하던 사람이 일어나 걷게 되었습니다. 이런 일을 통해 많은 사람들이 바울이 전하는 복음을 듣고 주님께 돌아왔습니다.

그런데 2차 전도여행은 좀 달랐습니다. 바울은 2차 전도여행을 시작할 때, 처음부터 마가 요한을 데리고 갈 것인지 아닌지에 대해서 바나바와 의견이 달랐습니다. 바나바는 데려가기를 원했지만, 바울은 1차 전도여행 때 밤빌리아에서 자기들을 떠나 함께 가지 아니한 사람을 데려갈 수 없다는 의견이었습니다. 결국 두 사람은 심하게 다투었고, 서로 갈라서게 되었습니다. 이렇게 된 이유는 바울의 가장 중요한 관심이 '전도자'이었기 때문입니다. 바나바와 갈라선 바울은 예루살렘 교회에서 온 실라를 파트너로 삼아 새로운 팀을 구성했습니다. 나중에 디모데와 누가가 이 팀에 합류했습니다. 이렇게 준비된 바울 팀을 하나님은 아시아 쪽이 아니라 유럽 쪽으로 방향을 바꾸도록 하셨습니다.

바울의 2차 전도여행에는 하나의 중요한 특징이 있습니다. 그것은 어느 지역에 들어가게 되면, 그 지역에서 먼저 '사람'을 세웠고, 그 사람들을 통해 전도했다는 사실입니다. 알다시피, 빌립보에서는 루디아를 만났고, 데살로니가에서는 야손의 집에 머물렀습니다. 아테네에서는 디오누시오와 다마리, 그리고 고린도에서는 브리스길라와 아굴라 부부와 몇 명의 사람들이 바울의 동역자가 되었습니다. 누가는 바울의 2차 전도여행을 소개할 때, 이와같이 한 지역과 그 지역에 있었던 전도일꾼 이름을 같이 소개하였습니다.

사도 바울의 3차 전도여행은 1,2차 전도여행과는 더 많이 달랐습니다. 아시아와 유럽을 다니며 바쁘게 복음을 전하던 바울이 3차 전도여행 때에는 에베소에서 2년이 넘도록 거의 3년 가까이 머물렀습니다.(행 20:31) 여기서 그가 한 사역은 사람을 키우는 일이었습니다. 두란노 서원을 빌려서 2년 동안 날마다 하나님의 말씀을 가르쳤습니다. 그는 사람 키우는 일에 집중했습니다. 놀라운 것은 이때 아시아에 사는 모든 사람들이 다 복음을 듣게 되었습니다.(행 19:10) 그리고 그 제자들이 흩어져서 아시아 여러 지역에 교회를 세우기 시작했습니다. 바울은 에베소라는 한 지역에서 제자들을 키우는 일만 했는데, 하나님은 전 아시아에 복음이 퍼지게 했다는 것은 참 흥미로운 일입니다. 열심히 돌아다니면서 복음을 전하는 일도 중요하지만 사람을 키우는 것이 훨씬 더 큰 전도의 효과를 나타낸 것입니다.

사도 바울이 3차 전도여행을 마무리할 즈음, 마게도냐와 헬라지역 사역을 마치고 아시아로 발걸음을 옮길 때, 아시아까지 동행한 사람들이 일곱 명이 있었다고 누가는 소개합니다. 베뢰아 사람 소바더, 데살로니가 사람 아리스다고와 세군도, 더베사람 가이오와 디모데, 아시아 사람 두기고와 드로비모였습니다.(행 20:4) 그때쯤 로마복음화에 함께 할 사람들이 바울 주변에 모여들기 시작했다는 것을 알 수 있습니다.

18세기 감리교 운동을 시작한 존 웨슬리 목사님도 평신도들을 훈련하여 복음전도에 활용했습니다. 이것이 웨슬리의 탁월한 전도방법으로 당시로서는 파격적인 것이었습니다. 웨슬리 목사님은 평신도를 훈련하여 순회설교자로, 혹은 지역 설교자로, 그리고 속장으로 세웠습니다. 그렇게 함으로 영국과 미국 사회를 변화시킬 수 있었습니다. 미국 플로리다에 있는 코럴 릿찌 장로교회 목사였던 제임스 케네디 목사님도 평신도를 전도자로 훈련시키는 '전도폭발'을 시작하였고 지난 20세기 세계 여러 교회에 영향을 큰 미쳤습니다.

그러므로 전도운동의 기초 원리는 바로 제자입니다. 지속적인 전도운동이 일어나려면 그 무엇보다 제자를 세우는 일, 전도자를 훈련하는 것부터 시작해야 합니다. 전도는 제자훈련과 함께 가야 합니다.

 다음 질문에 답하십시오.

1. 전도의 기초원리가 무엇입니까?

2. 예수님의 제자 훈련의 핵심 원리는 무엇이었습니까?

3. 사도 바울의 1차, 2차 3차 전도여행을 전도의 기초 원리를 가지고 비교해 보십시오.

제2과

전도의 영적 원리

　전도의 두 번째 원리는 기도운동입니다. 지속적인 전도는 기도와 함께 가야 합니다. 이것을 '전도의 영적 원리'라고 합니다. 전도는 어떤 의미에서 영적인 전쟁입니다. 마귀에게 잡혀 있는 영혼을 구원하여 하나님의 자녀가 되게 하는 것이 전도입니다. 주님은 바울에게 이방인에게로 보내면서 이렇게 말씀하셨습니다. "그 눈을 뜨게 하여 어둠에서 빛으로 사탄의 권세에서 하나님께로 돌아오게 하고 죄 사함과 나를 믿어 거룩하게 된 무리 가운데서 기업을 얻게 하리라"(행 26:18) 전도는 어둠에 있는 사람을 빛으로, 사탄의 권세에서 하나님께로 돌아오게 하는 것, 그리고 죄 사함과 거룩한 무리 가운에서 기업을 얻는 것이라는 말씀입니다. 따라서 한 영혼을 구원해 내는 일은 저절로 되지 않습니다. 반드시 영적인 방해가 있기 때문에 기도가 절실하게 필요합니다.

　성경의 진리는 분명합니다. 사람은 스스로 하나님을 찾을 수 없습니다. 죄인이 하나님에 대해 바른 생각을 하려면 하나님께서 그 사람 안에 먼저 역사해야 합니다. 예수님은 이렇게 말했습니다. "나를 보내신 아버지께서 이끌지 아니하시면 아무도 내게 올 수 없으니 오는 그를 내가 마지막 날에 다시 살리리라"(요6:44) 하나님을 알지 못하는 이들을 위한 기도가 절실히 필요한 이유가 바로 이것 때문입니다.

　5만 번 응답받은 기도의 주인공으로 우리에게 널리 알려진 조지 뮬러 목사는 자신과 매우 친한 친구 5명을 위하여 기도하기 시작했다고 합니다. 기도를 시작한지 5년 만에 그중 한명이 그리스도인이 되었습니다. 그리고 10년 후 두 명이 하나님께 돌아왔습니다. 계속해서 남은 두 친구를 위해 기도했는데, 25년이 지난 후 네 번째 친구가 구원을 받았습니다. 조지 뮬러 목사는 숨을 거두기 직전까지 마지막 남은 친구를 위하여 기도했습니다. 그런데 그가 죽은 지 몇 달 되지 않아서 마침내 이 친구까지 예수님을 구주로 영접하게 되었다고 합니다. 이처럼 중보기도는 전도할 대상의 마음을 움직여 구원에 이르게 하는 능력입니다.

소돔과 고모라성이 멸망할 때, 하나님은 아브라함을 생각하사(창 19:29), 즉 아브라함의 기도를 들으시고 롯의 가족을 구원해 주셨습니다. 아론과 이스라엘 자손이 광야에서 금송아지 우상을 만들고 섬기다가 멸망의 선고를 받았을 때, 모세의 중보기도는 멸망의 위기에 놓인 이스라엘 자손을 구원했습니다.(출 32:14) 반면 에스겔 선지자 시대에는 성 무너진 데를 막아서는 중보기도자를 아무리 찾아도 찾을 수가 없어서 하나님께서 이스라엘에게 그 분노를 쏟아 부었다고 말했습니다.(겔 22:30-31) 결국 예루살렘은 무너졌고, 이스라엘 자손은 포로로 끌려가고 말았습니다. 오늘날에도 하나님은 멸망의 위기 가운데 서 있는 도시들을 구원하기 위해 중보기도자를 찾고 계십니다. 중보기도자들의 기도를 통해 하나님은 사람들을 구원하고 계십니다. 그러므로 영혼을 구원하는 전도의 사역에서 기도가 얼마나 중요한지 알아야 합니다.

초대 교회가 전도에 성공한 비밀 역시 중보기도에 있습니다. 어떤 신학자는 사도행전을 기도행전이라고 말합니다. 실제로 사도행전을 주의해서 읽어보면, 어느 한 지역에 일어난 전도의 역사는 기도와 연관이 있다는 것을 발견할 수 있습니다. 마가다락방에 모인 사람들이 성령의 임재를 구하며 전혀 기도에 힘썼을 때, 그 자리에 성령이 임하였습니다. 성령으로 충만한 베드로가 사람들에게 설교하자 수많은 사람들이 믿고 세례를 받았는데, 이 날에 제자의 수가 3천이나 더했습니다(행 2:41) 또한 성전에 앉아 구걸하던 나면서 못 걷게 된 사람이 일어나 걷게 되는 기적이 일어났고, 그날 남자들만 5천명이나 예수를 믿게 되었습니다. 그런데 성경은 이 일이 제 구시 기도시간에 기도하러 성전에 올라가던 베드로와 요한을 통해 일어났다고 말하고 있습니다.

여기서 중요한 것은 기도시간입니다. 하나님은 기도하는 시간에 놀라운 일을 일으키셨습니다. 그 이튿날 공회는 두 사도를 가운데 세우고, '예수 이름으로 아무에게도 말하지도 말라'고 위협을 하고는 놓아주었을 때, 그때도 그들은 모여서 함께 기도했습니다. 그러자 그들이 모인 곳이 진동하고 그들은 다 성령으로 충만하여 담대히 하나님의 말씀을 전하였습니다. 교회 안에 갈등이 생겼을 때에도 사도들은 "우리는 오로지 기도하는 일과 말씀 사역에 힘쓰리라"(행 6:4)라고 결단했습니다.

그것만이 아닙니다. 사도행전 10장에 보면, 고넬료라는 이방인 가정에 복음이 전해지고 마가다락방에서처럼 이방인들에게도 성령이 임하게 될 때에도 하나님은 기도를 통해 고넬료와 베드로를 만나게 하셨습니다. 12장에서는 베드로가 순교의 위기를 당했을 때, 교회가 기도했고, 하나님의 사자는 베드로를 감옥에서 건져냈습니다. 13장에서도 안디옥 교회가 기도하다가 성령의 지시를 듣고 최초의 선교사 바나바와 바울을 파송하였습니다. 16장에서는 바울이 환상 중에 마케도냐 사람 하나가 서서 '마케도냐로 건너와서 우리를 도우라'는 말을 듣고 마케도냐로 향하게 되었고, 마케도냐 첫 성인 빌립보에서 기도할 곳을 찾다가 루디아를 만나 전도의 문을 열었고, 또 기도하는 곳에 가다가 귀신 들린 여인을 고쳤으며, 그 일로 인해 감옥에 들어가게 되었을 때에도 기도하고 찬송하다가 지진이 일어나고 감옥 문이 열리게 되었고, 그 결과 간수를 구원하게 되었습니다. 사도행전은 이와 같이 기도와 전도를 연관시키고 있습니다.

영혼을 구원하는 일에 있어서 기도가 중요한 이유는 기도할 때 성령님이 임하시고, 악한 영이 떠나가기 때문입니다. 따라서 전도운동은 언제나 기도할 때 풍성하게 일어났습니다. 한국교회가 전도를 많이 하고, 지금도 여전히 전도가 이루어지고 있는 이유는 영혼구원을 위해 기도하고 있기 때문입니다.

 다음 질문에 답하십시오.

1. 왜 전도하는 일에 기도가 그렇게 중요할까요? 당신이 생각하는 답을 두 가지만 적어보십시오.

2. 사도행전에서 사도들이 기도하고 전도할 때, 일어났던 일들 중에 기억나는 일이 있다면 하나만 적어보십시오.

그렇다면 기도운동이 왜 그렇게 중요할까요?
첫째, 기도는 전도자를 준비시키기 때문입니다. 전도할 때, 복음 곧 전도메시지가 영적인 싸움을 위한 폭탄이라면 그 폭탄을 터뜨리는 뇌관은 기도라고 할 수 있습니다. 교회 안에 전도자들이 일어나지 않는 이유는 사람들의 가슴에 복음이라는 폭탄이 터지지 않았기 때문입니다. 그렇게 되려면 기도라는 뇌관이 먼저 터져야 합니다. 따라서 교회 안에 전도자들이 일어나려면 먼저 기도운동이 일어나야 합니다. 전도를 위해 기도하기 시작할 때, 성령님께서 사람들의 마음을 움직여 전도하는 일에 헌신하도록 하십시오. 예수님도 기도로 전도를 준비하셨고,(막 1:35-39) 기도로 전도자(제자)들을 세우셨습니다(눅 6:12-13)

두 번째, 기도는 전도할 지역을 준비시킵니다. 우리가 전도할 지역을 두고 기도할 때 하나님은 전도할 지역을 우리에게 넘겨주십니다. 여리고성 이야기가 그 대표적인 예입니다. 하나님은 여리고성을 점령할 때, 여호수아와 이스라엘 자손에게 하루에 한 번씩, 그리고 일곱째 날에는 일곱 번을 돌라고 명령했습니다. 성경에는 없지만, 아마 이스라엘 자손은 여리고성을 돌면서 '이 성을 우리에게 주십시오.'라고 기도했을 것입니다. 어쨌든 그들은 돌았고 여리고성은 무너졌습니다. 여기서 여리고성을 돌았다는 것이 중요합니다. 그래서 과거에 '여리고 작전'이라는 전도 프로그램도 있었습니다. 전도할 지역을 매일 한 바퀴씩 돌면서 기도하는 것입니다. 어떤 선교단체는 이것을 '땅 밟기'라고 표현합니다. 여리고 성을 돌 듯이 기도하면서 전도하면, 하나님은 그 곳에 있는 영혼들을 맡겨주신다는 것입니다.

예를 들어 한 교회가 동네나 근처에 있는 아파트를 품고 기도할 수 있습니다. 전도대를 파송하여 전도하는 것만이 아니라 새벽마다, 혹은 기도회 때마다 지속적으로 그 지역을 품고 기도하기 시작하면, 우선 그 지역을 묶고 있는 사단의 진지가 무너지게 될 것입니다. 그리고 하나님께서 그 지역에 전도의 문을 열어주실 것입니다. 한 지역을 품고 기도하는 것이 바로 전도의 영적인 원리입니다.

나주에서 목회하시는 어느 목사님은 교회에 처음 부임했을 때, 교회 건물은 있었지만 출석하는 교인은 겨우 한두 명 정도였습니다. 그래도 목사님은 실망하지 않고, 60여 호 되는 동네 주민들을 접촉하면서 먼저 지역조사를 했습니다. 그리고 예배실 양쪽 벽에 동네사람들의 이름을 적은 현수막을 걸어놓고, 매일 새벽마다 그들의 이름을 부르며 기도하기 시작했습니다. 그러자 이상한 일이 일어나기 시작했습니다. 교회에 냉담했던 동네사람들이 말을 걸어오고 아이들도 교회에 와서 놀기 시작했습니다. 심지어 교회를 찾아오는 사람들도 생겼습니다. 계속 기도하자 하나님이 전도의 문을 열어주신 것입니다. 5년 정도가 지나자 수십 명이 모이는 교회로 성장하게 되었습니다. 기도할 때 하나님은 이렇게 전도의 문을 열어주십니다.

세 번째, 기도는 전도 대상자를 준비시킵니다. 한명 한명의 이름을 부르며 기도하면 하나님은 전도대상자의 마음의 문을 여시고, 그 사람이 예비된 영혼이 되게 하십니다. 전도대상자가 마음을 열고 복음을 받아들이는 것은 결코 저절로 되지 않습니다. 그를 위해 기도하는 사람이 있기 때문에 하나님이 그의 마음을 열어 복음을 듣게 하시는 것입니다. 새 가족으로 교회에 등록하는 사람들을 만나서 대화를 해보면, 그 사람 주변에는 그를 위해 기도하는 사람들이 많이 있다는 것을 알 수 있습니다. 한 사람이 교회에 등록하는 것은 결코 '우연'이 아닙니다. 그를 위한 여러 사람들의 중보기도의 결과입니다.

그러므로 전도를 통해 하나님의 부흥을 경험하려면 본격적으로 기도해야 합니다. 전도운동이 활발하게 일어나는 교회들을 조사해 보면, 대부분 중보기도 사역을 하고 있다는 것을 알 수 있습니다. 따라서 전도 대상자와 전도지역을 품고 중보기도 하는 일을 쉬지 말아야 합니다.

📝 *혹시 전도대상자를 정하고 그를 위해 기도하고 있습니다. 그가 누구인지, 그리고 얼마동안 그를 위해 기도해 왔는지 나누어 보십시오.*

제3과
전도의 현장

전도의 세 번째 중요한 원리는 "현장원리"입니다. 전도현장은 전도자를 세우는 것과 중보기도만큼 중요합니다. 예수님은 제자들에게 "너희는 가서 모든 민족을 제자로 삼아"(마 28:18)라고 하셨습니다. 여기서 '가서'라는 말은 전도의 현장을 말하는 것입니다.

전도는 사람을 교회로 데리고 오는 것이 아닙니다. 전도의 본래형태는 '가서 전하는 것'입니다. 물론 교회로 사람을 데리고 와야 하지만, 그것은 전도이후에 해야 할 일입니다. 먼저 전도현장으로 가야합니다. 예수님의 전도는 대부분 회당 밖에서 이루어졌습니다. 예수님은 사람들이 스스로 알아서 하나님을 찾아올 것이라고 기대하지 않았습니다. 예수님이 먼저 사람들을 찾아다니셨습니다. 사마리아 여인을 구원하기 위해 일부러 사마리아를 통과해야 했고(요 4:4), 삭개오를 구원하기 위해 여리고를 찾았습니다.(눅 19:1-2) 만약 예수님이 그들을 찾지 않았다면 스스로 알아서 구원을 받을 수 있었겠습니까? 불가능합니다. 그래서 주님은 제자들을 전도현장으로 내보내셨습니다.

전도현장
전도현장이란 실제적으로 전도가 이루어지는 현장을 말합니다. 그곳은 길거리 일 수도 있고, 직장이나 학교, 혹은 어떤 특수한 지역일 수도 있습니다. 살아가는 삶의 현장이 바로 전도현장입니다. 또 전도현장은 '전도의 문'과도 통합니다. 흔히 '전도의 문을 연다.'라고 할 때, 그것은 전도현장을 만드는 것을 의미합니다. 사람들을 만나고, 접촉하는 장소, 불신자들이 하나님을 만날 수 있는 통로가 되는 것이 전도현장입니다. 따라서 전도현장, 곧 전도의 문을 얼마나 여는가가 전도의 중요한 관건입니다.

어떤 경우에는 교회에서 전략적으로 전도현장으로 만들 수도 있습니다. 사람들이 많이 모이는 장소, 사거리, 마트 입구, 공원을 전도현장으로 정하고 그곳에 지속적으로 전도 대를 보내는 것입니다. 또한 어떤 한 전도자가 학교나 병원, 공장, 회사 등 지속적으로 한 장소를 방문할 수도 있습니다. 이런 장소들이 바로 전도현장입니다. 저의 경우, 한창 전도에 헌신했을 때에 대학 캠퍼스, 병원, 회사, 초등학교, 중고등학교, 아파트, 공장, 놀이터, 공원 등 거의 열네 군데 정도의 전도현장을 만들고, 매주 그곳에서 전도했습니다. 그 열네 곳은 전도의 현장이었고, 동시에 전도의 문이었습니다.

> 교회가 전도현장으로 삼고 있는 지역이 있습니까? 그리고 그곳에서 구원받는 일이 지속적으로 일어나고 있습니까?

지속적으로 전도의 문을 열기 위해 전도현장에 '지역담당자'를 세울 수 있습니다. 교회가 전도현장으로 삼고 있는 곳에 거주하는 교우 중에서 한 사람을 세워, 그 지역을 위해 기도하면서, 그곳에서 일어나는 여러 가지 일들과 변동 사항을 보고할 담당자를 세우는 것입니다. 여기서 변동사항이란 이사나 입원, 혹은 경조사 등을 의미합니다. 이런 작은 변화들이 전도의 문이 될 수 있기 때문입니다.

지역 담당자가 할 일입니다.
1) 맡은 지역을 위해 매일 기도합니다.
2) 일주일에 한 번씩 아파트 관리실을 찾아가서 이사 갈 집, 이사 올 집을 파악하고 교회에 보고합니다.(아파트가 아닌 주택 지역이라면 통장을 통해 파악할 수 있습니다)
3) 이사하는 날, 전도 팀과 함께 방문하여, 교회에서 준비한 선물을 전달합니다. 그리고 재 방문할 날짜를 약속합니다. 이것은 매우 중요합니다. 대부분의 아파트는 외부인들이 함부로 들어갈 수 없도록 현관문을 잠가두기 때문에, 이사 하는 날 전도하지 않으면 전도의 기회를 잡기가 쉽지 않습니다.

4) 약속한 날에 방문하여 복음을 전합니다.

꼭 기억해야 할 것은 전도현장에는 항상 하나님이 숨겨놓은 일꾼이 있다는 것입니다. 이것은 사도 바울이 2차 전도여행에서 찾아낸 중요한 개념입니다. 빌립보의 루디아나 데살로니가의 야손, 또 고린도의 아굴라와 브리스길라 부부와 같은 사람들입니다. 그러므로 전도현장에 숨어 있는 일꾼들을 찾아내어 그들과 함께 전도하는 것은 좋은 전략입니다. 여기서 조심해야 할 것은 '전도현장에 숨어 있는 일꾼' 중에는 다른 교회에 출석하는 성도가 있을 수 있습니다. 그럴 경우 두 교회에 갈등이 생기지 않도록 미리 그 교회 목회자에게 양해를 구해야 합니다. 중요한 것은 한 지역을 위해 기도하면서 집중적으로 전도할 때 숨겨놓은 일꾼을 하나님이 만나게 하신다는 것입니다.

접촉점을 잘 활용하십시오.

현장에서 실제 전도할 때 또 중요한 것이 '접촉점'입니다. 접촉점이란 전도자와 전도대상자를 연결해주는 중요한 통로입니다. 다시 말해 전도대상자를 만났을 때 무엇을 매개체로 해서 만날 것인가 하는 것입니다. 교회에서 준비한 전도용품도 좋은 접촉점이지만, 가장 적절한 접촉점은 전도대상자와 만나는 그 현장에서 찾을 수 있습니다. 사도행전 8장에 보면, 빌립이 에디오피아 내시를 전도할 때, 에디오피아 내시가 읽고 있던 성경말씀이 접촉점이 되었습니다. 빌립은 에디오피아 내시가 이렇게 물었습니다. "읽는 것을 깨닫느냐?"(행 8:30) 에디오피아 내시는 "지도해 주는 사람이 없는데 어찌 깨달을 수 있느냐"(행 8:31)라고 대답했습니다. 그러자 빌립은 성경의 내용을 가르치면서 전도했습니다. 이처럼 전도대상자의 상황은 가장 좋은 접촉점이 됩니다.

다음과 같은 상황들이 전도의 좋은 접촉점이 될 수 있습니다.
1) **축하할 일들** : 임신, 출산, 약혼, 결혼, 생일, 고희연, 취직, 승진, 졸업, 입학, 개업 등
2) **위로가 필요한 상황** : 가족의 죽음, 질병, 사고, 파산, 이혼, 별거, 빚더미에 시달림, 학교성적이 좋지 않음, 사귀던 사람과의 결별, 실직, 상사와의 갈등, 가까운 친구의 죽음 등
3) **그 외** : 이사, 자신의 특기, 업종전환, 여가활동의 변화 등

또한 교회에서 하고 있는 의미 깊은 프로그램이나 봉사활동, 문화교실 등이 좋은 접촉점이 될 수 있습니다. 교회에서 할 수 있는 여러 가지 프로그램들, 무료영어교실(주부, 대학

생, 어린이), 무료 탁아교실, 어린이 독서방, 노인학교, 탁구교실, 축구교실, 농구선교, 볼링선교, 손 뜨개 교실, 주부컴퓨터 교실 등과 같은 것과 절기에 따라 할 수 있는 것들, 부활절 계란 돌리기, 크리스마스 선물 돌리기, 그리고 지역을 섬기는 일들, 동네 청소하기, 먼저 인사하기, 미소짓기, 독거노인 돌보기, 빈터에 꽃 심기, 음식 나눠먹기, 맛사지, 지압 등도 좋은 접촉점이 될 수 있습니다.

📝 현재 우리 교회가 하고 있는 프로그램 중에서 전도대상자와 접촉할 수 있는 좋은 접촉점에는 어떤 것들이 있을까요?

조별 모임

다음질문을 가지고 조원들과 함께 나누어 보십시오.

1. 우리 교회 안에 전도운동이 일어나기 위해서, 가장 먼저 필요한 것이 무엇이라고 생각합니까? 서로 나누어 보십시오.

2. 한 영혼을 품고 기도하는 일이 얼마나 중요한지에 대해, 그리고 오랫동안 기도하고 있는 전도대상자가 있는지, 아니면 지속적으로 나가서 전도하는 현장들이 있는지에 대해 솔직한 마음으로 나누어 보십시오.

09단원
좋은 전도자의 자세

📖 **이 단원의 암송구절**

"하나님을 찬미하며 또 온 백성에게 칭송을 받으니 주께서 구원받은 사람을 날마다 더하게 하시니라"(행 2:47)

● 『일곱 집사 전도행전』이라는 책에 보면, '옥경이', '칠갑산'의 작사 작곡가인 조운파 집사의 전도이야기가 나옵니다. 그는 예수를 믿고 난 다음, 캐딜락을 타고 다니는 권리를 포기했다고 간증했습니다. 캐딜락을 처음 탈 때 시속 150-180km을 달려도 차 안의 컵의 물이 그대로 있는 것이 그렇게 좋았다고 합니다. 그런데 어느 날 갑자기 마음에 찔림이 오면서 성령의 음성이 들려왔습니다. "너는 사람들에게 전도하겠다고 큰소리치면서 이렇게 고급 차만 타고 다니면 전도할 사람은 언제 만나니?" 이때부터 캐딜락을 하나님께 반납하고 버스 카드와 전철표를 사서 전도하기 시작했다고 합니다. 희생 없이, 섬김 없이 전도할 수는 없습니다. 전도의 명령에 순종하려면 먼저 종으로 살기를 결심해야 합니다.

그의 전도방법은 이렇습니다. 일단 버스나 전철에 타면 재빨리 빈자리에 가서 앉습니다. 그리고 누군가가 앞에 서면 자리에서 일어납니다. 그냥 일어나면 내리는 줄 알고 고마운 줄 모를 테니 "피곤하신 것 같은데 앉으시겠습니까?" 하면서 자리를 양보합니다. 상대가 고마운 마음으로 자리에 앉으면, 주머니에서 4영리를 꺼내어 "선생님, 이 책은 제가 평생 읽은 것 가운데 가장 귀한 책인데 읽어보시겠습니까?"라고 하면, 거의 다 책을 받습니다. 그리고 그 사람이 책장을 넘기면서 읽기 시작하면, 그때 옆으로 다가가서 복음을 전하였다고 합니다.

조운파 집사가 이렇게 섬기는 자세로 전도하게 된 것은, 자기를 전도한 사람이 종의 태도로 전도했기 때문이라고 말했습니다. 그가 예수를 믿지 않던 80년대 초에 개인 사정으로 가족들과 떨어져 하숙생활을 하게 되었는데, 주인이 그리스도인이었습니다. 주인은 언제나 조운파 집사에게 친절하고 상냥하게 대해 주었는데, 심지어 아침이면 자신의 구두까지 닦아놓았습니다. 너무 황송해서 하루는 "구두는 제가 닦을 테니 그만 두세요"라고 했더니 빙그레 웃으며 이런 질문을 했다고 합니다. "조 선생, 더러운 구두도 닦으니 반짝반짝 빛나지 않는가? 마찬가지로 몸도 옷도 더러워지면 씻으면 되겠지. 그런데 말이야, 만일 우리의 영혼이 병들고 더러워지면 어떻게 하지?" 이 질문에 찔림을 받은 그날 밤, 그는 잠을 이루지 못하다가 새벽녘 화장실을 가다가 자기를 위해 기도하는 집주인의 기도소리를 듣게 되었습니다. 그 새벽에 다시 충격을 받는 그는 교회를 나가게 되었고, 마침내 복음을 듣고 구원을 받게 되었다고 했습니다.

그렇습니다. 전도를 잘하기 위해서는 우리 자신이 먼저 좋은 성도가 되어야 합니다. 일방적인 승리주의에 빠져 다른 종교를 비난한다든지, 전도대상자들에게 믿음을 강요한다든지, 비인격적으로 다른 사람을 대하는 것은 좋은 모습이 아닙니다. '오직 예수', '오직 복음'이라면, 전도의 방법 역시 복음적이어야 하고 인격적이어야 합니다. 가장 좋은 전도의 방법은 하나님의 성품을 따라 하는 것입니다. 전도의 방법이 비인격적이고, 강압적이라면 결코 성령님의 역사를 경험할 수 없습니다. 무례하게 전도하다가 오히려 전도의 문이 닫히는 경우가 많이 있습니다.

제1과

다른 사람의 발을 씻기는 전도자

전도자가 갖추어야 할 여러 가지 덕목이 있겠지만 그 중에 섬기는 자세는 참으로 중요합니다. 복음을 전할 때, 겸손하게 종의 자세로 복음을 전해야 전도대상자들의 마음을 열 수 있습니다. 많은 말을 하는 것보다 섬김과 친절함을 통해 마음의 문을 여는 것이 필요합니다.

특히 세상 모든 사람들은 다 주님의 사랑의 대상입니다. 사도 요한은 "하나님이 세상을 이처럼 사랑하사 독생자를 주셨으니"(요 3:16)라고 하셨습니다. 이 세상은 하나님의 사랑의 대상이요. 세상 모든 사람이 다 소중한 존재들이라고 했습니다. 따라서 한 사람, 한 사람을 귀중히 여기고, 섬기는 자세로 다가가는 것이 전도의 좋은 방법입니다.

역사적으로 보면, 한국에 온 초기 선교사들은 대부분 학교, 병원을 먼저 세우고 사회단체와 자선 단체들을 만들었습니다. '섬기는 전도'라는 방법으로 선교사들은 한국인들의 마음을 열었습니다. 이렇게 선교사님들이 세운 학교에서 교육을 받은 인재들이 한국의 현대화에 큰 공헌들을 하게 되었는데, 그들 중에는 민족해방운동에 앞장서신 분들도 많았고, 문화의 변혁과 생활의 변혁을 이끌었던 분들도 있습니다. 여성들을 온갖 악한 인습으로부터 해방시키고, 어린 아이들의 가치를 높이기도 했고, 또한 이 땅에 민주주의가 자리 잡게 했으며 온갖 현대 학문을 들여오기도 했습니다. 왜 초기 선교사들이 이 같은 일들을 했을까요? 그것은 기독교의 정신이 봉사와 이웃을 향한 섬김이기 때문입니다. 이들은 섬기는 삶을 통해 이 땅에 복음을 전파하였고, 그 결과 한국교회는 굉장한 속도로 성장하게 되었습니다.

요한복음 13:1-17을 읽고 다음 물음에 답하십시오.

1. 최후의 만찬의 자리에서 예수님은 자신이 하나님께로부터 왔다가 하나님께로 돌아가야 한다는 것을 아시고 저녁 잡수시던 자리에서 일어나서 무슨 일을 하셨습니까?(4-5절)

2. 시몬 베드로가 거절하자 주님은 무엇이라고 하셨습니까?(8절)

3. 제자들의 발을 다 씻기고 난 다음에 주님이 주신 중요한 교훈은 무엇이었습니까?(13-14절)

당시 다른 사람의 발을 씻기는 일은 종이 한 일입니다. 주님은 종이 하는 그 일을 친히 하셨습니다. 식사하던 자리에서 일어나서 겉옷을 벗고, 수건을 가져다가 허리에 두르시고, 대야에 물을 떠서 제자들의 발을 씻기고, 그 두르신 수건으로 닦아주셨습니다. 그런 다음 "내가 주와 선생이 되어 너희 발을 씻었으니 너희도 서로 발을 씻어 주는 것이 옳으니라"(요 13:14)고 하셨습니다. 이것을 단순히 윤리적인 교훈으로만 생각해서는 안 됩니다. 주님은 다른 사람의 발을 씻어주는 것이야말로 그 사람의 마음을 얻는 가장 중요한 방법이라는 것을 가르쳐 주신 것입니다. 마치 종처럼 섬기는 자세로 다가갈 때 영혼을 살리는 길이 열린다는 것입니다.

예수님께서도 하나님 나라의 복음을 이 땅에 전하기 위해서 피조물인 사람들의 몸을 입으셨고, 사람들의 언어로, 그들이 알아들을 수 있는 비유로, 또 그들의 삶의 이야기로 복음을 전하셨습니다. 특히 주님은 세상 사람들이 필요로 하는 병 고침, 굶주림을 채움, 친구가 되어줌, 꿈을 심어줌 등과 같은 방법으로 마음을 여셨습니다. 교회도 이런 주님의 방법을 따라 전도해야 합니다.

신약성경에 나오는 요한삼서는 사도 요한이 지극히 개인적으로 가이오라는 사람에게 보낸 편지입니다. 가이오가 어떤 사람인지에 대한 많은 이야기가 있지만, 아마 사도 바울의 마지막 선교 여행에서 그리스로부터 마게도냐를 지나 드로아까지 동행한 더베의 가이오(행20:4)였던 것으로 알려져 있습니다. 사도 요한은 한 교회 안에서 사역하고 있었던 두 사람의 이야기를 통해 섬기는 삶, 봉사하는 삶에 대해 구체적인 이야기를 시작했습니다.

요한삼서을 펴놓고 다음 질문에 답해보십시오.

1. 가이오는 교회에서 어떤 섬김을 잘 하였습니까?(5-8절)

2. 가이오의 봉사는 하나님 편에서 볼 때 어떤 의미를 가지고 있습니까?(8절)

3. 디오드레베는 왜 책망을 받았을까요? 디오드레베의 잘못된 모습을 설명해보십시오.(9-10절)

4. 디오드레베가 교회 안에 어떤 나쁜 영향력을 주었을까요?

가이오와 디오드레베는 섬기는 삶에 전형적인 대조를 이루는 사람들입니다. 당시 가이오는 교회를 찾아오는 많은 나그네, 특히 이름 없는 순회전도자들을 자기 재산으로 극진히 섬겼습니다. 한번 대접을 받고 간 사람들은 가는 곳마다 가이오를 칭찬했습니다. 이런 가이오의 섬김은 하나님 편에서 볼 때, 매우 좋은 복음전도의 방법이요, 교회의 전도 사역에 동참하는 일이었습니다.

반면에 디오드레베는 가이오와 달랐습니다. 그는 으뜸되기를 좋아했고 자기가 하지 아니하는 일은 아무리 좋은 일이라도 남도 하지 못하게 방해했고, 자기편을 들지 아니하는 자를 비판했습니다. 그는 겸손히 자기를 낮추며 섬기는 자는 결코 아니었습니다. 그는 교회 사역자였지만 예수님을 닮지 않았습니다. 디오드레베와 같은 사역자들은 오히려 복음전파를 방해하는 사람들입니다.

교회에서 봉사하는 사람들이 왜 자주 원망에 빠지게 될까요? 봉사하지 않는 다른 사람들이 자꾸 보이기 때문입니다. 누가복음 10장에 나오는 마르다와 마리아 자매이야기가 좋은 예가 될 수 있습니다. 예수님이 그 집에 방문했을 때, 언니인 마르다는 온힘을 다해 예수님을 위한 음식을 만들었습니다. 그러나 동생 마리아는 예수님의 발 앞에서 예수님의 말씀에 열심히 귀를 기울이고 있었습니다. 준비하는 일에 마음이 분주했던 마르다는 예수님에게 이렇게 말했습니다. "주여 내 동생이 나 혼자 일하게 두는 것을 생각하지 아니하시나이까 그를 명하사 나를 도와주라 하소서"(눅 10:40) 아마 마르다는 가만히 앉아 있는 마리아가 눈에 거슬렸던 것 같습니다. 그때 주님은 이렇게 말씀하셨습니다. "마르다야 마르다야 네가 많은 일로 염려하고 근심하나 몇 가지만 하든지 혹은 한 가지만이라도 족하니라"(눅 10:40-41)

좋은 전도자는 다른 사람과 자신을 비교하지 않습니다. 전도하지 않는 다른 사람을 원망해서도 안 됩니다. 우리가 열심히 전도하되, 항상 섬기는 자세로 하고, 또 원망없이 해야 합니다.

📝 베드로전서 4:7-11을 읽고 다음 질문에 답해보십시오.

1. 만물의 마지막이 가까이 왔기 때문에 우리 그리스도인들이 정신을 차리고 해야 할 일들이 있습니다. 어떤 것들인지 성경에서 찾아보십시오.
   1) 7절:
   2) 8절:
   3) 9절:

2. 사랑이 가지고 있는 강한 힘은 무엇입니까?

3. 다음은 하나님이 영광을 받으실 행동들입니다. 빈칸을 채워보십시오.
   "만일 누가 (   )하려면 하나님의 말씀을 하는 것 같이 하고 누가 (   )하려면 하나님이 공급하시는 힘으로 하는 것 같이 하라"(벧전 4:11)

제2과

섬기는 전도

·

　섬기는 전도란 말 그대로 섬기는 것에 초점을 맞춘 전도방법입니다. 스티브 쇼그린은 『101전도법』에서 섬기는 전도를 이렇게 정의했습니다. "섬기는 전도란 섬기는 것에 초점을 맞추는 전도방법이다"[8]

　섬기는 전도가 우리 시대에 보다 효과적인 방법으로 여겨지는 첫 번째 이유는 많은 그리스도인들을 쉽게 전도에 동참시킬 수 있다는 장점 때문입니다. '전도'라는 명사에 '섬기는'이라는 형용사를 붙이면, 전도에 헌신하는 그리스도인들이 많아질 것입니다. 왜냐하면 그리스도인들 안에 계시는 성령님은 섬기는 영이시기 때문입니다. 따라서 '섬기는'이라는 형용사는 교회에 속한 보통 그리스도인들에게 능력을 부여할 수 있습니다. 두 번째 이유는 섬기는 전도가 전도대상자들의 마음을 쉽게 열 수 있도록 하는 좋은 방법이기 때문입니다. 사랑에서 우러난 친절한 행동이 사람들의 마음을 움직이기 때문입니다. 사람들은 말보다 친절한 행동을 더 잘 기억합니다. 세 번째 이유는 섬기는 전도가 '가서 제자 삼으라'는 '위대한 위임'(the great commission)과 '서로 사랑하라'는 '위대한 명령'(the great command)을 통합적으로 수행하는 방법이기 때문입니다. 복음을 섬김에 담아 전하는 것이 섬기는 전도의 핵심입니다. 예수님은 "인자가 온 것은 섬김을 받으려 함이 아니라 도리어 섬기려 하고 자기 목숨을 많은 사람의 대속물로 주려 함이니라"(막 10:45)라고 하셨습니

---

[8] 스티브 쇼그린, 장세혁와 NCD편집부 옮김, 『101전도법』(서울: 도서출판NCD, 2002) p.16

다. 예수님은 가난하고 병든 사람들을 찾아가 그들을 사랑으로 섬김으로써 치유와 하나님 형상의 회복이라는 구원을 이루려고 했습니다.

감리교 운동을 시작한 존 웨슬리 목사님의 전도방법은 오늘 우리시대 사람들이 본받을 만합니다. 웨슬리 목사님은 기독교 신앙의 핵심을 '사랑', 곧 하나님과 온 인류에 대한 사랑이며, 마음을 다하고 힘을 다하고 생명을 다하여 하나님을 사랑하고 또한 하나님이 창조하신 모든 사람을 내 몸처럼 사랑하는 것(마 22:37-39)이라고 말했습니다. 그래서 초기 감리교 전도운동은 영혼을 구원하는 일과 가난한 자들의 삶을 돌보는 일을 동시에 실행했습니다. 웨슬리 목사님은 야외설교를 통해 수많은 사람들에게 복음을 전하고 그들을 회심하도록 한 것만이 아니라, 1739년부터는 런던을 중심으로 사회사업을, 킹스우드를 중심으로 교육사업을, 뉴캐슬을 중심으로 고아사업을 시작했습니다. 그리고 1741년에는 46명 병자 방문인들로 하여금 2명씩 짝을 지어 23개 지역으로 나누어 일주일에 세 번씩 각 지역 병자들을 방문하도록 했습니다. 조직적으로 가난하고 병든 이들을 섬기도록 한 것입니다.

1740년에 작성한 "메도디스트의 성격"에서 웨슬리는 "감리교인들은 시간이 있을 때는 모든 사람에게 선을 행한다. 즉 이웃들과 낯선 사람들, 친구들과 원수들에게 선을 베푼다. 그리고 이를 위해 모든 가능한 방법을 동원한다. '배고픈 자를 먹이고 헐벗은 자를 입히며 병들거나 감옥에 갇힌 자를 찾아 돌보아줌으로' 그들의 육신만을 돌보는 것이 아니라, 더 나아가 하나님이 주신 능력으로 그들의 영혼을 위해 선행을 행하되, 죽음에 잠든 자들을 깨우고 깨어난 자들을 속죄의 피로 인도하는 것, 즉 '믿음으로 의롭다 함을 얻게 함으로 그들도 하나님과 평화를 누릴 수 있게' 해주며, 하나님과 화평한 자들에게는 사랑과 선한 일을 더 풍성히 이루도록 일깨워준다."[9] 라고 말했습니다. 이런 감리교 운동이 당시 영국을 변화시켰고, 수많은 사람들을 주님께로 인도하게 되었습니다. 사랑으로 섬기는 것은 우리 주님이 기뻐하는 전도방법입니다.

미국 중등 교육계에서 가장 권위 있는 교육 주간지(Education Week)는 지난 20세기를 대표할 수 있는 고등학교로 엔도버에 있는 필립스 아카데미를 선정했습니다. 이 학교는 미국이 영국으로부터 독립한 지 2년 후인 1778년 새 독립 국가를 정치, 종교, 경제, 사회, 문화 등 각 분야에서 이끌어 갈 인재 양성을 목적으로 청교도 부흥의 본산지인 보스톤에 사무엘 필립

---

9) 존 웨슬리, "메도디스트의 성격"(The Character of A Methodist) 웨슬리 학회 편역, 『웨슬리 논문집 I』(서울: 웨슬리학회 2009), p.65.

스에 의해 설립 되었습니다. 그런데 이 학교의 건학 이념(建學理念)이 바로 Not for Self(자신을 위해서가 아닌)입니다. 나 자신을 위해서가 아닌 남을 위해서 교육을 받는다는 것이 건학이념입니다. 부시 가문이 3대에 걸쳐 교육 받은 학교이며, 케네디도 이 학교 출신입니다.

한국의 전영창 선생님이 세운, 거창고등학교도 이와 비슷한 이념으로 세워졌습니다. 특히 거창고등학교의 직업선택 10계명은 다음과 같습니다.

1. 월급이 적은 쪽을 택하라.
2. 내가 원하는 곳이 아니라 나를 필요로 하는 곳을 택하라.
3. 승진의 기회가 거의 없는 곳을 택하라.
4. 모든 것이 갖추어진 곳을 피하고 처음부터 시작해야 하는 황무지를 택하라.
5. 앞을 다투어 모여드는 곳은 절대 가지 마라. 아무도 가지 않는 곳으로 가라.
6. 장래성이 전혀 없다고 생각되는 곳으로 가라.
7. 사회적 존경 같은 건 바라 볼 수 없는 곳으로 가라.
8. 한 가운데가 아니라 가장자리로 가라.
9. 부모나 아내나 약혼자가 결사반대를 하는 곳이면 틀림없다. 의심치 말고 가라.
10. 왕관이 아니라 단두대가 기다리고 있는 곳으로 가라.

거창고등학교의 직업십계명에서 당신의 마음에 가장 와 닿는 것은 어떤 것입니까? 그 이유는 무엇입니까?

감리교 신학대학 선교학 교수인 장성배 박사는 "섬기는 전도"라는 짧은 글에서 오늘날 교회가 섬기는 전도를 해야 하는 8가지 이유를 다음과 같이 설명했습니다.

첫째. 세상의 사람들은 하나님에게는 매우 중요하기 때문입니다. 하나님은 세상을 너무도 사랑하셔서 독생자를 주셨습니다. 그러므로 전도자들은 잃어버린 양들을 찾아 나서는 목자처럼, 또 세상을 사랑하여 독생자를 보낸 하나님 아버지의 마음을 이해하는 것이 중요합니다. 만약 세상의 사람들이 하나님께 중요하다면, 그들은 우리에게도 중요하게 여겨져야 합니다.

둘째, 복음을 나누는 것은 한 번에 끝나는 거래가 아니기 때문입니다. 복음전도는 하나의 영적 연속과정입니다. "나는 심었고 아볼로는 물을 주었으되 오직 하나님은 자라게 하셨나니"(고전3:6) 바울은 복음을 전하는 것을 하나의 과정(process)으로 보았습니다. 바울이 전도를 농사에 비유한 것은, 한 영혼의 구원에는 씨를 뿌리고, 물과 거름을 주고, 김을 매고, 약을 치는 수많은 과정이 필요하다는 것을 의미합니다.

사실 마음을 연다는 것은 빠르게 발생하는 일이 아닙니다. 폴 벤자민(Paul Benjamin) 박사는, 보통 사람들은 복음과 다섯 번의 의미 있는 만남을 가진 다음에야 예수 그리스도를 구세주로 영접한다고 말했습니다. 이 과정에서 하나님은 한 사람을 당신께 이끌어 오시기 위해서 인생의 여러 단계, 여러 사건들을 사용하십니다. 농사의 비유에서 우리가 알 수 있는 또 하나의 사실은 우리가 더 많은 씨를 뿌리고 더 열심히 가꾸면, 더 많은 열매를 맺을 수 있다는 사실입니다. 교회를 향한 세상의 불신을 불식시키기 위해서도 교회는 더 의도적으로 사랑과 섬기는 삶을 세상에 보여주어야 합니다. 이렇게 밭을 가는 작업 속에 복음의 씨앗이 심기고, 자라나게 될 것입니다.

셋째, 섬기는 방법이 사람들의 마음에 보다 효과적인 영향을 주기 때문입니다. 진정한 사랑에서 우러난 친절한 행동은 마음을 움직입니다. 사람들은 우리가 말보다 우리의 행동을 더 잘 기억합니다. 사람들은 하나님의 사랑에 관하여 들은 말을 반드시 기억하지는 않지만, 하나님의 사랑에 관하여 경험한 것은 결코 잊지 않는다는 것입니다. 사랑의 행동과 함께 하는 사랑의 말은 강력한 증언이 된다는 사실을 반드시 기억해야 합니다.

넷째, 모든 사람들이 섬기는 일을 할 수 있기 때문입니다. 친절 행위는 누구라도 할 수 있는 간단한 것입니다. 입으로 증거 하는 은사를 받지는 못했다 하더라도, 친절한 행동으로 이웃을 섬기는 것은 누구나 가능합니다. 또한 전도하는 사람들조차도 믿지 않는 사람들에게 단순히 말을 건네는 것보다는 무엇인가를 해줄 때 훨씬 더 편안함을 느낄 수 있습니다.

다섯째, 섬기는 방법이 복음을 전하기 위한 기회를 만들기 때문입니다. 대부분의 사람들은 섬김을 받을 때, "왜 내게 이런 친절을 베푸십니까?"라고 묻습니다. 이것이 바로 복음을 전할 수 있는 절호의 기회가 될 수 있고, 접촉점이 될 수 있습니다.

여섯째, 섬기는 방법이 공격적이지 않고 문화적으로도 타당성이 있는 사역이기 때문입니다. 우리가 다른 사람들을 섬길 때, 교회와 지역사회 사이에 막혔던 담이 허물어지고 대화의 계기가 마련될 수 있습니다. 섬기는 사역이 깊어질수록 교회는 그들이 섬기는 그 모습으로 세상에 알려지게 됩니다.

일곱째, 섬기는 방법은 우리들의 삶 속에서 겸손하게 섬기는 태도를 갖도록 도와줍니다. 우리는 섬기는 사역을 통해서 예수님께서 말씀하신 섬기는 삶을 배울 수 있습니다. 섬김을 통해서 우리는 겸손하게 이웃을 섬기는 삶과 그들을 향해 열린 마음을 갖게 됩니다. 그러므로 어떤 의미에서는 섬기는 전도란 그리스도인들에게 하나의 영적훈련이 될 수 있습니다.

여덟째, 섬기는 방법은 하나님의 마음을 움직이기 때문입니다. 하나님께서는 우리가 그의 명령에 순종할 때 기뻐하십니다. 그의 명령에 순종하는 것은 우리가 받은 사랑을 세상에 전하는 것, 바로 세상을 섬기는 것입니다. 또한 우리가 친절 행위로 다른 사람을 섬길 때, 하나님의 임재를 경험할 수 있습니다.

📝 장성배 박사가 "섬기는 전도"에서 말하는 섬기는 방법의 8가지 유익을 적어보십시오.

1. _____

2. _____

3. _____

4. _____

5. _____

6. _____

7. _____

8. _____

제3과

세상을 바꾸는 힘: 사랑

사람들을 구원하기 위해서 우리는 주님께서 하신 말씀 "네 이웃을 네 몸과 같이 사랑하라"는 말씀을 기억해야 합니다. 이 사랑은 매우 중요합니다. 기독교 신앙의 본질이 사랑입니다. 그러므로 우리가 성경공부를 하고, 기도, 예배, 구제를 아무리 잘한다고 하더라도 사랑을 놓치면, 아무 것도 아닙니다.

세상이 타락한 여러 가지 이유가 있지만, 그 중에 가장 중요한 것은 사람들이 잘못된 사랑을 하기 때문입니다. 성경은 우리가 하나님을 사랑해야 한다고 가르칩니다. 그러나 세상 사람들은 하나님보다 자기 자신을 사랑하고, 돈을 사랑하고 있습니다. 이 세상의 속성은 이기적이고, 자기중심적입니다. 따라서 그리스도인들이 자신보다 남을 먼저 배려하는 태도, 세상과 다른 사랑을 보여준다면, 그 사랑이 세상을 변화시키고, 사람들을 죄에서 돌이키게 하는 아주 강력한 능력이 될 수 있습니다. 다시 말해, 예수님이 우리에게 보여주셨고, 예수님께서 명령하신 사랑을 실천하는 것이 세상 사람들을 구원하는 가장 좋은 방법이라는 것입니다. 사랑은 사람들을 하나님께로 이끕니다.

사랑의 힘은 굉장합니다. 어떤 잡지에 이런 기사가 실려 있었습니다. 엘리나라는 78세 된 화란 출신의 할머니가 있었습니다. 이 할머니의 평생 소원은 담배를 끊는 것이었다고 합니다. 그래서 할머니는 50년간 담배를 끊기 위해 클리닉에도 가보고 약도 먹어보았지만 번번이 실패하였습니다. 할 수 있는 것이라면 무슨 노력이라도 하면서 세월을 보내다 보니 할머니는 어느새 78세가 되었다는 것입니다. 그런데 어느 날 엘리나 할머니가 79세 된 제

이슨이라는 할아버지를 만나게 되었습니다. 그리고 이들은 뒤늦게 사랑에 빠져 연애를 하게 되었습니다. 제이슨 할아버지가 할머니에게 말하기를 "나는 당신과 결혼하고 싶은데 단 한가지 때문에 당신과 결혼하는 것이 마음에 걸리오. 당신이 담배를 피운다는 것이 나와 맞지 않는 거 같소"라고 했답니다. 그러자 이 할머니는 "그래요? 그러면 제가 담배를 끊지요"라면서 그 순간부터 담배를 끊었답니다. 그녀의 50년간 이루지 못한 평생소원이 이루어진 것입니다. 이 기사의 마지막 줄에는 "나는 이 경험을 통해서 사랑의 힘은 의지의 힘보다 위대하다는 것을 깨달았다"라는 할머니의 멋진 고백이 실려 있었습니다.

사도행전에 나타난 예루살렘 교회가 세상을 변화시킬 수 있었던 것은 바로 이 사랑 때문이었다고 해도 과언이 아닙니다. 모든 성도들이 서로 사랑하고, 교제하는 가운데 하나님은 날마다 믿는 자를 더해주셨습니다. 이 사랑이 구체적으로 어떤 것인지를 알고 싶어 하는 사람들에게 고린도전서 13장은 훌륭한 대답이 될 수 있습니다. 사도 바울은 여기서 사랑에 대해 분명하게 정의를 내렸고, 우리가 일상적인 환경 속에서 사랑으로 인해 겪을 수 있는 온갖 종류의 갈등들을 보여주었습니다.

특히 중요한 것은, 여기에서는 사랑이 '무엇인지'에 대해 초점을 맞추지 않고, 사랑이 '하는 것과 하지 않는 것', 즉 사랑이 구체적인 삶의 현장에서 어떻게 나타나야 하는지에 대해 말했다는 점입니다. 만약 우리가 고린도 전서 13장에서 사랑이라는 말을 빼고 자신의 이름을 넣어본다면, 아마 우리는 절망할 것입니다. 그러나 그 자리에 정말 딱 맞는 분이 있는데, 그 분이 바로 예수님입니다. 사랑이라는 단어대신 예수님의 이름을 적어 넣어 보십시오, 그렇다면 우리는 예수님의 진정한 모습을 볼 수 있을 것입니다.

고전 13:1-7을 읽고 다음 질문에 답해 보십시오.

1. 다음에 나오는 것들이 "사랑이 없으면" 어떻게 되는지, A와 B를 서로 연결해 보십시오.

Ⓐ
- 사람의 방언, 천사의 말을 할찌라도
- 예언하는 능력과 모든 비밀과 모든 지식을 알고, 산을 옮길만한 믿음이 있어도
- 자신의 모든 것으로 구제하고, 자신의 몸을 불사르게 내어주어도

Ⓑ
- 내게 아무 유익이 없다
- 내가 아무 것도 아니요
- 소리나는 구리와 울리는 꽹과리

2. 사랑의 속성 중에서 "하는 것"에 해당하는 것을 적어보십시오.

3. 사랑의 속성 중에서 "아니 하는 것"에 해당하는 것들을 적어보십시오.

사도 바울은 사랑이 어떤 것이라고 말하고 있습니까? 고린도전서 13장 4~7절에 보면 사랑이 '하는 것'과 '아니 하는 것'을 잘 구분해 놓은 것을 알 수 있습니다.

그렇다면 사랑이 '하는 것'에는 어떤 것들이 있습니까? 우선 사랑은 오래 참습니다. 여기에서는 오래 참는다는 것이 '상황이나 사건'에 대한 인내라기보다는 대부분 '사람'에 대해 인내하는 의미로 쓰였습니다. 사랑은 어떤 사람에 대해 기꺼이 불편을 감수하고, 불이익을 당하고 이용당하겠다는 다짐입니다. 스데반은 죽는 순간, '주님 이 죄를 저들에게 돌리지 마옵소서'라고 기도했습니다. 아마 이 기도가 핍박자 사울의 마음을 뒤흔들어놓았을 것입니다. 그리고 세상을 뒤집는 사랑은 온유합니다. 온유하다는 것은 잘 섬기며, 친절하다는 것을 의미합니다. 적극적으로 상대방에게 호의를 베푸는 것입니다.

반면 사랑이 '아니 하는 것'이 있습니다. 사도 바울은 이것을 여덟 가지로 설명합니다. 우선 시기하는 마음은 사랑이 아닙니다. 다른 사람이 가지고 있는 것을 몰래, 또는 노골적으로 똑같이 갖고 싶어 하는 마음이 시기심입니다. 시기심은 하나님으로부터 온 것이 아닙니다. 또한 뽐내는 것 역시 사랑이 아닙니다. 어떤 사람은 자기가 가지고 있는 물건이나 자기의 선행, 자기의 믿음을 자랑하고 싶어 합니다. 자랑은 시기심의 또 다른 면입니다. 시기심은 다른 사람이 가진 것을 원하는 것이지만 자랑은 다른 사람들로 하여금 우리가 가지고 있는 것을 시기하게 만듭니다. 사랑은 무례히 행하지 않습니다. 사랑은 자기의 유익을 구하지 않고, 성내지 않습니다. 또한 사랑은 복수심을 키우지 않고, 악한 것을 생각하지 않고, 그리고 불의를 기뻐하지도 않습니다. 악한 것을 생각하지 않는다는 것은 남들에게 당한 것을 기록에 남기지 않는다는 의미입니다.

그러나 사랑은 모든 것을 참습니다. 모든 좋은 것을 믿습니다. 사랑하는 사람은 결코 냉소주의자가 아닙니다. 다른 사람을 의심의 눈초리로 보지 않습니다. 혹시 교회공동체에서 어떤 사람이 무엇인가 잘못했다고 비난을 받을 때, 사랑하는 사람은 그의 잘못이 명백하게 드러날 때까지 그를 결코 정죄하지 않습니다. 사랑은 모든 사람의 최선을 믿어줍니다. 무엇보다도 사랑은 결코 포기하지 않습니다. 사랑은 모든 것을 바라고 견딥니다.

성경은 이 사랑이 성령의 열매 중의 하나라고 가르칩니다. 이 같은 사랑은 타락한 사람들의 본성에서 나올 수 있는 것이 아닙니다. 사랑의 열매는 우리가 그리스도 예수 안에 거함으로써 매일 그분을 더 닮아가려고 갈망할 때, 하나님이 우리 안에 부어주시는 것입니다.

> 사도행전 2:42-47을 읽고 우리교회가 우선적으로 닮아야 한다고 생각하는 것이 어떤 것들이 있는지 2-3가지 정도를 적어보십시오.

오늘날 많은 교회들이 분쟁하고, 분열하는 것은 우리의 마음을 아프게 합니다. 사도행전 2장에 나타난 초기 예루살렘 교회는 사랑으로 하나 된 교회입니다. 우리시대의 교회가 닮아야 할 모본입니다. 예수님은 이렇게 말씀하셨습니다. "너희가 서로 사랑하면 이로써 모든 사람이 너희가 내 제자인줄 알리라"(요 13:35) 주님은 우리들이 서로 사랑하기를 원하셨습니다. 따라서 사랑으로 우리가 주님의 제자라는 것을 세상에 보여야 합니다.

세상 사람들이 교회의 창문을 들여다 볼 때 무엇을 볼 수 있어야 하겠습니까? 서로 사랑하는 것을 보는 것이 정상일 것입니다. 서로 경쟁을 하거나 싸우고, 논쟁하는 모습을 보아서는 안됩니다. 세상은 여전히 교회를 주목합니다. 그들은 세상에 없는 사랑을 교회가 베풀어 주기를 바랍니다. 그런 사랑이 세상을 살릴 수 있습니다. 따라서 우리가 해야 할 가장 중요한 일은 서로 사랑하는 것입니다.

어떤 글에 보니까, 쌍둥이가 태어났는데, 그 중 하나가 심장에 큰 결함을 안고 태어났습니다. 의사들은 하나같이 그 아이가 곧 죽게 될 것이라고 말했고, 과연 그 아기의 병세는 점점 악화되어 갔습니다. 그때 한 간호사가 쌍둥이를 하나의 인큐베이터 안에 함께 넣어두자는 의견을 내놓았습니다. 그러나 그렇게 하는 것은 병원 방침에 어긋나는 일이었기 때문에, 담당 의사는 잠시 고민을 해야 했습니다. 그러다가 결국 엄마 자궁에서처럼, 두 아이를 한 인큐베이터 안에 나란히 눕혀놓기로 했습니다. 그런데 쌍둥이를 한 인큐베이터 안에 나란히 눕혀놓고 난 다음부터 놀라운 일이 일어났습니다. 건강한 아이가 팔을 뻗어서 아픈 아이를 감싸 안아주었던 것입니다. 그러자 아무런 이유도 없이 갑자기 아픈 아이의 심장이 안정을 되찾기 시작했습니다. 그리고 혈압이 정상으로 돌아왔고, 체온도 제자리로 돌아왔습니다. 아픈 아이는 조금씩 나아졌습니다. 그리고 얼마있지 않아서 두 아이는 완전히 정상아가 되어서 무럭무럭 자라게 되었습니다.

 당신의 교회는 무엇으로 소문난 교회입니까? 정말 사랑으로 소문난 교회입니까?

조별 모임

다음 질문을 가지고 조원들과 충분히 나누어 보십시오.

1. 좋은 전도자가 되기 위해 갖추어야 할 성품 중에 특히 나 자신에게 절실하게 필요한 것은 무엇인지 솔직하게 나누어 보십시오.

2. 내 주위에 내가 섬기고, 사랑해야 할 사람이 있는지 찾아보시고, 그런 분들을 어떻게 섬겨야 할지에 대해 하나님이 지혜를 주시도록 함께 기도하는 시간을 가지십시오.

- 조별 모임을 마치고 난후 전도여행을 위해 기도하고 SUM을 준비하기 시작해야 합니다.

10단원

반대질문 처리법

📖 **이단원의 요절**

"성령이 아니고서는 누구든지 예수를 주시라 할 수 없느니라"(고전 12:3)

● **전도를 하다보면, 불신자들로부터** 자신이 궁금하게 생각하는 것을 질문 받는 경우가 있습니다. 정말 몰라서 질문을 하기도 하지만, 때로는 전도자를 조롱하거나 반박하기 위해 질문을 하기도 합니다. 그러므로 전도자들은 항상 대답할 준비를 하고 있어야 합니다.

한번은 어떤 여자집사님이 학교 앞에서 학교수업을 마치고 나오는 아이들에게 전도를 했습니다. "얘들아 예수 믿고 구원받아라. 우리 교회에 한번 나와 보지 않겠니?"라고 하면서 열심히 전도를 했습니다. 그런데 한 아이가 전도지를 받고는 이렇게 물었습니다. "그런데 아주머니, 그리스도가 무슨 말이예요?" 갑작스러운 질문을 받고는 집사님이 당황했습니다. "그래? 나도 잘모르겠는데…" 그러자 아이가 다시 질문을 했습니다. "그러면 예수님은 누구예요?" 그때 집사님은 이렇게 대답했다고 합니다. "누구긴 누구야 예수님은 예수님이지!" 이 일이 있고 난 다음, 그 아이는 그냥 집으로 갔지만 집사님은 갑자기 창피하고, 힘도 빠지고, 전도할 마음이 그만 사라지고 말았습니다. '예수님이 누구인지도 제대로 설명하지 못하다니…' 라고 자책하며 그냥 교회로 돌아왔습니다. 그리고 목사님을 찾아가서 전도할 때 예수님을 어떻게 설명해야 하는지, 그리스도의 의미가 무엇인지를 다시 배우게 되었다고 합니다.

대체로 구원에 대해 관심이 있는 사람, 즉 예비된 영혼들은 질문을 합니다. 사실 전도할 때 누군가가 질문을 한다면 그것은 '나도 구원을 받고 싶습니다'라는 무언의 표시이기도 합니다. 질문하는 그 사람이 예비된 영혼일 수 있다는 것입니다. 따라서 이런 사람에게 어떻게 대답을 하느냐가 매우 중요합니다. 전도자는 전도 대상자들의 질문을 귀찮아해서는 안됩니다. 어떤 질문을 받든지 언제나 "좋은 질문입니다. 저도 옛날에는 그런 의문이 생겼습니다. 제가 깨달은 것을 알려 드려도 되겠습니까?"라고 정중하게 다가가면 좋을 것입니다. 혹시 완벽하게 설명하지 못하더라도 두려워할 필요는 없습니다. 이미 그것 자체로 상대방의 마음을 여는 통로가 될 수 있기 때문입니다.

또 알아야 할 것은 불신자들은 영적으로 무지합니다. 우리가 알고 있는 간단한 성경지식이나 하나님을 경험한 이야기라도 불신자들에게는 굉장한 이야기로 들릴 수 있습니다. 만약 질문을 받았을 때, 잘 몰라서 대답하기가 어려운 것이 있다면, 솔직하게 '잘 모르겠다'고 대답하고, 다시 만날 약속을 하는 것도 중요합니다. 두 번째 만남을 가질 수 있는 절호의 기회가 될 수 있기 때문입니다.

여기서 주의할 것은, 절대로 논쟁을 해서는 안된다는 것입니다. 내가 아는 지식으로 상대방을 굴복시키려 하는 것은 어리석은 일입니다. 내 지식을 드러내고, 상대방을 이기는 것보다 더 중요한 것이 복음을 전하는 것입니다. 또한 상대방의 의심이 풀렸다고 해서 곧바로 복음을 받아들일 것이라는 오해는 하지 말아야 합니다. 어차피 의심은 하나로 끝나는 것이 아니고 계속되기 때문입니다. 우리가 할 수 있는 최선은 성령님을 의지하는 것입니다. 성령님이 역사하시면 한 순간에 의심이 사라지고 복음을 받아들일 수 있습니다. 사도 바울은 "성령이 아니고서는 누구든지 예수를 주시라 할 수 없느니라"(고전 12:3)고 했습니다. 그러므로 우리가 불신자들이 흔히 하는 예상 질문들을 잘 정리하고 미리 준비하면 좋을 것입니다. 그리고 내가 소화할 수 있는 믿음의 분량에서 대답을 해 주면 됩니다. 미리 겁부터 낼 필요는 없습니다.

제1과
일반적인 반대질문 처리 방법

전도 현장에서 자주 경험하는 것은, 전도자의 태도가 마음에 들면 그가 전하는 복음을 그대로 수용한다는 것입니다. 반면에 복음을 쉽게 받아들이지 않는 것은 복음을 전하는 사람의 태도, 즉 전도자의 태도가 마음에 들지 않기 때문입니다.

대체로 서구 사람들은 전도자의 말이 합리적이면 받아들이는 반면, 우리나라 사람은 그렇지 않습니다. 전도자가 겸손한 자세로, 전도대상자를 섬기는 마음으로 대화를 시도할 때, 사람들은 마음의 문을 열고 복음을 받아들입니다. 따라서 우리가 복음을 제시할 때 겸손하고 친절한 자세는 무엇보다 중요합니다. 아무리 좋은 복음을 가지고 있어도 의사소통이 되지 않으면 전해줄 수 없습니다.

반대질문을 처리하는 데 있어서 서론의 과정이 중요합니다. 얼마나 명확하게 답변을 하는가에 앞서서 전도대상자를 이해하고 받아들여야 합니다. 먼저 잘 들어보십시오. 어떤 질문을 하든지 인내심을 가지고 끝까지 들어주면, 신앙적인 대화로 자연스럽게 넘어갈 수 있습니다. 좋은 청취자가 좋은 전도자가 될 수 있습니다.

반대의견을 분석해 보면 사람마다 표현은 다르지만, 대체로 몇 가지 기본적인 질문이 반복된다는 것을 알 수 있습니다. 그런 기본적인 질문들을 잘 배우면 도움이 될 것입니다. 그렇다면 기본적인 질문들은 어떤 것일까요?

반대의견을 제시하는 기본적인 유형

첫째, 복음전파를 방해하는 질문입니다. 주로 전도자를 조롱하거나 논쟁을 유도하는 질문을 하는 것입니다. 예를 들면, '하나님을 직접 보았느냐?' '천국에 가보았냐?' '믿기만 하면 되냐 착하게 살아야 구원받지!' 등 복음을 거부하는 반대질문들입니다. 이럴 경우 전도자는 재빨리 영적방해라는 것을 인식하고, 예수 그리스도의 이름으로 악한 영을 대적한 후(마음으로) 그 자리를 피하는 것이 좋습니다.

둘째, 그리스도인들이 덕을 세우지 못한 윤리적인 문제들을 제기하는 경우입니다. 복음이 싫어서라기보다는 그리스도인의 삶이 마음에 들지 않기 때문에 던지는 반대질문입니다. 이런 경우 덕을 세우는데 미약했던 교회의 실수를 솔직하게 인정하고 그 질문을 수용하는 모습을 보이는 것이 중요합니다.

셋째, 정말 몰라서 묻는 진지한 질문들이 있습니다. 이러한 질문을 던지는 사람들 중에는 예비된 영혼이 있습니다. 그리고 이런 사람은 만족한 답을 얻게 되면, 예수님을 구원자로 영접합니다. 성경에 나타난 니고데모와 사마리아 여인, 에디오피아 내시는 진지한 질문을 하고 그 질문에 대한 답을 얻었을 때 복음을 받아들였습니다.

그렇다면 이런 질문들을 받게 되었을 때, 전도자들은 어떻게 대처해야 할까요? 일반적으로 네 가지 처리방법이 있습니다.

일반적인 반대질문 처리법

1) **미리 막으라**: 반대질문이 나오기는 전에 예상되는 질문에 대해 미리 말하는 것입니다. 전도를 많이 하면 무엇을 질문할지 예상할 수 있고, 미리 그 부분에 대해 알려주면 반대 질문을 막을 수 있습니다.

2) **뒤로 미루라**: 전도자는 반대 질문을 받게 되었을 때, 그 문제에 대해 먼저 대답을 할 것인지, 뒤로 미룰 것인지, 혹은 아예 대답을 하지 말아야 할 것인지를 잘 판단해야 합니다. 복음을 전하는데 방해가 된다고 생각된다면, 가능한 제기된 질문에 대해 "조금 있다가 그 문제는 대답을 해드리겠습니다."라고 대답을 뒤로 미루는 것도 지혜로운 방법 중의 하나입니다.

3) **빨리 대답하라**: 전도대상자의 반대질문이 복음과 관련된 본질적인 부분이라면 가능

한 빨리 대답하고, 그 질문을 복음과 연결시키는 것이 좋습니다. 전도메시지의 순서대로 복음제시를 할 때, 이미 지나간 주제라든지, 앞으로 해야 할 주제에 대해 질문을 한다면, 당황하지 말고, 전도메시지와 잘 연결해 주면 좋을 것입니다.

4) 연구하고 나서 나중에 대답해 줄 것을 약속하라: 전도대상자의 질문에 대해 자신 있게 대답할 수 없다면, 전도를 실패했다고 생각하지 말고, 솔직하게 '잘 모르겠다'고 말하고 "저도 배우고 있는 중입니다. 제가 배워서 다시 대답할 기회를 주십시오."라고 말한 뒤, 다시 만날 약속을 하는 것이 좋습니다. 그러면 두 번째 만날 수 있는 기회를 얻게 될 것입니다.

> 전도현장에서 반대질문을 받은 적이 있습니까? 그때, 당신은 어떻게 대처했습니까? 당신의 경험을 이야기해 보십시오.

이제 반대의견에 대해 어떻게 대처해야 하는지 사안별로 구체적으로 설명하겠습니다. 서구 사람들이 반대 질문하는 경우와 한국 사람들이 반대 질문하는 내용이 다릅니다.

서구형 반대질문 처리 사례

첫 번째 예: "나는 성경을 믿지 않아요."

이 질문에 대해서 전도자는 "성경을 읽어보셨나요?"라고 되물어 볼 수 있습니다. 만약 상대방이 "예"라고 대답하면, "읽어 보신 성경의 중심내용이 무엇인지 알고 계십니까?"라고 묻습니다. 혹시 잘못 대답할 경우나 말을 제대로 하지 못하는 경우, "제가 성경의 핵심내용이 무엇인지 말씀드리겠습니다."라고 말하고 복음에 대해 설명하면 됩니다. 만약 전도대상자가 "성경을 읽어보셨습니까?"라는 질문에 "아니오"라고 대답하면, 이렇게 말할 수 있습니다. "성경을 읽어보지 않고 무조건 믿지 않는다고 하는 것은 지성인으로서의 자세가 아닙니다. 지성인은 자신이 모르는 것을 반대하거나 논평하지 않습니다. 괜찮다면 제가 성경의 핵심 내용을 설명해 드리겠습니다."라고 말하고 복음을 제시하면 됩니다.

두 번째 예: "나는 천국이나 하나님이 계신 것을 믿지 않아요"

이 질문에 대해서 전도자는 지혜롭게 대답할 필요가 있습니다. 이렇게 해보십시오. "만약 천국이 있다는 것이 사실이라면 어떻게 하시겠습니까?" 더 자세한 설명이 필요할 경우 다음과 같이 말하십시오 "천국이 있는 것과 천국이 없는 것은 동일하게 증명할 수 없는 것입니다. 그런데 논리적으로 따져본다면, 없는 것을 증명하기보다는 있는 것을 증명하기가 훨씬 더 쉽습니다. 예를 들어 '서울에 사과가 없다'는 것을 증명하려면 서울 시내 전부를 다 돌아보고 나서야 '없다'고 말해야 하지만 '서울에 사과가 있다'는 것을 증명하려면 서울 어디에서든 사과 한 개를 가져오기만 하면 됩니다" 그리고 이어서 이렇게 도전적으로 다가갈 수 있습니다. "천국을 찾아보지도 않고 어떻게 자신 있게 없다고 하십니까? 증명되어서가 아니라 그냥 그렇게 생각하고 있을 뿐일 것입니다. 천국이 있다고 믿는 것과 없다고 믿는 것 중, 어느 쪽이 더 안전하겠습니까? 선생님은 선생님의 생명을 어느 곳에 투자해 두고 살겠습니까?" 이렇게 말하고 난 다음 복음을 제시하면 됩니다.

한국형 반대질문 처리 사례

첫 번째 예: "조상 제사 때문에"(효심)
일단 그 사람의 효심을 칭찬하고, 기독교 신앙이 효도를 근본으로 하는 신앙인 것을 설명하는 것이 중요합니다. 십계명을 가지고 설명할 수도 있고, 추도예배를 설명하면 좋습니다. 주의할 것은 유교에 대해 너무 비판적인 이야기를 해서는 안 된다는 것입니다.

두 번째 예: "종교를 바꾸면 우환이 온다는데"
이미 다른 종교를 가지고 있다는 것을 칭찬하십시오. 귀신의 존재를 믿고 있다는 것을 근거로 귀신보다 더 크신 분, 창조주 하나님에 대해 말하고, 예수님은 그 귀신을 쫓아내실 수 있는 분이신 것과 예수님이 만왕의 왕이요 만주의 주이신 것을 말하고, 예수님을 구원자로 믿으면 예수님께서 지켜주신다는 것을 설명하십시오.

세 번째 예: "모든 종교는 다 똑 같다".

다른 종교도 인정해야 합니다. 혹시 전도대상자에게 종교가 있는지 물어보고, 그 종교를 비판하지 말고, 적극적으로 기독교의 진리인 십자가의 복음을 설명해 보십시오.

네 번째 예: "예수 믿는 사람들이 더 나쁘더라"

이런 경우에는 부끄러운 삶을 사는 그리스도인들을 두둔하지 말고 오히려 한술 더 떠서 비도덕적인 기독교인들을 비난하십시오. 그리고 난 다음 '우리 모두는 다 부족한 사람이다. 부족한 사람들이 모이는 곳이 교회입니다.'라고 말하고, 그래서 더 믿음이 필요하다고 말하십시오.

다섯 번째 예: "술, 담배 때문에"

끊어야 된다고 말하지 마십시오. 믿음이 생기고, 하나님을 만나면 자연히 끊을 수 있기 때문입니다. 술, 담배 하면서 교회 다녀도 상관없다고 말하십시오.

> 전도현장에서 당신이 받은 반대질문 중에 어떤 유형이 가장 많았습니까? 당신의 경험을 이야기 해보십시오.

제2과

반대 질문에 대한
구체적인 대응방법

전도현장에 나가면 다양한 사람을 만날 수 있고, 또 여러 종류의 질문을 받게 됩니다. 전도자들이 주로 받는 질문과 그 질문에 대응할 수 있는 답변을 모았습니다. 많은 질문들이 있지만 앞에서 언급하지 않는 10가지를 정리했습니다.

1. "성실하고 진실하게 살면 된다"

대부분의 사람들은 그저 착하게 살면 죽어서 천국갈 수 있다는 생각을 합니다. 그러나 이렇게 생각하는 분들이 놓치는 것이 바로 모든 사람이 죄인이라는 것입니다. 성경은 이렇게 말합니다. "모든 사람이 죄를 범하였으매 하나님의 영광에 이르지 못하더니"(롬 3:23) 이 말은 이 땅에 죄가 없는 자가 아무도 없다는 말입니다. 또 성경은 "죄의 삯은 사망이요 하나님의 은사는 그리스도 예수 우리 주 안에 있는 영생이니라"(롬 6:23)라고 했습니다. 죄를 지으면 반드시 벌을 받는 것처럼 모든 사람은 다 죄인이기 때문에 누구나 죽습니다. 또 성경은 "한번 죽는 것은 사람에게 정하신 것이요 그 후에는 심판이 있으리니"(히 9:27)라고 했습니다. 죽음이후에 하나님의 심판이 있다는 것입니다. 그러므로 성실하고 진실하게 산다고 천국 가는 것이 아니라 예수 그리스도를 믿어야 구원받습니다.

2. "예수가 밥 먹여 주냐? 왜 예수를 믿느냐?"

이렇게 말하는 사람에게는 직접적으로 대답하는 것도 좋습니다. "예, 그렇습니다. 예수님은 가난한 자를 부요케 하러 오셨습니다."(고후 8:9) 예수님은 현재 먹을 것뿐만 아니라 죽음 이후의 일까지도 책임져 주십니다. 성경은 "믿고 세례를 받는 사람은 구원을 얻을 것이요, 믿지 않은 사람은 정죄를 받으리라."(막 16:16)고 하셨습니다. 우리 인간은 죄인이며, 이런 죄인을 구원하시기 위해 예수님께서 우리 대신 십자가에서 죽으셨습니다. 그래서 성경은 "우리가 아직 죄인 되었을 때에 그리스도께서 우리를 위하여 죽으심으로 하나님께서 우리에 대한 자기의 사랑을 확증하셨느니라"(롬 5:8)라고 하셨습니다.

3. "죽으면 그만이다. 천국과 지옥이 어디 있냐?"

이렇게 대답하십시오. "사람에게는 동물과 달리 영혼이라는 것이 있습니다. 원래 하나님께서 흙으로 사람을 지으시고 그 코에 생기를 불어넣어 사람, 즉 "생령"이 되게 했습니다. 따라서 사람이 죽으면 몸은 흙으로 돌아가지만 영혼은 반드시 천국이나 지옥으로 가게 됩니다. 성경은 지옥과 천국이 분명히 있다고 말합니다."

4. "바쁘고 시간이 없습니다."

이런 사람들에게는 인간이란 한치 앞도 내다 볼 수 없는 존재라는 것을 부각시킬 필요가 있습니다. 이렇게 접근해보면 좋을 것입니다. "현대인들은 모두 바쁘지요. 저도 바쁜 사람입니다. 그렇지만 우리 인생은 잠깐입니다. 성경은 '내일 일을 너희가 알지 못하는도다 너희 생명이 무엇이냐 너희는 잠깐 보이다가 없어지는 안개니라'(약 4:14)라고 했습니다. 그렇기 때문에 일도 중요하지만 영혼이 구원받는 것이 더 급한 일이라고 생각합니다. 순간의 결정이 영원을 좌우합니다. 나중에 믿겠다는 말은 마귀의 그럴듯한 술책이며, 멸망으로 가는 함정입니다. 지금 예수님을 믿어야 합니다."

5. "나는 죄가 너무 많아서"

전도를 하면, 자신은 죄가 전혀 없다고 말하는 사람도 있지만, 의외로 "나는 죄가 너무 많아서…"라고 말하는 사람도 만날 수 있습니다. 이런 사람은 대부분 복음에 대해 수용성이 높은 사람일 가능성이 높습니다. 예비된 영혼이라고 할 수 있습니다. 이런 사람에게는 다른 말보다는 복음을 직접적으로 전하는 것이 좋습니다. "예수님은 당신과 같은 사람을 사랑합니다. 죄를 깨닫는 것을 보니까 하나님께서 당신을 매우 사랑하시는 것 같습니다. 건강한 사람보다 병든 사람에게 의사가 더 필요하듯이, 우리 모두는 죄인이기에 구원자이신 예수님을 믿어야 합니다. 예수님은 당신을 위해 이 땅에 오셨고, 당신을 위해 십자가에서 죽으셨고, 당신을 위해 다시 사셨습니다. 예수님을 구원자로 영접하십시오"

6. "저는 제 자신을 믿습니다."

전도를 하면, 이렇게 말하는 사람도 만날 수 있습니다. 이들은 아예 복음을 거부하는 태도를 보이는 것처럼 보이지만, 사실 이렇게 말하는 사람 중에도 예비된 영혼이 있습니다. 이런 사람에게도 분명하게 복음을 제시하면 좋습니다. 이렇게 해보십시오. "당신이 누구를 믿든 믿지 않든 그것은 자유입니다만, 하나님을 믿지 않고 당신 자신을 믿는다는 것은 당신 자신을 하나님처럼 생각하는 것입니다. 그것은 잘못된 생각입니다. 자기 자신은 그렇게 믿을 만한 존재가 아닙니다. 사실 사람에겐 믿을 만한 것이 없습니다. 다 변하기 때문입니다. 육체를 보십시오. 20대에 좋았던 몸이 지금은 어떻습니까? 10대에 가지고 있었던 꿈은 다 어디로 갔습니까? 그러므로 당신 자신보다는 하나님을 믿어야 합니다."

7. "기독교만 진리라고 하는 것은 독선이다"

전도현장에 가면 의외로 이런 사람을 많이 만납니다. 기독교는 독선적이라는 생각으로 복음을 거부하는 사람입니다. 이럴 경우 "당신의 말이 틀렸다"라고 접근하면 안 됩니다. 이미 거부감을 가지고 있기 때문에 이런 사람에게는 차분한 설명이 필요합니다. "그 말씀도 일리는 있습니다. 하지만 세계종교는 그만 두고서라도 일본에 있는 종교만 해도 일만 가지가 넘고, 네팔에는 수억의 신이 있다고 합니다. 그렇다면 어느 세월에 그것들을 모두 경험해 보고 어떤 종교가 옳은지를 알 수 있겠습니까? 오늘은 제가 믿고 있는 기독교 신앙에 대해 조금만 설명하겠습니다. 기독교는 다른 종교가 잘 말하지 않는 진리를 말합니다. 기독교는 죄 사함과 죽음이후의 문제에 대해 답을 줍니다. 특히 기독교의 핵심은 십자가와 부활입니다. 예수님은 죄가 없는 분이지만 십자가에서 죽으셨습니다. 예수님 자신의 죄 때문에 죽은 것이 아니라 우리 인간들의 죄를 대신하여 죽은 것입니다. 더 중요한 것은 예수님의 무덤이 없다는 것입니다. 왜 그런줄 아십니까? 예수님은 부활하셨기 때문입니다. 기독교는 생명과 부활의 종교입니다. 그래서 예수님은 이렇게 말씀하셨습니다. "내가 곧 길이요 진리요 생명이니 나로 말미암지 않고는 아버지께로 올자가 없느니라."(요 14:6)

8. "미워하는 사람이 있어 양심상 교회에 못 간다"

교회는 다니고 싶은데, 관계에 어려움이 있어서 믿지 못하겠다고 말하는 사람들을 전도 현장에서 자주 만날 수 있습니다. 이런 경우 그들의 상처받은 마음을 위로하는 것이 먼저 중요합니다. 이렇게 접근을 시도해보십시오 "사람을 미워하는 마음은 누구나 가질 수 있습니다. 그러나 남을 미워하는 것이 얼마나 고통스럽습니까? 이상하게 남을 용서하지 않는 사람은 대부분이 큰 병을 안고 살게 됩니다. 그 동안 얼마나 힘드셨습니까? 그러나 우리 힘으로는 마음에 일어나는 미움을 이길 수 없고, 용서할 수도 없습니다. 그러나 하나님이 용서할 마음을 주시면 용서할 수 있습니다. 왜냐하면 하나님은 사랑이시고 용서의 하나님이시기 때문입니다. 하나님께서 우리를 용서하신 것같이 우리도 다른 사람을 용서하기를 하나님은 원하십니다. 교회에 나와서 미워하는 마음을 하나님 앞에 내려놓는다면, 그 고통으로부터 자유함을 얻을 수 있습니다"

9. "교회에 안가도 하나님을 믿으면 된다."

교회 나가는 것이 부담이 되는 사람들도 있습니다. 이들은 기독교 신앙에 대해서는 대체로 동의하지만 교회에 다니거나 믿음의 생활을 하고 싶은 마음이 없는 분들입니다. 이들에게는 이렇게 다가갈 수 있습니다. "하나님을 믿으신다니 참 반갑습니다. 하지만 하나님은 당신이 교회에 나와서 예배하고 하나님과 교제하기를 원하고 계십니다. 불을 피울 때 땔감나무는 혼자 있으면 꺼지고 맙니다. 그러나 여럿을 모으면 불꽃이 활활 타오릅니다. 이처럼 하나님의 사람들이 모일 때 더 크게 경험할 수 있습니다. 그리고 교회에 나와서 하나님의 말씀을 들어야 하나님을 더 잘 알 수 있습니다. 크리소스톰이라는 교부는 "교회를 어머니로 삼지 않는 자는 하나님을 아버지로 부를 수 없다."고 했고, 종교 개혁자 루터는 "누구든지 그리스도를 찾고자 하면 교회를 찾으라."고 했습니다.

10. "헌금이 부담이 된다"

헌금 하는 것이 부담이 되어서 교회에 나오지 못하는 사람들도 있습니다. 이런 사람은 이미 교회 생활을 해본 경험이 있거나 교회 다니다가 쉬고 있는 사람일 수도 있습니다. 그러나 세속적인 가치관이 깊이 그 마음을 사로잡고 있기 때문에 교회에 나오지 않는 사람입니다. 이런 사람에게는 헌금보다 하나님께서 주시는 축복에 대해 더 많이 강조하면 좋습니다. "하나님은 우리가 내는 헌금으로 사시는 분이 아닙니다. 오히려 하나님은 우리를 복주시기 원합니다. 예수 믿고 믿음생활을 잘 하면 하나님은 큰 복을 내려주십니다. 헌금에는 정한 액수는 없습니다. 적은 돈이라도 정성껏 드리면 됩니다. 헌금은 억지로 내는 것이 아닙니다. 드리고 싶을 때 기쁨으로 드리면 됩니다. 무엇보다 교회헌금은 목사나 어떤 개인이 쓰는 것이 아닙니다. 대부분은 구제비. 선교비. 교육비, 교회유지비로 사용되고 있습니다. 감사하는 마음으로 하나님께 드릴 때 하나님은 기뻐하십니다"

📝 *두 사람씩 짝을 지어 반대질문에 대해 어떻게 대응해야 할지를 연습해 보십시오.(두 사람이 앞으로 나와서 역할극을 하는 것도 많은 도움이 될 것입니다)*

제3과

질문과 대답을 통해 전도의 문이 열립니다.

지금까지 전도현장에서 경험할 수 있는 여러 가지 반대 질문들을 살펴보았습니다. 그러나 이런 내용들은 일반적인 것입니다. 전도현장에서는 전혀 엉뚱하게 개인적으로 대답하기 곤란한 질문을 받을 수도 있고, 당황스러운 질문을 받기도 합니다.

📝 전도현장에서 당한 당황스러운 일들이나 또 곤란한 질문을 받은 적이 있습니까? 어떤 것들입니까? 개인적인 경험을 나누어 보십시오.

예상하지 않았던 질문 때문에 곤욕스러울 수도 있지만, 전도자가 성실하게 대답하면, 그 질문 때문에 전도대상자의 마음이 움직일 수도 있습니다. 어떤 의미에서 전도는 대화입니다. 그런데 언제부터인가 우리의 전도방식은 대화를 잃어버리고, 일방적인 선포로 끝나고 있습니다. "예수 천당, 불신 지옥"이라고 외치는 전도는 오히려 많은 사람에게 거부감을 주고 있습니다.

소통하지 않는 전도는 하나님의 역사를 막을 수 있습니다. 복음을 가진 사람과 복음을 알지 못하는 사람 사이에 소통에 일어날 때, 전도의 문이 열립니다. 복음이 생명을 살리는 능력을 가지고 있어도 그 복음을 듣지 못하면 생명을 살릴 수 없습니다. 사람들이 복음을 들을 수 있도록 소통하는 것이 전도에 있어서 중요한 부분입니다.

하나님은 영이십니다. 우리 인간은 죄로 인해 그 영은 죽었고, 육체가 되고 말았습니다. 하나님과의 소통이 끊어진 것입니다. 그렇다면 어떻게 영이신 하나님을 우리가 알고 만날 수 있고, 어떻게 구원을 받을 수 있겠습니까? 이때 예수님은 인간을 구원하기 위해 친히 인간의 몸을 입고(성육신) 이 땅에 오셨습니다. 인간과 똑같이 되셨고, 함께 사셨습니다. 그야말로 최고의 소통방법을 택하신 것입니다. 그래서 우리는 예수님을 통해 하나님을 알게 되었고, 예수님을 믿고 구원받게 되었습니다. 만약 예수님이 인간의 몸을 입지 않았다면, 과연 하나님과 인간 사이에 소통이 될 수 있었을까요? 아마 불가능했을 것입니다. 전도도 마찬가지입니다. 전도자는 '성육신의 원리'를 잘 알아야 합니다. 성육신의 원리는 우리가 먼저 찾아가서 만나고 대화를 나누는 것입니다. 이런 대화를 통해 전도의 기회를 찾아야 합니다.

그렇다면 어떻게 대화를 하는 것이 좋을까요? 대화의 중요성을 알지만 막상 대화하려고 하면 쉽지 않습니다. 대화에서 가장 좋은 방법은 질문하는 것입니다. 전도대상자가 질문할 때, 우리는 솔직하고 진실하게 대답해야 합니다. 또한 전도자가 전도대상자에게 먼저 질문할 수도 있습니다. 이때 전도대상자의 마음을 열 수 있는 질문을 하는 것이 좋습니다. 전도대상자에게 꼭 맞는 질문을 던진다면 대상자의 마음을 쉽게 열 수 있을 것입니다. 그렇습니다. 질문하지 않으면 대답도 없습니다.

📝 *전도할 때 어떤 질문으로 상대방의 마음의 문을 열 수 있을까요?*

1. 예수님이 사마리아 여인을 만났을 때, 어떤 질문을 통해 대화를 시작했습니까?(요 4:7)

2. 빌립이 에디오피아 내시를 만났을 때, 어떤 질문으로 시작했습니까?(행 8:30)

3. 당신은 전도할 때 주로 어떤 질문으로 대화를 시작하십니까?

예수님은 사마리아 여인을 전도할 때, 야곱의 우물가에서 전도했습니다. 이때 예수님은 물을 길러 온 사마리아 여인에게 "물 좀 달라"고 하셨습니다. 예수님은 상황에 꼭 맞게, 가장 적절한 대화를 시도하셨습니다. 빌립은 에디오피아 내시에게 "읽는 것을 깨닫느냐?"라고 질문했습니다. 왜냐하면 그 사람이 두루마리 성경으로 이사야 53장의 말씀을 읽고 있었기 때문입니다. 말하자면, 예수님과 빌립은 상대방의 상황에 꼭 맞는 질문을 통해 상대방의 마음의 문을 열었습니다.

그러므로 상대방의 상황을 잘 파악하고 거기에 맞는 질문으로 전도를 시작할 수 있습니다. 날씨이야기, 자녀이야기, 건강이야기 등 어려운 질문보다는 누구나 대답할 수 있는 쉬운 질문을 통해 상대방에게 다가갈 수 있습니다. 좀 직접적이기는 하지만 "당신은 행복하십니까?"라는 질문도 전도의 문을 여는 좋은 질문일 수 있습니다. 만약 전도자가 던진 어떤 질문이 전도대상자가 심각하게 갈등하고 있는 바로 그 내면의 문제를 건드린 것이라면, 아마 전도대상자는 마음을 열고 대화를 시작하게 될 것입니다.

물론 모든 질문에 다 대답을 해야 하는 것은 아닙니다. 우리가 모르는 답이 얼마나 많습니까? 그러나 우리 하나님은 그 해답을 갖고 계십니다. 그러므로 우리는 언제나 하나님을 의지하는 마음으로, 또 하나님께 물으면서 대화를 나누어야 합니다. 하나님은 우리의 질문과 대화를 통해 복음을 전할 기회를 만들어주실 것입니다. 혹시 대답하기 어려운 질문을 받게 되면 솔직하게 "나도 잘 모르겠습니다. 다음에 만날 수 있다면 그 때 대답하겠습니다."라고 말하십시오, 그리고 두 번째 만남을 약속한다면 더 좋은 전도의 기회를 잡을 수 있습니다.

질문을 통해 마음을 여는 대화가 시작되었을 때, 절대로 '우리교회에 한번 나와 보십시오.'라는 말을 해서는 안됩니다. 교회이야기를 꺼내는 순간, 전도대상자는 교회에 나갈 수 없다는 방어막을 치기 때문에 복음을 전할 기회를 놓치게 될 것입니다. 사실 불신자들은 교회에 대해 별로 관심이 없습니다. 또한 교회에 대한 부정적인 이미지가 많기 때문에 교회 이야기는 오히려 전도의 문을 닫는 것입니다.

불신자들은 처음부터 전도자가 전하는 복음에 귀를 기울이지는 않습니다. 복음의 내용보다 전도자인 당신에게 더 많은 관심이 있습니다. 전도자의 진솔한 삶의 이야기(life story)가 복음을 듣게 하는 중요한 통로가 될 수 있습니다. 가장 좋은 전도 방법은 간증입니다. 따라서 전도자는 '내가 만난 예수 그리스도'에 대한 간증을 늘 준비하고 있어야 합니다. 전도자는 자신의 삶의 이야기를 들려주면서 전도대상자가 무엇을 원하는지를 찾아내야 합니다. 전도대상자의 반응에서 우리는 자연스럽게 그가 무엇을 원하는지, 그의 필요가 무엇인지를 알아낼 수 있습니다. 사람들은 누구나 거의 동일한 삶의 문제를 가지고 있습니다. 전도자가 자신의 삶의 문제에 대한 답을 찾게 된 간증을 들려주면 전도대상자는 쉽게 복음을 받아들입니다.

📝 다음 질문에 답해 보십시오.

1. 밤중에 예수님을 찾아온 니고데모는 어떤 영적고민을 가지고 찾아왔을까요?(요 3장)

2. 부자 청년은 어떤 고민을 가지고 예수님을 찾아왔을까요?(눅 18:18)

3. 당신이 생각하기에, 대부분의 사람들이 공통적으로 가지고 있는 삶의 문제에는 어떤 것들이 있을까요?(건강? 자녀? 죄? 죽음? 심판…)

성경에 보면, 예수님을 만난 사람들은 자신의 삶에 필요한 것을 갈급하게 찾았고, 예수님을 만나 그 해답을 찾았습니다. 전도가 바로 그것입니다. 전도대상자들은 자신의 문제에 대해 답을 찾고 있고 우리는 그 답을 알고 있습니다. 따라서 전도대상자가 우리가 가지고 있는 해답, 즉 복음이신 예수님을 만날 수 있도록 우리는 겸손하게, 그리고 명확하게 복음을 전해야 합니다. 이때 전도지를 사용하는 것이 좋습니다. 사영리, 혹은 다리전도, "하나님의 선물"을 사용하면 좋습니다.

마지막으로 우리는 전도의 정점(클라이막스)이 바로 전도대상자가 '예수님을 영접하는 것'임을 알아야 합니다. 전도메시지를 전해주고 난후 전도대상자가 믿어야 할지 아닌지를 결정해야 하는 시점에서는 명확하게 예수님을 영접하도록 도와주어야 합니다. 예수님을 영접하는 것은 인생에서 가장 중요한 순간입니다. 이때 정중하게 이렇게 질문할 수 있습니다. "당신의 인생에 구원자가 필요합니까?" "예수님이 정말 당신의 삶의 구원자인 것을 받아들이겠습니까?" 혹은 "예수님을 믿고 따를 준비가 되었습니까?" 등의 질문으로 예수님을 영접하도록 도울 수 있습니다.

그 자리에서 영접하지 않더라도 포기하지 말고, 다시 만날 약속이나 성경공부를 권할 수 있습니다. 중요한 것은 헤어지기 전에 반드시 기도로 전도대상자를 축복하는 것입니다. 기도보다 더 큰 위로가 없고, 기도보다 더 큰 힘은 없습니다. 간절한 축복의 기도가 영접하지 않은 사람의 마음을 그 순간에 감동시킬 수도 있습니다. 주님은 우리가 전도할 때 어디를 가든 평안을 빌라고 말씀하셨고, 축복하라고 했습니다. 이것이 전도의 이상적인 마무리입니다.

다음 질문을 가지고 조원들과 충분히 나누어 보십시오.

1. 반대질문을 받았던 경험을 서로 나누어 보십시오. 특히 성공적으로 대응했던 때와 그렇지 못했던 때를 구분해서 서로의 경험을 나누는 것도 좋습니다.

2. 교재에서 나누지 못했던 주제로 반대질문을 받았던 적이 있다면, 어떤 주제였는지, 그리고 어떻게 대응했는지에 대해서도 나누어 보십시오.

- 조별 모임을 마치고 난후 전도여행을 위해 기도하고 SUM을 연습합니다.

11단원

전도자의 바른 신앙고백

📖 **이 단원의 요절**

"시몬 베드로가 대답하여 이르되 주는 그리스도시오 살아계신 하나님의 아들이시니이다"(마 16:16)

● **바른 신앙고백은 참으로 중요합니다.** 사실 우리의 믿음은 올바른 고백으로부터 시작된다고 해도 과언이 아닙니다. 믿음의 조상 아브라함은 하나님의 전능하심을 그대로 믿었습니다. 하나님은 그의 믿음의 고백을 의로 여기셨습니다. 하나님은 이스라엘 자손에게도 늘 믿음의 고백을 하도록 가르치셨습니다. 하나님은 그들에게 일 년에 세 차례 하나님의 성전에 올라와서 절기를 지키라고 하셨고, 이스라엘 자손들은 하나님께서 베풀어주신 은혜를 기억하고, 감사의 제사와 함께 믿음의 고백을 드렸습니다.

여리고의 기생 라합은 두 명의 이스라엘의 정탐꾼을 숨겨주면서 "너희의 하나님 여호와는 위로는 하늘에서도 아래로는 땅에서도 하나님이시니라"(수 2:11)라고 고백했습니다. 이 고백으로 인해 여리고성이 무너질 때 라합과 그의 온 가족은 구원을 받았습니다. 모압 여인 룻도 마찬가지입니다. 그는 시어머니 나오미가 유대 베들레헴으로 되돌아가면서 모압 땅에 그냥 남아있으라고 했지만, 룻은 나오미를 따라나서면서 놀라운 믿음의 고백을 했습니다. "어머니의 백성이 나의 백성이 되고 어머니의 하나님이 나의 하나님이 되시리니 어머니께서 죽으시는 곳에서 나도 죽어 거기 묻힐 것이라"(룻 1:16-17) 이 믿음의 고백이 룻의 인생을 바꾸어 놓았습니다.

예수님은 빌립보 가이사랴 지방에 가셨을 때, 제자들에게 중요한 두 가지 질문을 던지셨습니다. 하나는 "사람들이 인자를 누구라고 하느냐?"(마 16:13)라는 것이었고, 다른 하나는 "너희는 나를 누구라고 하느냐?"(마 16:15)라는 것이었습니다. 이때 베드로는 위대한 고백을 했습니다. "주는 그리스도시오 살아계신 하나님의 아들이시니이다"(마 16:16) 이 믿음의 고백이 기독교 신앙의 기초가 되었습니다. 주님은 이 믿음의 고백위에 "내 교회를 세우리니"(마16:19)라고 하셨습니다. 그리고 이때부터 주님은 "자기가 예루살렘에 올라가 장로들과 대제사장들과 서기관들에게 고난을 받고 죽임을 당하고 제 삼일에 살아나야 할 것을 제자들에게 비로소"(마 16:21) 나타내셨습니다.

왜 주님은 베드로의 신앙고백이 있고 난 다음에 사역의 핵심인 십자가의 죽음과 부활에 대해 가르치셨을까요? 많은 이야기를 할 수 있지만 예수님을 바로 알고 바로 고백하는 것이 진정한 제자로서의 삶을 출발할 수 있다고 보았기 때문입니다.

전도자도 마찬가지입니다. 예수님이 누구시며, 예수님의 십자가 사건과 부활이 우리에게 어떤 의미인지를 분명히 알고 고백할 수 있어야 좋은 전도자가 될 수 있습니다. 희미한 고백으로는 주님을 따를 수 없고, 자신만만하게 복음을 전할 수 없습니다. 강력한 전도자가 되려면 바른 신앙고백, 바른 신학위에 굳게 서야 합니다. 그러므로 이번 단원에서는 전도자가 가져야 할 바른 신학, 바른 신앙고백에 대해 배울 것입니다.

제1과

베드로의 신앙 고백은 성경의 핵심 메시지입니다.

우리가 "예수님을 믿습니다."라고 할 때, 이 말의 정확한 표현은 "예수님을 주와 그리스도로 믿습니다."는 말입니다. 기독교 신앙은 예수님의 교훈이나 예수님의 행적보다 예수님 그분 자체에 모든 초점이 맞추어져 있습니다. 물론 우리는 예수님의 교훈을 소중히 여기고, 예수님을 닮아가고, 그분의 말씀대로 살아야 합니다. 그러나 그전에 먼저 예수님을 주와 그리스도로 믿어야 합니다. 기독교 신앙이 다른 종교와 다른 독특성이 바로 여기에 있습니다.

사람들은 "죄 안 짓고 착하게 살면 되지, 꼭 예수를 믿어야 합니까?"라고 묻습니다. 사실 이 물음 자체는 잘못된 것입니다. 사람은 죄를 안 짓고 살 수 있는 존재가 아니기 때문입니다. 사람들은 착하게 살면 좋은 곳, 천국에 갈 수 있을 것이라고 착각합니다. 물론 착하게 사는 것이 좋지만, 착하게 산다고 인생의 문제가 없는 것이 아닙니다. 왜냐하면 예수님이 아니고서는 해결될 수 없는 세 가지 문제를 모든 사람이 가지고 있기 때문입니다. 그것은 바로 '죄와 죽음, 그리고 심판'입니다. 이것을 우리는 인생의 근본문제라고 말합니다.

창세기 3장 이후 모든 사람이 생명의 근원이신 하나님과의 관계가 끊어졌습니다. 그리고 일평생 죄를 짓고, 그 죄로 인해 고통당하며 살아가고 있습니다. 그래서 성경은 "모든 사람이 죄를 범하였으매 하나님의 영광에 이르지 못하더니"(롬 3:23)라고 말합니다. 그리고 사람들의 죄의 배후에는 마귀가 있습니다. 마귀는 사람들을 미혹하여 계속 죄에 묶여 살도록 속이고 있습니다. 사도 바울은 고린도후서 4장 4절에서 이렇게 말했습니다. "그 중에

이 세상 신이 믿지 아니하는 자들의 마음을 혼미하게 하여 그리스도의 영광의 복음의 광채가 비치지 못하게 함이니 그리스도는 하나님의 형상이니라" 사도 요한도 요한일서 3장 8절에서 이렇게 말했습니다. "죄를 짓는 자는 마귀에게 속하나니 마귀는 처음부터 범죄함이라" 또한 성경은 "죄의 삯은 사망이요"(롬 6:23)라고 말씀하셨고, 죽음 후에 심판이 있다고 선언합니다. "한번 죽는 것은 사람에게 정해진 것이요 그 후에는 심판이 있으니리"(히 9:27) 따라서 사람은 스스로 하나님을 알 수도 없고 만날 수도 없습니다. 그래서 하나님께서 그 아들을 그리스도(구원자)로 세상에 보내주셨습니다. 그렇기 때문에 베드로가 예수님을 '주는 그리스도시오 살아계신 하나님의 아들'이라고 고백한 것은 굉장한 것입니다. 이 고백이야말로 성경이 말하려는 핵심이요, 교회의 기초입니다. 이 신앙고백이 세계 역사를 바꾸어 놓았다고 해도 과언이 아닙니다.

 마태복음16:16을 읽고 다음 물음에 답하십시오.

1. 베드로가 예수님에 대해 고백한 내용을 적어 보십시오.

2. '그리스도'라는 말은 어떤 의미입니까? 그리고 그 의미가 왜 중요할까요?

원래 '그리스도'라는 말은 헬라어로 "기름부음을 받은 자"라는 의미를 가지고 있습니다. 구약성경에 보면, 하나님은 하나님의 일을 맡은 사람의 머리에 기름을 부어 사역을 하도록 했습니다. 다른 말로 표현한다면, '하나님의 종'에게 기름을 부었습니다. 구약시대에는 세 종류의 사람들에게 기름을 부어 하나님의 일을 하게 하셨는데, '제사장과 왕과 선지자'가 바로 그들입니다.

그런데 구약성경은 기름 부어 세운 어떤 제사장 개인이나 왕, 선지자 개인을 그리스도라고 말한 적이 없습니다. 이 세 가지 사역 모두를 앞으로 완성하실 분이 오실 것이라고 예언을 했습니다. 그분이 메시아 곧 그리스도입니다. 그런데 예수님이 이 땅에 몸을 입고 오셔서 이 세 가지 사역을 완성하셨습니다. 베드로가 이것을 알고 '예수님이 그리스도'이시라고 고백했습니다. 예수님이 바로 구약성경에서 오시리라고 오랫동안 예언한 바로 그 메시아, 곧 제사장의 사역, 왕의 사역, 선지자의 사역을 완성하신 분이라는 것입니다. 그러니 베드로의 고백이 얼마나 놀라운 것입니까? 그래서 예수님은 이렇게 말씀하셨습니다. "바요나 시몬아 네가 복이 있도다 이를 네게 알게 한 이는 혈육이 아니요 하늘에 계신 내 아버지시니라"(마 16:17)

그렇다면 예수님은 이 세 가지 사역을 어떻게 이루셨을까요? 첫째, 구약의 제사장은 하나님과 사람 사이에서 중보자의 역할을 했습니다. 사람들이 죄를 사함받기 위해 짐승을 가지고 오면, 제사장은 그 사람을 대신하여 짐승을 죽여 그 피를 제단에 뿌려 속죄의 제사를 드렸습니다. 그리스도로 이 땅에 오신 예수님은 짐승을 잡아 피를 제단에 뿌리는 대신, 당신 자신을 속죄의 제물로 하나님께 드렸습니다. 십자가에서 피를 흘려 죽으심으로 사람들의 죄를 해결해 주셨습니다. 이렇게 하심으로 예수님은 제사장 직분을 감당하셨습니다. 그래서 세례요한은 예수님을 가리켜 "보라 세상 죄를 지고 가는 하나님의 어린 양이로다"(요 1:29)라고 말했습니다.

둘째, 구약의 왕들은 힘과 권세를 가지고 하나님의 나라를 확장하고 적으로부터 백성을 보호하는 일을 했습니다. 하나님의 명령에 따라 전쟁에 나가 하나님의 나라를 확장했고, 원수들을 이겼습니다. 예수님이 하신 일도 이와 같습니다. 예수님은 만왕의 왕으로 이 땅에 오셔서 악한 마귀의 손에서 사람들을 건져 내셨고, 하나님의 나라 운동을 시작하셨습니다. 그래서 사도 요한은 이렇게 말했습니다. "하나님의 아들이 나타나신 것은 마귀의 일을 멸하려 하심이라"(요일 3:8)

셋째, 구약의 선지자는 하나님을 떠나 방황하는 사람들에게 하나님 만나는 길을 선포했습니다. "이 길이 바른 길이다. 하나님의 뜻은 이것이다"라고 선포한 것입니다. 예수님이 이 땅에 오셔서 하신 일도 마찬가지입니다. 예수님은 사람들에게 하나님 만나는 길에 대해 말씀하셨습니다. 그리고 자신이 바로 그 길이라고 분명히 선포하셨습니다. 예수님은 이렇게 말씀하셨습니다. "예수께서 이르시되 내가 곧 길이요 진리요 생명이니 나로 말미암지 않고는 아버지께로 올 자가 없느니라"(요 14:6)

예수님은 이 세 가지 일을 이루기 위해 이 땅에 오셨습니다. 제사장의 사역, 왕의 사역, 그리고 선지자의 사역을 공생애 기간에 완성하셨습니다. 많은 병자들을 고치셨고, 귀신들을 내쫓으셨으며, 하나님 나라를 선포하셨습니다. 그리고 결국 우리를 대신하여 십자가에서 죽으셨고, 사흘 만에 죽은 자 가운데서 다시 살아나셨습니다. 그래서 우리는 예수님을 그리스도로 고백합니다.

이 세상에 그 어떤 사람도 우리의 죄를 대신하여 죽은 자가 없고, 또한 죽은 자 가운데서 부활한 자도 없습니다. 오직 예수님만이 십자가에서 죽으셨다가 사흘 만에 부활하셨습니다. 그리고 지금도 살아계셔서 세상을 통치하고 계십니다.

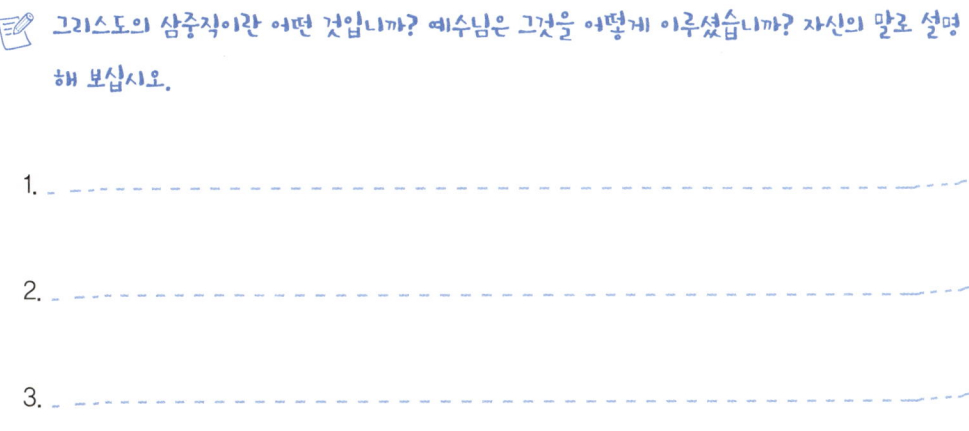
그리스도의 삼중직이란 어떤 것입니까? 예수님은 그것을 어떻게 이루셨습니까? 자신의 말로 설명해 보십시오.

1. _____

2. _____

3. _____

전도자들이 고백해야 할 또 하나의 신앙고백은 예수님을 '주'(퀴리오스)로 고백하는 것입니다. 초대교회 성도들은 예수님을 '그리스도'와 '주'로 고백했습니다. 베드로 사도는 사도행전 2장 36절에서 "너희가 십자가에 못 박은 이 예수를 하나님이 주와 그리스도가 되게 하셨느니라"고 선포했습니다. 여기서 우리는 '주'와 '그리스도'라는 고백이 초대교회 성도들의 신앙고백이었다는 것을 짐작할 수 있습니다.

'주'는 '주인'이라는 말입니다. 당시 로마세계에서는 노예들이 주인을 '퀴리오스'라고 불렀습니다. 만약 우리가 예수님을 '주인'이라고 고백한다면, 우리는 그 분의 노예요, 하인이라는 고백입니다. 그러면 우리는 예수님의 말씀에 절대적으로 순종할 수밖에 없습니다.

그런데 오늘날 많은 그리스도인들은 예수님을 '그리스도'로만 고백하기 원합니다. '주'라는 고백을 잘하지 못합니다. 물론 기도할 때 "주여!"라고 외치지만 사실은 그 의미를 잘 모르고 외치고 있습니다. 왜 '주'라는 고백을 잘하지 못할까요? 그것은 너무나 자기중심적이기 때문입니다. 현대 그리스도인들은 자기가 원하는 것만을 하면서 자기 욕망을 채우려고 합니다. 예수님이 그리스도요, 모든 문제의 해결자요, 기도하면 주님이 응답하신다고 믿습니다. 물론 잘 하는 것입니다. 그러나 예수님은 그리스도이시면서 동시에 우리의 주인이시라는 것을 알아야 합니다. 예수님을 주로 고백한다면 반드시 그분의 말씀에 순종해야 합니다. "예, 주님"이라고 고백해야만 합니다. 또한 예수님의 명령을 절대로 의심해서는 안됩니다. 주님의 명령은 언제나 옳을 뿐만 아니라 최선입니다. 주님의 명령을 못들은 체하거나 그것을 토론이나 논쟁거리로 삼지 말아야 합니다. 명령에는 단지 순종만 있을 뿐입니다. 종에게는 순종할 것인가 말 것인가를 선택할 권리가 없습니다.

사도행전에 보면, 주님의 제자들은 주님의 말씀에 무조건 순종했습니다. 베드로와 요한이 주님의 말씀에 순종했고, 그들은 하나님의 기적을 경험했습니다. 일곱 집사 중 두 사람, 스데반과 빌립도 주님의 말씀에 순종했고, 그들을 통해 복음이 온 유대와 사마리아로, 그리고 에티오피아로 퍼져갔습니다. 사도 바울 역시 주님의 말씀에 순종했고, 그를 통해 복음이 유럽으로 퍼져 갔습니다. 왜 주님의 제자들은 주님의 말씀에 순종했을까요? 예수님이 '주님'이셨기 때문입니다. 따라서 우리도 예수님을 '주님'으로 고백하고 순종해야합니다. 이것이 전도자의 능력입니다.

제2과
전통적으로 교회는 하나의 신앙 고백을 가지고 있습니다.

사도신경은 주기도문과 더불어 모든 교회에서 암송되고 있습니다. 그런데 주기도문은 성경에 기록되어 있는 반면 사도신경은 성경 가운데서 자구적으로 일치하는 기록을 찾을 수 없습니다. 그럼에도 불구하고 사도신경이 오늘에 이르기까지 교회에서 계속 암송되고 사랑받고 있는 것은 구원에 대한 진리가 함축적으로 잘 표현되어 있기 때문입니다.

교회사를 살펴보면, 베드로의 신앙고백을 기초로 해서 단편적인 신앙고백들이 교회 안에 있었습니다. 학자들 사이에 2세기 초 중반부터 교회에서 공동으로 고백한 신앙고백들, 신조들이 존재했다고 알려지고 있지만, 사실 명확하지는 않습니다. 지금의 사도 신경의 모체가 된 것은 주후 400년경의 라틴어로 된 "로마교회 신조"(the Old Roman Creed)였다는 것에 대부분의 학자들은 동의합니다. 그러나 오늘날 로마 가톨릭 교회와 개신교회가 사용하고 있는 사도신경은 '로마교회 신조'를 그대로 사용한 것은 아닙니다. 그 이후 300여 년 동안 서방의 여러 교회들이 사용하면서 그 내용이 조금씩 수정되어 오다가, 주후 700년경에 이르러 비로소 지금의 것과 같은 내용을 갖추게 되었습니다. 그리고 주후 900년경이 되어서야 지금 우리가 사용하고 있는 사도신경이 동방교회를 제외한 모든 교회에서 공식적으로 사용하게 되었습니다. 동방교회는 예나 지금이나 사도신경을 공식적인 신앙고백으로 채택한 바가 없고, 그 대신 동·서방 교회가 함께 그 정통성을 인정하고 있는 니케아 신조(325년)를 지금까지 사용하고 있습니다.

사도신경은 인간의 구원과 관련된 성경의 진리를 요약하여 구원의 주체이신 삼위 하나님의 사역을 정리한 것입니다. 그러므로 사도신경이 성경 자체와 동일한 권위를 갖는다고 말하기는 어렵지만, 성경에서 구원의 진리를 추출한 것이기 때문에 진리의 말씀인 성경과는 완전한 조화를 이루는 성경적인 것이라고 할 수 있습니다.

사도신경이 중요한 이유는 크게 세 가지입니다. 첫째, 방대한 기독교의 구원 진리를 간결한 형태로 정리하여 일관성 있는 진리를 사람들에게 교육하고 있기 때문입니다. 둘째, 기독교의 순수성을 해치는 이단의 그릇된 견해를 분별하는 기준이 되기 때문입니다. 셋째, 성도들로 하여금 항상 바른 신앙을 고백하게 함으로써 자신의 신앙을 되돌아보며 신앙을 향상시키기 때문입니다. 따라서 만약 어떤 사람이 우리가 믿고 고백하는 것과 다르게 고백한다면, 그 사람의 신앙은 문제가 있는 것이라 판단할 수 있습니다.

📝 *사도신경이 중요한 세 가지 이유를 적어보십시오.*

1. _____

2. _____

3. _____

그렇다면 우리가 암송하고 있는 사도신경은 어떤 신앙고백을 담고 있을까요? 사도 신경은 삼위일체 하나님과 더불어 우리가 믿고 있는 중요한 여덟 가지 고백을 포함하고 있습니다.

첫째, 우리는 성부 하나님을 믿습니다. 성부 하나님은 전능하신 하나님이시고, 창조주이시며, 무엇보다 우리의 아버지가 되신다고 믿습니다.

둘째, 우리는 성자 하나님을 믿습니다. 사도신경의 대부분을 차지하고 있는 고백이 바로 성자 하나님, 예수님에 대한 고백입니다. 우리는 예수님을 주와 그리스도로, 그리고 그분의 "다섯 가지 신비"를 믿습니다.

그분의 첫 번째 신비는 '탄생'에 관한 것입니다. 예수님은 성령으로 잉태하시고 동정녀 마리아에게서 나셨습니다. 성령잉태설, 동정녀 탄생설이라고 말하는 이 고백은 인간의 논리와 자연 법칙을 뛰어넘는 초자연적인 역사로 하나님께서 몸을 입고 이 땅에 오신 성육신의 사건의 핵심입니다.

두 번째 신비는 그분의 '고난'과 '십자가 죽음'입니다. 예수님은 본디오 빌라도에게 고난을 받으시고 십자가에 못 박혀 죽으셨습니다. 예수님의 십자가의 죽음은 우연이 아니라 하나님의 뜻에 따라 인간을 구원하기 위한 대속제물로서 죽으신 것입니다.

세 번째 신비는 그분의 '부활'입니다. 예수님은 장사한지 사흘 만에 죽은 자 가운데서 다시 살아나셨습니다. 예수님의 부활은 역사적인 사건이며, 죽음을 이기신 놀라운 사건이자 예수님을 주로 고백하는 모든 자에게 새로운 생명을 부여하는 사건입니다.

네 번째 신비는 그분의 '승천'입니다. 예수님은 부활하신 후에 40일 동안 지상에 계시면서 제자들에게 '만민에게 복음을 전하라'고 명령하시고, 제자들이 보는 가운데 하늘로 승천하셨습니다. 그리고 지금은 하나님 우편에 앉으셔서 온 땅을 통치하고 계십니다. 승천하신 예수님은 여전히 이 지상에 세워진 교회의 머리요, 교회를 통해 구속의 사역을 계속하고 계십니다.

다섯 번째 신비는 그분의 '재림'입니다. 예수님은 성부 하나님께서 정한 때에 산 자와 죽은 자를 심판하시기 위해 이 땅에 다시 오실 것입니다. 물론 예수님이 오시는 그 날과 그 시간은 성부 하나님 외에는 아무도 알지 못합니다. 심지어 예수님 자신도 모른다고 했습니다.(마 24:36)

예수님에 대한 이 다섯 가지 신비가 중요한 이유는 이 다섯 가지를 부인하는 이단들이 많기 때문입니다. 예수님께서 성령으로 잉태되신 것과 동정녀 마리아에게서 나신 것을 부인하는 이단도 있고, 십자가의 죽음이 실패라고 말하는 이단도 있습니다. 이런 이유로 그들은 마지막 시대에 새로운 메시아가 와야 한다고 주장합니다. 또한 예수님의 부활을 부정하는 이단도 있고, 특히 예수님의 재림에 대해서 성경과 다른 이야기를 하는 이단들도 많습니다. 자기들만이 재림의 때를 알고 있다든지, 성경이 말하지 않는 재림의 날과 때를 알려고 다니엘서와 요한 계시록을 가지고 날짜계산을 하다가 이단이 된 단체도 있습니다.

📝 예수님의 다섯 가지 신비는 무엇입니까? 당신의 말로 정리해 보십시오.

1. _____

2. _____

3. _____

4. _____

5. _____

　셋째, 우리는 성령 하나님을 믿습니다. 성령님이 실제로 우리 안에 오셔서 내주하시고, 성령으로 충만하게 하심으로 우리로 하여금 세상에서 예수님의 증인으로 살게 하시며, 승리하도록 도우신다는 것을 믿습니다.

　성령님에 대해 잘못된 이론을 말하는 것을 늘 경계해야 합니다. 성경을 보면, 성령 하나님에 대해 비인격적인 것들로 비유하기도 했지만-바람, 불, 비둘기, 혹은 기름, 물 등- 그렇다고 성령님이 비인격적인 분은 결코 아닙니다. 성령 하나님은 인격적인 하나님, 제3위의 하나님이십니다. '그것'이 아니라 '그분'입니다. 간혹 어떤 목회자들이 자신들이 성령님을 좌지우지 할 수 있다는 듯이 "성령 받으라"고 소리치지만, 아닙니다. 성령님은 우리가 마음대로 할 수 있는 분이 아닙니다. 오히려 성령님이 우리를 움직일 수 있고, 주도적으로 일하십니다.

　넷째, 우리는 거룩한 공회를 믿습니다. 공교회, 하나인 교회, 전 우주적인 교회, 바로 예수 그리스도의 몸인 교회를 믿습니다. 물론 교회가 여러 분파로 나누어지긴 했지만, 그러나 분명한 것은 지상의 교회가 그리스도의 몸이라는 것이며, 지금도 하나님은 교회를 파트너로 삼아 이 땅에서 구속의 역사를 계속하신다는 것입니다.

다섯째, 우리는 성도가 서로 교통하는 것을 믿습니다. 여기서 '교통한다'(코이노니아: κοιν ωνία)는 것은 '교제하는 것'을 의미합니다. 교회가 그리스도의 몸이라면 성도들은 그 몸을 이루고 있는 각 지체들입니다. 그러므로 교회 안에서 성도들이 서로 교제하는 것은 신앙의 본질입니다. 누가 뭐라고 해도 성도들은 하나님과 교제해야 하며 동시에 성도들과 서로 교제해야 합니다. 그렇게 함으로 그리스도의 몸인 교회를 세워나가고, 이 땅에서 하나님 나라를 맛볼 수 있습니다.

여섯째, 우리는 죄를 사하여 주심을 믿습니다. 예수 그리스도의 십자가의 보혈로 나의 죄가 사함 받았음을 믿습니다. 이 죄 사함의 교리는 기독교 신앙에서 중요한 부분을 차지합니다. 존재론적으로 죄인이었던 우리들이 죄 사함을 받고, 의롭다함을 얻게 된 것은 예수님의 십자가의 죽음에 근거한 것입니다. 우리의 옛 자아는 예수님과 함께 십자가에 못 박혀 죽었고, 주님의 부활과 함께 새로운 피조물로 거듭났습니다. 이것이 바로 구원사건입니다. 우리가 이렇게 죄에 대해 죽고 의에 대해 살아났지만 그럼에도 불구하고 우리 자신도 모르게 또 다시 죄를 범할 수 있습니다. 그럴 때마다 우리가 죄를 자백하고 회개하면, 주님은 미쁘시고 의로우사 그 때마다 사하여 주십니다.

일곱째, 우리는 몸이 다시 사는 것을 믿습니다. 이것은 육체의 부활을 믿는 것입니다. 이 세상에 많은 종교가 있지만 몸의 부활을 말하는 종교는 기독교 밖에 없습니다. 성경은 우리의 영혼만 구원받는 것이 아니라 우리의 몸까지도 다시 살게 하신다고 말합니다. 그러므로 육체는 악한 것이고 영혼만이 선한 것이라고 가르치는 것은 잘못된 것입니다. 우리 몸은 하나님의 형상대로 창조되었고, 예수님께서도 몸을 입고 이 땅에 오셨고, 마지막 날 주님이 재림하실 때, 영광스러운 몸으로 다시 살리실 것을 우리는 믿습니다.

마지막 여덟째, 우리는 영원히 사는 것을 믿습니다. 영원히 사는 것이 영생입니다. 물론 영생이란 시간적인 의미도 있겠지만, 더 중요한 것은 영원하신 하나님의 생명이 우리 안에 있다는 것입니다. 특히 요한복음 17장 2절에서는 "영생이란 곧 유일하신 참 하나님과 그가 보내신 자 예수 그리스도를 아는 것"이라고 말했습니다. 여기서 아는 것이란 관계를 의미합니다. 그러므로 영생이란 그분과 친밀한 관계에 있는 것, 곧 우리가 그분 안에 있고, 그분이 우리 안에 있는 것입니다.

우리는 이 사도신경을 소중히 여기고 날마다 고백해야 합니다. 그렇게 함으로 우리의 믿는 바 신앙 고백이 수천 년의 시간을 뛰어넘어, 주님의 제자들, 곧 사도들의 고백과 이어지도록 해야 할 것입니다.

📝 사도신경에 나타난 여덟 가지 믿음의 내용에서 핵심적인 단어를 적어보십시오.

1. _____

2. _____

3. _____

4. _____

5. _____

6. _____

7. _____

8. _____

제3과
미혹하는 이단들을 주의해야 합니다.

성경에서는 마지막 시대가 되면 미혹하는 자들이 많이 일어날 것이라고 말씀하셨습니다. 지금 우리가 사는 이 시대에도 수많은 이단들이 있고, 그 이단에 빠져서 고통당하는 자들이 있습니다.

그렇다면 한국교회를 위협하는 이단들 중에는 어떤 것들이 있을까요?

현재 활동 중인 이단 단체들이 많이 있지만, 그 중에서 한국교회에 상당한 위협이 되고 있는 이단들을 정리해 보면 다음과 같습니다.

1. 신천지

요즘 한국교회의 가장 큰 위협이 되고 있는 것이 신천지 이단입니다. 유독 신천지가 한국교회에 주목을 받는 이유는 과거 사이비 이단들처럼 전단지를 나눠주는 단순한 포교방법을 뛰어넘어, 교회로 직접 침투하여 교인행세를 하거나(추수꾼), 온갖 모략으로 교회를 혼란에 빠뜨려 통째로 삼키려는 간교한 모략을 사용하기 때문입니다. 그리고 친밀하게 성도들과 교제하면서 "내가 잘 아는 성경공부 하는 곳이 있다"며 성도들을 미혹하고, 한 사람씩 빼가기 때문입니다. 신천지의 이런 포교방식에 기성교회 성도들은 이상하리만치 쉽게 미혹되고 있고, 그들이 가르치는 거짓 메시지에 빠지면 대부분 기성교회를 비판하며 목청을 높이게 됩니다. 이들은 그동안 무료 성경신학원을 통해 그 몸집을 불렸습니다.

이들은 교주인 '이만희'를 재림예수로 믿고 있습니다. 사도행전에 기록된 '구름타고 다시 오실 예수님'이라는 구절에서, 이들은 구름을 '영'으로 해석하고, 예수님이 영으로 이만희 속에 들어왔다고 가르칩니다 그리고 그 증거로 이만희 교주의 기가 막힌(?) 영적인 가르침을 내세우고 있습니다. 이만희 비유풀이와 성경 짝짓기 등은 기성교회 성도들을 미혹하는 도구가 되고 있습니다.

특히 이들은 훈련받은 추수꾼들을 개 교회로 침투시키면서, 추수꾼들에게 두 가지 훈련을 시킨다고 합니다. 하나는 "거짓말"(자기들의 말로는 '모략')이고, 다른 하나는 "연기"(자기들의 말로는 '천국 탤런트 훈련')입니다. 그 외에 입막음 훈련, 신천지이면서도 기존교회 성도인 것처럼, 주일날 교회에 출석하는 일을 잘하도록 훈련합니다. 또 이들은 기존 교회에 그대로 출석하고 있는 사람들을 '출신 추수꾼'이라고 부르는데, 주일은 자기 교회에 출석하게 하고 평일에 훈련 받게 합니다. 그들은 자신들의 교회를 '주말농장'이라고 부르고 있습니다.

그렇다면 왜 신천지가 위험합니까? 그것은 주님의 몸인 교회를 파괴하기 때문입니다. 예수님은 당신의 피 값으로 교회를 세우셨는데, 그들은 지금도 추수꾼들을 보내서 교회 성도들을 도둑질해가며 교회를 파괴하고 있습니다.

2. 여호와의 증인

'여호와의 증인'은 그들이 '왕국회관'이라고 부르는 곳에서 모임을 갖습니다. 왕국회관이란 장차 이 땅에 이루어질 왕국을 말하며, 그곳에 들어가기 위해서는 요한계시록 7장에 나오는 144,000명이라는 숫자에 들어가야 된다고 가르치고 있습니다. 이들은 1912년에 한국에 들어왔고, 그동안 수많은 가정을 파괴하고, 병역기피, 집총 거부 등 반사회적인 행동을 해왔습니다.

교주는 럿셀이라는 사람이었는데, 그가 죽은 후, 리더포드, 노르가 뒤를 이어 여호와의 증인을 이끌어 가고 있습니다. 이들은 '위치타워 성서책자 협회'를 설립하여, 주로 '파수대'라는 책자를 통해 전도하고 있는데, 지금은 라디오 방송국을 설치하여 운영하고 있습니다.

여호와의 증인의 대표적인 교리는 삼위일체 하나님을 부인하는 것입니다. 이들은 삼위일체 교리가 성경에 없는 것이라고 말하면서, 예수 그리스도의 신성을 부인합니다. 육체를 입고 이 땅에 오신 예수님은 전능하신 하나님이 될 수 없다는 것입니다. 또한 이들은 성령을 인격적인 하나님으로 인정하지 않습니다. 영혼불멸설, 천국과 지옥의 존재도 믿지 않고 천국을 이 땅에 이루어질 왕국으로 가르치고 있습니다.

이들이 말하는 구원의 형태는 두 가지인데, 하나는 땅을 통치하는 왕들로서 지상에서 영생을 얻는 부류이고, 다른 하나는 하늘나라에 가게 되는 극소수의 '여호와의 거룩한 영'을 가진 거듭난 사람들이라고 가르칩니다. 사회적으로 문제가 되는 것은 이들이 '병역의무'를 기피하고 수혈을 거부하고, 애국가를 거부하기 때문입니다.

3. 통일교

통일교에 대해서는 많은 사람들이 잘 알고 있습니다. 통일교는 '세계 기독교 통일 신령협회'의 약칭으로, 교주 문선명을 추종하는 자들입니다. 교주 문선명은 2012년에 죽었습니다. 지금은 그 세력이 급격하게 감소되었습니다.

통일교의 교리서는 원리강론입니다. 이들은 성경을 구약, 신약, 성약으로 구분하는데 성약서가 곧 원리강론입니다. 그리고 통일교의 핵심적인 교리는 타락론과 복귀론입니다. 이들은 인류역사를 선과 악, 하나님과 사단의 줄다리기 투쟁의 역사로 보면서, 선악과를 따먹는 사건을 천사와 하와의 간음이라고 해석하고 있습니다. 범죄한 천사인 사탄에 의해서 더럽혀진 피는 거룩하고 깨끗하게 되어야 하는데, 여기에서 '피 가름의 원리'가 나옵니다. 특히 이들은 예수 그리스도의 구속의 사역을 실패로 보고 있습니다. 예수님의 십자가 상의 죽음은 하나님의 뜻이 아니라, 인간의 무지의 결과이며, 십자가에서는 영적인 구원만을 이루고 육적인 구원은 이루지 못했다고 주장하고 있습니다. 그래서 마지막 날에 영육간의 완전한 구원을 위해 재림주가 육신을 입고 이 땅에 다시 와야 하는데, 그 재림주가 바로 문선명이라고 가르칩니다.

그리고 통일교에서는 인간의 구원을 '복귀'라는 용어로 설명합니다. 원리강론의 복귀원리는 참 부모로 오시는 재림 주인 문선명에 의해서 성취되는 것으로, '혈통적 탕감'이라고 말하고 이것을 강조합니다. 그래서 통일교에서는 합동결혼식을 통해 혈통을 복귀하는 일을 하고 있습니다.

4. 하나님의 교회(안산홍 증인회)

하나님의 교회라는 이름으로 활동하는 이들은 안산홍이라는 사람을 교주로 삼고 있습니다. 그러나 안산홍은 이미 죽었고, 그 부인 장길자가 이 단체를 이끌어 나가고 있습니다. 이들은 '성부시대는 여호와 하나님의 이름으로 구원을 받았고, 성자시대에는 예수 그리스도의 이름으로 구원을 받았지만, 성령시대인 지금은 보혜사 성령으로 온 안상홍 하나님의 이름으로 구원을 받는다'고 가르칩니다.

부산 석계공원 묘지에 매장되어 있는 안상홍의 묘비에는 '선지 엘리야 안상홍의 묘'라고 되어 있고, 하나님의 교회 홈페이지에는 안상홍이 1985년 2월 승천했다고 변명합니다. 그리고 이들은 예수님이 가르쳐 주신 기도 대신 안상홍 아버지의 이름으로 기도하라고 가르칩니다. 그 내용은 다음과 같습니다. "하늘에 계신 아버지 안상홍님, 아버지께서 강림하실 날은 임박하였사오나 우리들은 아무 준비가 없사오니, 아버지여! 우리들을 불쌍히 여기시고 아버지의 성령으로 말미암아 우리를 거듭나게 하사, 아버지의 강림하실 날에 부족함이 없이 영접하게 하여 주옵소서. 아버지 안상홍님 이름으로 간구하옵나이다. 아멘." 그리고 이들은 안상홍씨의 두 번째 아내 장길자가 하나님의 신부이며, 곧 하나님 어머니라고 가르칩니다. 하나님의 교회의 정관에는 장길자에 대해 이렇게 주장합니다. "이 마지막 시대인 성령의 시대에는 성경의 증거대로 새 이름으로 이 땅에 오신 성령하나님 안상홍님의 이름과 성령하나님의 신부되시는 어머니 하나님(張吉子님)을 믿음으로 구원을 받는다는 진리를 믿는다."

특히 이들은 구약을 강조하면서 유월절을 지켜야 하고, 성령 하나님이신 안산홍의 이름으로 기도하고, 예배는 모세가 호렙산에서 신을 벗은 것 같이 반드시 신을 벗어야 하고, 여자는 머리에 수건을 쓰도록 합니다. 지금도 자신들만이 144,000에 속한 자들이며, 이 숫자가 차면 안상홍이 공중재림하면서 지구는 흔적도 없이 멸망할 것이라고 가르치고 있습니다.

이들이 주장하는 것 중에 기존 교회와 다른 것이 일곱 가지가 있습니다. ①여자는 머리에 수건을 쓴다. ②세례를 받지 않고 침례를 받는다. ③토요일을 안식일로 지킨다. ④성탄절은 태양신 기념일이므로 지키지 않는다. ⑤유월절을 지킨다. ⑥십자가는 우상이다. ⑦유월절, 무교절, 초실절, 칠칠절, 나팔절, 대속죄일, 초막절등 3차 절기를 철저하게 지키는 것으로 중세의 왜곡된 교리를 바로잡아 하나님의 바른 진리로 돌아가야 한다고 주장하고 있습니다.

5. 구원파(기쁜 소식을 전하는 교회)

지금도 여전히 활발하게 활동하고 있는 이단 집단 중의 하나가 구원파입니다. 구원파는 크게 권신찬 계열(기독교복음침례회), 이요한 계열(본명 이복칠, 대한예수교침례회), 박옥수 계열(대한예수교침례회)로 나뉘어지는데, 요즘에는 주로 박옥수 계열이 대형집회를 열고 활동하고 있습니다.

구원파의 핵심 교리는 구원론입니다. 이들은 성경이 가르치고 있는 의지적인 회개와 결단은 배제하고 말씀을 읽다가 깨달아지기만 하면 인간의 영 즉, 양심에 해방과 자유가 온다고 주장합니다. 또한 죄인과 의인의 개념을 기성교회와 다르게 해석하여 구원받은 후에는 회개할 필요가 없고, 믿음으로 구원받았으므로 주일 성수, 새벽기도, 십일조와 같은 율법의 소산들을 행할 필요가 없다고 가르치고 있습니다.

이들이 기존 교회 성도들을 만났을 때 가장 먼저 묻는 질문은 '구원 받으셨습니까?'입니다. 구원받았다고 대답하면 '구원받은 날짜를 이야기 해보라'고 해서 구원의 확신을 흔들어 놓고 있습니다. 이들이 가지고 있는 '10단계 질문서'가 있는데, 여기에 보면, 이들이 무엇을 말하려고 하는지를 알 수 있습니다.

이들은 '깨달음'을 통해서 구원받는다고 가르칩니다. 그리고 깨닫고 거듭난 시각, 곧 구원받은 시각(영적 생일)을 알아야 구원받은 증거가 확실하다고 주장합니다. 또한 이들은 구원받았으면, 더 이상 회개를 계속할 필요가 없고, 자신을 죄인이라고 고백하면 지옥에 간다고 주장하기도 합니다. 특히 이들은 기존교회 성도들에게 '죄인이냐, 의인이냐'를 묻습니다. 만약 죄인이라고 하면, '천국은 의인만 가는 곳이요 지옥은 죄인이 가는 곳이니 지옥에 간다'라고 하면서 사람들을 미혹하고 있습니다.

그 외에도 여러 이단들이 있습니다. 안식교나 몰몬교 같은 경우에는 교회에 크게 피해를 주지 않지만 그들의 교리가 성경적이지 않는 것이 있습니다. 주의해야 할 것입니다.

다음 질문에 대답해 보십시오.

1. 한국교회를 위협하는 이단들을 열거해 보고, 그 특징들을 적어보십시오.

   1) _____

   2) _____

   3) _____

   4) _____

   5) _____

2. 이것들 외에 더 알고 있는 이단들을 정리해 보십시오.

이단에 빠지지 않으려면 무엇을 주의해야 할까요?

이단에 빠지지 않으려면 어떻게 해야 하고, 또 이단들을 만나게 될 때 어떻게 대처하는 것이 좋을까요?

첫째, 이단에 빠지지 않으려면, 무엇보다 먼저 철저하게 교회중심, 말씀중심, 목회자 중심의 신앙생활 해야 합니다. 혹시 자신이 다니는 교회가 좀 진부하게 느껴지고, 목사님의 설교나 교회 활동이 뭔가 부족한 것처럼 느껴져도 교회를 떠나려고 해서는 안됩니다. 교회를 떠나게 되면, 언제든지 이단의 유혹에 노출될 수 있기 때문입니다.

둘째, 절대로 다른 곳에서 성경 공부를 해서는 안됩니다. 특히 '복음방' '무료 신학원' '유월절'이라는 용어를 사용하는 곳은 주의해야 합니다. 이단이 사람들을 유혹하는 중요한 특징 중의 하나는 꼭 성경공부를 소개한다는 것입니다. '기가 막히게 성경을 잘 가르친다.' '특별한 은혜가 있다' 등과 같은 말로 유혹합니다. 그때 주의해야 합니다. 그리고 이단이 접근하는 방법은 질문을 하는 것입니다. 만약 어떤 사람이 다가와서 믿음을 흔들어 놓는 질문을 하면, 그 사람의 말에 흔들리지 말고 반드시 교회에 와서 목회자들에게 물어보아야 합니다.

셋째, 미리 이단에 대해 알고 있으면 도움이 됩니다. 어떤 이단들이 있는지, 그리고 지금도 활발하게 활동하고 있는 이단들이 어떤 것인지를 알고 늘 주의해야 합니다. 이단에 빠진 사람들은 대부분 구원의 확신이 없는 사람들입니다. 따라서 오래 교회 다녔어도 구원의 확신이 없으면 위험합니다. 복음을 분명히 알아야 하고, 구원의 내적인 확신을 가져야 이단의 유혹에도 흔들리지 않을 것입니다.

📝 이단에 빠지지 않으려면 우리가 주의해야 할 것이 어떤 것들이 있을까요?

1. _____

2. _____

3. _____

조별 모임

다음 질문을 가지고 조원들과 충분히 나누어 보십시오.

1. 혹시 이단의 공격을 받은 경험이 있다면 서로 나누어 보십시오.

2. 이단의 논리를 이기기 위해 우리 자신에게 정말 필요한 것이 무엇이라고 생각하십니까? 우리 자신이 얼마나 성경의 진리에 굳게 서 있는지 서로 확인해 보십시오.

• 조별 모임을 마치고 난후 전도여행을 위해 기도하고 SUM을 연습합니다.

12단원

전도여행 (현장실습)

📖 **이단원의 요절**

"갈지어다 내가 너희를 보냄이 어린 양을 이리 가운데 보냄과 같도다 전대나 배낭이나 신발을 가지지 말며 길에서 아무에게도 문안하지 말며 어느 집에 들어가든지 먼저 말하되 이 집이 평안할지어다 하라"(눅 10:3-5)

전도 여행은 단순히 어느 지역으로 여행하는 것이 아닙니다. 어떤 사람은 마치 전도하는 제자학교 졸업여행처럼 생각하지만 그렇지 않습니다. 전도 여행의 목적은 전도훈련 받은 사람들이 현장실습을 하는 데 그 목적이 있습니다.

2012년 7월, 전도하는 제자학교 1기생들은 강원도 영월에 있는 어느 교회로 전도여행을 다녀왔습니다. 1박 2일 짧은 여행이었지만, 훈련생들에게는 아주 소중한 시간이었습니다. 그 후 매년마다 두 차례에 걸쳐 전도여행이 계속되고 있습니다. 전도여행은 이렇게 진행되었습니다. 그곳에 도착해 먼저 예배를 드린 다음, 방문한 지역교회 목사님께 교회 주변상황에 대해 설명을 듣고, 나갈 지역을 정한 후, 곧 바로 전도하러 나갔습니다. 지역을 안내해 줄 그 교회 교인들과 함께 전도현장으로 나가서 주로 아파트와 상가를 돌면서 복음을 전했습니다. 몇 시간의 현장전도는 훈련받는 1기생들에게 전도에 대한 기대 이상의 자신감을 심어주었습니다. 1차 전도를 마치고, 수요 저녁예배를 드렸습니다. 전도한 사람들 중에 수요저녁예배에 참석하겠다고 약속한 몇몇 사람들이 있었지만, 아무도 오지 않았습니다. 그러나 수요 예배를 통해 새 힘을 얻었고, 예배 후에 1차 전도에 대한 간증과 나눔의 시간을 가졌습니다.

다음날 어제 전도한 지역에 다시 들어가서, 2차 전도를 했습니다. 어제 전도했던 사람들을 찾아가서 다시 만났고, 새로운 사람들에게도 전도했습니다. 2차 전도를 마친 후, 그동안 전도했던 사람들을 예수님을 구주로 영접한 사람, 앞으로 믿게 될 가능성이 있는 사람,

더 기도가 필요한 사람 등으로 분류해서 그 지역교회 목사님께 보고를 하고, 교회와 연결시켜 주었습니다. 처음 시도 했던 전도여행이었기 때문에 우리가 놓친 부분도 많이 있었지만, 나름대로 많은 것을 배울 수 있는 시간들이었고, 전도여행이 가지고 있는 강점들을 파악할 수 있는 시간이었습니다.

2018년 6월에는 성남지방 전하는 교회로 전도여행을 했습니다. 그동안 노하우가 생겼고, 훈련생들도 전도여행을 철저하게 준비했습니다. 제1기생이 했던 방식대로 현장전도를 실시했는데, 성남 수진동은 주로 주택가였습니다. 훈련생들은 지역을 정하고, 골목골목으로 들어가 집집마다 벨을 누르며 축호전도를 했습니다. 문을 열어주지 않을 것이라는 우리의 예상과는 달리 많은 사람이 예수님을 구주로 영접하는 일이 일어났습니다. 하나님께서 예비된 영혼을 많이 준비해 두셨습니다. 예수님을 영접한 사람들과 낙심자들을 전하는 교회와 연결시켰습니다. 우리팀이 다녀가고 난 다음 그 다음 주일에 네 명의 새 가족이 등록했다는 소식을 나중에 들었습니다. 하나님께서 하셨습니다. 전도여행은 훈련생들을 위한 현장실습인 동시에 약한 교회를 도울 수 있는 좋은 통로가 되고 있습니다.

제1과
왜 전도여행입니까?

예수님은 제자들에게 전도를 가르치기 위해 일부러 전도여행을 내보내셨습니다. 전도현장에서 제자들이 복음의 능력과 하나님 아버지의 마음을 품을 수 있도록 하기 위한 조치였습니다.

전도 여행의 목적(눅 10:1-2)
전도 여행은 다음과 같은 세 가지 목적이 있습니다.
첫째, 전도훈련
둘째, 중보기도
셋째, 전도현장 경험

전도여행의 가장 중요한 목적은 두말할 필요 없이 복음을 전하는 것입니다. 복음이 필요한 곳에 하나님이 보내셨다는 것을 믿고, 그 현장에서 복음을 전하는 것입니다.

중보기도란 전도하러간 지역과 그 지역에 있는 교회를 위해 기도하는 것입니다. 현장에 나가서 전도하는 것도 중요하지만 지역과 지역교회를 위한 중보기도 역시 중요합니다. 전도자들의 기도는 강력한 하나님의 역사를 불러일으킬 수 있습니다.

전도현장 경험이란 전도현장에서 거절당하고, 사람들을 만나 복음을 전하면서 실제로 예비된 영혼이 숨겨져 있다는 것을 경험하도록 하는 것입니다. 전도자들이 전도의 이론만 배우는 것이 아니라 현장실습을 통해 전도현장의 영적상황이나 전도의 방해거리들을 파악하게 하고, 또한 전도현장에 하나님이 숨겨놓은 예비된 영혼이 있다는 것을 직접 목격하게 하는 것입니다.

전도여행은 복음전하는 것을 그 목적으로 하고 있지만, 전도만이 아니라 지역 교회의 필요에 따라 여러 가지 사역을 할 수도 있습니다. 아이들을 가르친다든지, 예배를 인도하고, SUM을 하며, 교회에 필요한 일도 도와줄 수 있습니다. 그런데 여기서 주의해야 할 점은 지역교회에 부담을 주거나 담임목회자의 생각과 다른 사역을 하지 않도록 해야 한다는 것입니다.

전도 여행의 유익

전도여행을 통해 몇 가지 중요한 신앙의 유익을 얻을 수 있습니다.

첫째, 무엇보다 먼저 잃어버린 영혼에 대한 아버지 하나님의 마음을 이해하고 배울 수 있습니다. 영혼구원을 하나님께서 얼마나 원하시고, 기뻐하시는지를 몸으로 경험할 수 있고, 전도현장에 구원받을 사람, 즉 예비된 영혼이 숨어있다는 것을 목격하게 됩니다.

둘째, 전도현장에서 드리는 예배와 중보기도는 하나님의 임재를 경험하는 중요한 통로가 됩니다. 하나님은 교회에서 편안한 가운데 드리는 예배와 찬양도 물론 기뻐하시지만, 영적전쟁이 치열하게 벌어지는 전도현장에서 드리는 예배를 더 기뻐하십니다. 그래서 외국으로 단기선교를 나가게 되면, 국내에서는 경험해보지 못했던 하나님의 능력을 선교현장에서 경험하기도 합니다.

셋째, 전도여행은 주님의 교회와 지역 사회를 섬기는 것을 배우게 합니다. 하나님께서 왜 그 지역에 교회를 세우셨는지, 그 교회를 통해 어떤 일을 하고 계시는지, 그리고 그 지역에 필요한 것이 무엇이며 어떻게 섬겨야할 지를 배울 수 있습니다.

넷째, 전도여행은 공동생활을 통해 하나님과 다른 사람 앞에서 열린 삶과 섬기는 삶을 배우게 합니다. 팀원들과 함께 여행을 하면서, 마음에 있는 상처들이 치료되기도 하고, 하나님의 부르심과 은사를 확인할 수도 있습니다.

📝 **누가복음 10:1-16을 읽고 다음 질문에 답해 보십시오.**

1. 예수님은 몇 명의 사람들을 세우셨습니까?(1절)

2. 주님은 제자들을 보내시면서 무엇을 위해 기도하라고 하셨습니까?(2절)

3. 주님께서 제자들에게 가지고 가지 말라고 한 것들은 무엇입니까?(4절)

4. 제자들에게 적극적으로 하라고 하신 일들은 어떤 것들입니까?
   5-6절 :

   7-8절 :

   9절 :

5. 주님께서 제자들에게 하신 최고의 격려는 무엇입니까?(16절) 당신이 이해한 언어로 적어보십시오.

누가복음 9장에서 예수님은 열두 제자들을 전도하도록 내보내셨고, 10장에서는 따로 칠십 인을 세우고, 자신이 친히 가시려고 했던 지역으로 그들을 내보내셨습니다. 이때 주님은 마치 어린 양을 이리 가운데 보내는 것 같다고 말씀하셨습니다. 그리고 전도자가 가지지 말아야 할 것이 무엇이며, 어디에 머물러야 할지, 무슨 말을 하며, 어떤 사역을 해야 할지 자세하게 가르쳐 주셨습니다.

주님의 가르침에서 전도여행의 중요한 목적과 방법은 다음과 같습니다.
우선, 주님은 칠십 인을 둘씩 짝지어 보내셨습니다. 둘씩 짝을 지어주신 것은 서로 협력하고, 서로 돕도록 하기 위해서입니다. 그리고 칠십 인이 가장 먼저 해야 했던 것은 기도였습니다. 주님은 추수하는 주인이신 하나님께 "추수할 것은 많되 일꾼이 적으니 추수하는 주인에게 청하여 추수할 일꾼을 보내어주소서"(마 9:37-38)라고 기도하라고 하셨습니다. 무엇보다도 전도의 일꾼들이 일어나기를 주님은 바라고 계셨습니다.

그 다음에 주님은 제자들에게 '가지고 가지 말아야 할 것'이 무엇인지 말씀하셨습니다. 그것은 지팡이와 배낭, 양식이나 돈, 두벌 옷이었습니다. 지팡이와 배낭, 양식이나 돈, 두벌 옷은 개인의 필요를 말하는 것입니다. 전도할 때는 그런 개인적인 필요에 매이지 말라는 것입니다. 왜냐하면 그런 것들은 하나님이 채워주실 것이기 때문입니다. 또한 아무에게도 문안하지 말라고 하신 것은 개인적으로 친구와 따로 만나거나 개인사역을 하지 말라는 의미로 해석할 수 있습니다.

또 주님은 전도현장에서 제자들이 적극적으로 해야 할 것들에 대해 말씀하셨습니다. 다음과 같은 것들입니다.

- 어느 집에 들어가든지 이 집이 평안할지어다 하라(5-6절)
- 그 집에 유하며 주는 것을 먹고 마시라(7-8절)
- 병자들을 고치고(9절)
- 하나님의 나라가 가까이 왔다고 하라(9절)

주님은 70인의 제자들을 전도여행 보내실 때, 어느 때보다 그들에게 최고의 격려를 하셨습니다. "너희 말을 듣는 자는 곧 내 말을 듣는 것이요 너희를 저버리는 자는 곧 나를 저버리는 것이요 나를 저버리는 자는 나 보내신 이를 저버리는 것이니라"(눅 10:16) 예수님은 전도하는 70인과 자신을 동일시 하셨습니다. 또한 그들만 내보낸 것이 아니라 주님 자신이 친히 그들과 함께 가는 것이라고 말씀하셨습니다. 그렇기 때문에 전도여행은 우리 주님을 가장 실제적으로 경험할 수 있는 능력의 자리입니다.

 전도여행에 대한 기대감을 서로 나누어 보십시오.

제2과
전도 여행에 필요한 것들

전도여행을 위해 준비해야 할 것들이 있습니다. 전도여행 몇 주 전부터 구체적이고 실제적으로 하나씩 준비하는 것이 좋습니다. 미리 준비해야 할 것들은 다음과 같습니다.

첫째, 여행일정을 정해야 합니다.
장소를 정할 때에는 먼저 하나님께 기도하고 물어야 합니다. 가능한 작은 교회를 선정하되, 차로 2-3시간 정도면 갈 수 있는 거리에 있는 교회를 선정하는 것이 좋습니다. 너무 가까우면 전도여행에 대한 기대감과 긴장감이 적고, 너무 멀면 이동하는 거리 때문에 지칠 수 있습니다.
- 기간: 1박 2일 혹은 2박 3일
- 장소: 지역교회와 그 주변 지역

둘째, 섬김의 일을 서로 분담합니다. 이때 리더는 '전도하는 제자학교' 반장이 맡는 것이 좋습니다.
- 리더: 팀원 관리와 현지 교회의 상황을 미리 파악합니다.(답사를 통해 교회의 시설, 전도할 지역의 특성, 숙소, 취사 가능여부 등을 파악해야 합니다.) 그리고 전도여행을 위한 준비 기도회를 인도합니다.
- 회계: 수입과 지출관리, 영수증 관리 등 재정을 담당합니다.
- 주방: 식사와 간식을 담당합니다. 메뉴를 정하고, 그에 따른 자료를 구입하는 일을 담

당합니다. 조리하는 일은 조원들이 분담할 수 있습니다.
- 물품관리: 공동 물품, 전도지와 전도용품 등을 관리합니다. 전도에 필요한 물품을 구입하고, 개인비품을 파악하여 알려 줍니다. 간단한 상비약도 준비합니다.
- 청소: 숙소와 모임 장소를 청소하는 일을 담당합니다.
- SUM: 전도현장에 필요한 율동과 찬양, 드라마를 담당하고 진행합니다.
- 사진: 전도여행에 관한 자료를 남기기 위해 동영상과 사진을 촬영합니다.

셋째, 필요한 재정과 개인 준비물을 잘 챙기도록 해야 합니다.
재정은 자비량으로 하는 것을 원칙으로 합니다. 모자랄 경우 교회의 지원과 후원금으로 재정을 충당할 수 있습니다.
개인 준비물들을 미리 공지하고 잘 챙기도록 합니다.(성경, 찬송, 전도지, 필기도구, 세면도구, 개인침구 등)

넷째, 전도여행을 위해 미리 준비하고 연습할 것들이 있습니다.
- 기도회는 전도여행 가기 전 2~3주 전부터 합니다.
  팀원들의 마음을 하나로 묶기 위해 한주 전에 Q.Q(퀘이커교도들의 질문)를 합니다.
- SUM(드라마, 율동, 찬양) 준비는 3,4주 전부터 합니다.

※여기서 Q.Q(Quaker Question)란 자신을 다른 사람에게 소개하는 것으로, 퀘이커교도들이 모였을 때, 던졌던 질문을 통해서 자신의 삶을 빛 가운데 드러내는 것입니다. 팀원들에게 자신을 알림으로 서로 이해하고 사랑하고, 용납하는 마음을 갖도록 하는 것입니다.
나눌 내용은 먼저 자신에 대한 간단한 소개(이름, 직분, 가족배경, 고향 등)를 하고, 크게 세 가지 질문을 하는 것입니다. 첫째, '나의 삶에서 가장 추웠던 경험은 무엇인가?'(영적, 정서적, 육체적으로)이고, 둘째, '나의 삶에서 가장 따뜻했던 경험은 무엇인가?'(영적, 정서적, 육체적으로), 그리고 셋째, '언제 주님을 인격적으로 만났는가?'입니다. 한 가지를 더 추가하기 원한다면 '이번 전도여행에 대해 기대하는 것이 무엇인가?'를 하면 됩니다.
※SUM이란 Special Use Ministry의 약자로 복음을 효과적으로 전하기 위해, 시간과 장소에 구애받지 않고 사용하는 것으로 복음에 근거를 둔 드라마, 춤, 찬양 등을 가리키는 것입니다.

제3과

전도여행을 위한 생활과 사역 안내

전도여행 시 복음을 전하는 일보다 팀원들 사이에 사소한 문제로 서로 다툼이 일어나서 갈등하다가 시간을 허비할 수 있습니다. 그렇기 때문에 전도여행에서 팀원들끼리의 갈등을 줄이고 한 마음이 되도록 하기 위해 미리 전도여행에서 주의해야 할 것들과 생활 수칙을 교육하는 것도 필요합니다.

전도여행의 생활 안내

1. 선한 말을 하여 서로에게 은혜를 끼쳐야 합니다.(엡 4:29)
   - 더러운 말, 부정적인 말을 입 밖에 내지 말아야 합니다. 그것은 사탄이 주는 것입니다.
   - 늘 믿음의 말을 하고, 비방이나 비판하는 말을 주의해야 합니다.
   - 서로 격려하고 사랑하는 말을 하십시오.

2. 시간 준수는 팀을 하나로 묶는 중요한 일입니다.
   - 팀에서 결정하는 시간 운영에 기쁜 마음으로 순종하십시오.
   - 개인행동이나 개인 사역(개인 상담이나 안수기도 등)을 해서는 안됩니다.

3. 맡은 사역에 충실해야 합니다.
   - 모든 사역은 다 중요합니다. 능력보다 충성스러운 마음이 더 필요합니다.

- 다른 분들의 사역을 존중해 주십시오. 그리고 그 사역을 맡은 자의 권위를 인정하고 순종하는 마음을 가져야 합니다.

4. 개인행동은 삼가야 합니다.
   - 옷차림은 너무 자유스럽게 하지 말고, 단정하게 해야 합니다.
   - 개인적인 전화기 사용은 자제해야 합니다.(가능한 전화기를 회수하여 한 분이 맡으면 좋습니다)
   - 생활공간은 깨끗하고 청결하게 유지하고 항상 물품과 짐 정리를 잘 해야 합니다.

5. 언제나 예배가 최우선이 되도록 해야 합니다.
   - 어느 지역이든지 도착하면 가장 먼저 하나님께 예배하십시오.
   - 땅 밟기, 중보기도, 교회 사역, 전도 등, 사역의 종류는 여러 가지이지만 모두 예배자의 자세로 감당해야 합니다.

6. 현지 교회와 잘 협력해야 합니다.
   - 언제나 현지 교회에 우선권이 있습니다. 전도 장소, 전도 시간도 현지교회의 결정에 따라야 합니다.
   - 현지 교회의 요청에 따라 사역이 변경될 수 있습니다. 현지에 계시는 목회자에게 순종해야 합니다.
   - 현지 교회의 물품은 함부로 사용하지 마십시오.

7. 혹시 초대를 받거나 방문할 일이 있을 때는 마음껏 축복하십시오.
   - 우리는 예수님의 제자로 그들에게 복을 흘려보내는 축복의 통로입니다. 초대를 받거나 어느 곳을 방문하게 되면 마음껏 격려하시고 칭찬을 아끼지 마십시오.
   - 대부분의 경우 충고와 비판은 하나님으로부터 온 것이 아님을 기억해야 합니다.
   - 혹시 충고가 필요할 경우는 현지 목회자와 먼저 상의해야 합니다.

📝 전도여행 생활 수칙에서 내가 가장 주의해야 할 것이 무엇이라고 생각하십니까?

전도여행을 성공적으로 이끄는 성령의 법

1. 성령님이 나의 삶의 전 분야를 다스리도록 기도하십시오.
2. 서로 사랑하도록 권하는 성경구절을 끊임없이 묵상하십시오.
3. 혀로 범하는 죄에 대해 가르친 성경 말씀을 늘 기억하십시오.
4. "남을 나보다 낫게 여기라"(빌 2:3)는 말씀을 실천하십시오.
5. 다른 팀원이 나와 다른 문화에서 성장했기 때문에 삶의 방식과 생각이 나와 다를 수 있다는 것을 인정하십시오.
6. 아무리 작은 일이라도 팀 리더가 부탁한 일에 대해서는 성실히 수행하십시오.
7. 팀원들의 잘못을 비난하며 다투려고 하지 마십시오. 우리가 싸워야 할 적은 팀원이 아니라 눈에 보이지 않는 영적 존재, 악한 영들이라는 것을 명심하십시오.

일이 잘 되지 않을 때 대처하는 방법들

1. 하고 있는 일들이 잘 안되면, 하던 일을 중지하고 "주님 이 문제를 통하여 저에게 무엇을 가르치려고 하십니까?"라는 백만 불짜리 질문을 하십시오(백만 불짜리 질문이라는 표현은 예수 전도단(YWAM)에서 사용하고 있는 표현입니다.)
2. 하고 있는 일이 주님의 뜻 가운데서, 주님의 뜻대로 하고 있는지 살펴보십시오.
3. 혹시 고백하지 않은 숨은 죄가 있는지 살펴보고 먼저 죄를 회개하고, 끊어버리십시오.
4. 혹시 이런 상황이 악한 영들의 방해 때문은 아닌지 살펴보십시오. 만약 악한 영들의 방해라면 예수 그리스도의 이름으로 결박하고 예수 그리스도의 보혈로 덮으십시오.
5. 내가 하고 있는 일이 하나님이 공급하는 힘으로 하고 있는지 내 꾀로 하는지를 살펴보십시오.
6. 현재하고 있는 그 일이 누구의 영광을 위하여 하고 있는 것인지 하나님 앞에 물어보십시오. 하나님의 영광이 아니라 자기의 의를 위한 것이라면 즉시 멈추어야 합니다.

7. 분명히 하나님의 영광을 위한 것이라면 지금 어렵고 좀 복잡하고, 일이 잘되지 않더라도 하나님의 도우심을 확신하고 감사를 드리십시오.

 백만 불짜리 질문을 해보신 적이 있습니까? 있다면 서로 나누어 보십시오.

부록 1

전도 보고서

- 일 시 :
- 보고자 :
- 보고내용

번호	전도대상자	복음제시와 영접 유무	비고

(짧은 간증, 나눔)

전도하는 제자학교

부록 2

조별 모임 보고서

- 모임일시 :
- 조원명단 :
- 보 고 자 :

나눔 내용 정리

나눔에 대한 평가(조장의 의견)

전도하는 제자학교

부록 3

전도여행 준비

1. 조 구성과 사역담당
- 리더: 팀원을 관리하는 일, 준비기도회 인도
  (이때 교회의 시설, 전도할 지역의 특성, 숙소, 취사 가능여부 등을 파악해야 합니다.)
- 회계: 재정을 담당합니다.(수입과 지출관리, 영수증)
- 주방: 식사와 간식을 담당합니다.(조리하는 일은 조원들이 분담하도록 합니다.)
- 물품관리: 공동 짐을 관리합니다.(전도지, 전도용품, 공동물품)
  물품을 구입, 개인비품 파악, 알려 줌, 간단한 상비약 준비
- 청소: 숙소의 정해진 구역을 청소합니다.
- SUM: 전도현장에 필요한 율동과 찬양, 드라마를 가르치고 진행합니다.
- 사진: 기록을 남기기 위해 촬영하는 일을 담당합니다(동영상, 사진)

2. 필요한 재정, 개인 준비물
- 재정은 자비량으로 하는 것을 원칙으로 합니다. 모자랄 경우 교회지원, 후원금 등으로 충당합니다.
- 개인 준비물(성경, 찬송. 전도지, 필기도구, 세면도구, 개인침구 등)

3. 전도여행을 위해 미리 준비하고 연습할 것들
- 기도회(팀원들의 마음을 하나로 묶기 위해 Q.Q를 할 수 있습니다.)
- SUM(드라마, 율동, 찬양) 준비

※SUM이란 Special Use Ministry의 약자로 복음을 효과적으로 전하기 위해, 복음에 근거를 둔 드라마, 춤, 찬양 등을 가리키는 것입니다.

4. 사역 담당자 정하기
- 담당 목회자:
- 리더(조장):
- 회계:
- 주방:
- 물품관리:
- 청소:
- SUM:
- 사진, 기록담당:

부록 4

전도여행준비(2)

1. 기도회
- 전도여행 2-3주 전부터 팀원들의 사역을 정하고 다음과 같은 기도제목으로 함께 기도회를 가집니다.

  1) 전도여행이 원활하게 이루어지도록
     실제적인 전도 훈련이 되고, 조원들이 하나 되도록
     현지교회의 협조가 잘 이루어지도록
     전도여행을 통해 하나님의 역사가 일어나도록
  2) 팀 리더와 각 사역을 맡은 이들이 사역을 잘 감당하도록
  3) 전도여행기간 중에 하나님이 함께 하시도록

2. 전도여행에 필요한 구체적인 준비사항
  1) 교회 출발과 도착시간, 그리고 현지출발과 교회도착시간
  2) 이동차량과 운전자
  3) 이동시 필요한 안전조치
  4) 사역담당자 확인
     - 사역내용
     - 주의사항
  5) 사역을 위해 함께 동행하는 인원 관리

3. 현지 교회, 특히 현지 목회자와 긴밀하게 연락하고 협조하는 일
  1) 전도방법과 전도지역
  2) 전도지와 전도물품
  3) 전도시간

4. 현지 목회자의 지도를 받는 일

    1) 수요예배에 참석(SUM을 할지?)

    2) 예배 후에 전도평가를 할 때, 꼭 현지 목회자가 참석할 수 있도록 해야 합니다.

5. 기타 주의사항

    1) 현지 교회시설을 사용할 때

    2) 음식을 조리할 때

    3) 전도실습을 할 때

전도하는 제자학교 전도여행 일정(제 1기생)

1. 준비상황 check list

1) 차량준비: 스타렉스 2대(운전자 2명)
2) 인원확인
3) 팀원들의 사역 점검
4) 전도지, 전도용품, 전도지역(경로당, 주민들)에 줄 선물 확인
5) 개인준비물 - 특히 개인침낭을 준비했는지 확인할 것
6) 현지교회(영월 성은교회)와의 연락
   함께 전도할 교인들이 준비되었는지
   수요저녁예배를 초청예배로 준비했는지
   숙소 상태는 괜찮은지

2. 일정표

12일(수)		13일(목)	
09:00	교회 집결, 출발	05:00	새벽기도
11:30	중간지점에서 간단한 기도회	07:00	아침식사
12:30	점심식사(문곡)	08:00	학교전도
14:30	영월 성은교회 도착(예배)	09:30-11:30	지역전도
15:00-17:30	지역전도(아파트, 상가)	12:00	영월에서 출발
18:00	저녁식사		
19:30	저녁예배		
21:00	전도평가와 기도회		
22:00	정리, 취침		

참고도서

- Jackson, Thomas ed, The Works of John Wesley, Third Edition. vol I, VII, Grand Rapids. Michigan: Baker Book House, 1979.

- 존 웨슬리, "메도디스트의 성격"(The Character of A Methodist) 웨슬리 학회 편역, 『웨슬리 논문집 I』 서울: 웨슬리학회 2009.

- 릭 워렌/ 고 성삼 옮김, 『목적이 이끄는 삶』 서울: 도서출판 디모데, 2003,

- 데이비드 플랫/ 최 종훈 옮김, 『래디칼』 서울: 서도출판 두란노. 2011.

- 로버트 콜먼/ 홍 성철 옮김, 『주님의 전도계획』 서울: 생명의 말씀사. 1994.

- 스티브 쇼그린/ 장 세혁, NCD편집부 옮김, 『101전도법』 서울: 도서출판NCD, 2002

- 빌 하이벨스 & 마크 미텔버그/ 한 기웅 옮김, 『예수를 전염시킨 사람들』 서울: 도서출판 두란노, 1998

- 조지헌터 3세/ 황 병배, 윤 서대 옮김, 『켈트 전도법』 서울: 한국교회선교연구소. 2010

- 제임스 패커/ 조 계광 역, 『전도란 무엇인가』. 서울: 생명의 말씀사, 2012.

전도하는 제자

초판인쇄 _ 2018년 10월 17일
초판발행 _ 2018년 10월 17일

지 은 이 _ 조재진
발 행 인 _ 박경진
펴 낸 곳 _ 도서출판 진흥
출판등록 _ 1992년 5월 2일 제 5-311호

주소 _ 133-120 서울특별시 성동구 성수이로24길 32
전화 _ 460-0700
홈페이지 _ www.jh1004.com
ISBN _ 978-89-8114-392-3

책값은 뒤표지에 있습니다.
이 출판물은 저작권법에 의해 보호를 받는 저작물이므로 무단 복제할 수 없습니다.
파본(破本)은 구입처에서 교환해 드립니다.